LES CLUBS

ET LES

CLUBISTES

HISTOIRE COMPLÈTE

CRITIQUE ET ANECDOTIQUE

DES CLUBS ET DES COMITÉS ÉLECTORAUX

fondés à Paris

DEPUIS LA RÉVOLUTION DE 1848

Déclarations de principes,
Règlements, Motions et Publications des Sociétés populaires,
Détails inédits
sur les principaux clubistes, sur l'esprit, les tendances et les noms
des réunions dont ils faisaient partie, etc., etc.

PAR

ALPHONSE LUCAS

PARIS

E. DENTU, LIBRAIRE-ÉDITEUR,

Palais National, 13, galerie d'Orléans.

1851

LES CLUBS

ET

LES CLUBISTES

Paris. — Imprimerie Bonaventure et Ducessois,
55, quai des Grands-Augustins.

LES CLUBS

ET LES

CLUBISTES

HISTOIRE COMPLÈTE

CRITIQUE ET ANECDOTIQUE

DES CLUBS ET DES COMITÉS ÉLECTORAUX

fondés à Paris

DEPUIS LA RÉVOLUTION DE 1848

Déclarations de principes,
Règlements, Motions et Publications des Sociétés populaires.
Détails inédits
sur les principaux clubistes, sur l'esprit, les tendances et les actes
des réunions dont ils faisaient partie, etc., etc.

PAR

ALPHONSE LUCAS

———————◦———————

PARIS

E. DENTU, LIBRAIRE-ÉDITEUR,

Palais National, 13, galerie d'Orléans.

1851

Le 24 février, beaucoup de gens ayant entendu répéter que la République était le gouvernement de tous par tous, ils en conclurent que chacun devait gouverner tous les autres. On se figura donc à cette époque (de la meilleure foi du monde, nous voulons bien le croire) que tous les citoyens devaient participer à la conduite des affaires publiques, diriger le pouvoir exécutif; qu'il y avait entre le gouvernement et le premier venu une égalité parfaite. Il n'en fallait pas davantage pour surexciter au dernier point non-seulement tous les amours-propres, mais encore toutes les mauvaises passions: aussi les avocats sans cause, les médecins sans clientèle, les hommes de lettres sans éditeur, tous ceux enfin qui n'étaient rien, éprouvèrent alors un immense désir de devenir quelque chose.

Plus de deux cent cinquante clubs furent ouverts en moins d'un mois, et bientôt ce nombre se trouva porté à près de quatre cent cinquante.

1

On trouvait qu'il était doux de passer sans transition du rôle de gouverné à celui de gouvernant. On se faisait un plaisir de se créer mille tracas qu'on s'imaginait sans doute être autant de devoirs. Peu de gens se rappelaient les embarras, les misères, les horreurs sanglantes, nées, pour nos pères, de cette longue succession de clubs qui commence en 1792 avec les *Amis de la Constitution*, pour expirer avec les *Égaux* dans la salle du Manége, lors de la salutaire débâcle de Brumaire.

Aujourd'hui que nous sommes à peu près déshabitués de ces sortes de réunions (si grâce aux parodistes de 1793 nous n'avions pas revu certaines choses empruntées à ce hideux passé), nous ne pourrions nous rappeler sans rire le sérieux exorbitant avec lequel siégait chacun de ces sénats improvisés. C'étaient autant de petits parlements, qui tous aspiraient à devenir grands ; chaque club avait la prétention de primer les autres, de devenir une pépinière de représentants, de ministres, de fonctionnaires publics, voire même de dictateurs. Et nous devons le dire, ces singulières prétentions étaient en quelque sorte justifiées par les tendances de l'opinion, en proie alors au fanatisme de la blouse, vouée au culte des condamnés politiques, quels que fussent d'ailleurs leurs antécédents et les singularités de leur patriotisme.

Chaque club avait donc son bureau, ses ordres du jour, ses règlements, sa tribune, des questeurs, des huissiers, et le reste. Ces fantômes d'assemblées suivaient avec une certaine méthode des fantômes de discussions et votaient des fantômes de décisions. On se prenait au sérieux, on se déléguait à soi-même une part quelconque de l'autorité, on sommait au nom du peuple souverain le Gouvernement provisoire d'exécuter les arrêtés du club, on s'envoyait des messages, on s'intitulait : *Commission permanente, Comité exécutif* ou de *Salut public,* etc. Les clubs les moins importants prenaient les titres les moins modestes : *Club directeur, Société centrale,* etc. Chaque club voulait gouverner non-seulement Paris, non-seulement la France, mais encore l'Allemagne, la Lombardie, la Vénétie, etc. Si un clubiste s'était avisé de parler du gouvernement Turc, son club aurait probablement investi de sa confiance un délégué chargé de sommer Constantinople d'élever des barricades et de constituer en République l'empire des Osmanlis.

Les clubs principaux choisissaient dans leur sein un certain nombre d'émissaires chargés de la mission délicate de propager dans les départements la ferveur républicaine. Les Représentants du peuple envoyés aux armées de la première République ne portaient pas plus fièrement leur triple panache, que les délégués des clubs parisiens ne portaient à leur casquette ou à leur chapeau rond leur carte triangulaire.

Il fut d'abord question dans tous les clubs de l'accessibilité de tous et sans condition à tous les emplois, à toutes les charges, à toutes les professions. Sans études préalables, sans examen, sans garantie, sans caution, il fallait qu'on pût devenir officier, juge, ministre du culte ; l'élection, rien que l'élection ! Le peuple souverain, ce despote souvent débonnaire, mais quelquefois terrible, était déclaré infaillible ; d'ailleurs l'enseignement allait être gratuit et obligatoire : bref, on rêvait dans les clubs une société dans laquelle il n'y aurait que douceurs à recueillir, bénéfices à palper. Des charges à supporter, des devoirs à accomplir, il n'en était pas question.

Les clubs faisaient dans la ville des promenades aux flambeaux, sans s'inquiéter le moins du monde de l'effet qu'elles pouvaient produire ; ils banquetaient sur la place publique ; ils tenaient leurs séances sans prendre la peine de se pourvoir de permissions municipales. Les clubs entraient partout, sans rien dire à personne; ils s'installaient dans les palais ci-devant royaux, dans l'église, dans la maison commune, dans les musées et les salles consacrées à l'étude des sciences. La République étant le gouvernement de tout le monde, il était bien naturel, suivant les clubs, que quelques-uns pussent s'emparer de ce qui était la propriété de tous, en disposer comme de leur chose et dater de là leurs décrets.

Il y avait non-seulement des clubs délibérant sur la politique générale, mais encore des clubs à l'usage de toutes les spécialités : des clubs de femmes, de réfugiés de toutes les nations, des clubs de maîtres d'école, des clubs de domestiques, des clubs d'artistes et d'hommes de lettres, des clubs d'ouvriers de toutes les professions. Dans chacune de ces réunions on pouvait rencontrer des hommes extraordinaires à divers titres, des excentricités curieuses, des tribuns plus souvent grotesques que terribles, des individualités besoigneuses ou compromises.

De ce que nous venons de dire, il est facile de

conclure que l'histoire des clubs est un des détails les plus curieux de la Révolution de 1848. C'est cette histoire variée, folle toujours, souvent terrible, incroyable et cependant vraie, que nous allons raconter en l'abrégeant. Nous allons essayer de ressusciter ces hommes et ces choses, ces tendances révolutionnaires, ces ardeurs désorganisatrices aujourd'hui presque éteintes, en ayant soin de ne calomnier jamais et de médire le moins possible.

Depuis février 1848, la France a fait des clubs de longues et douloureuses expériences. Tous les désastres, toutes les agitations dont nous avons souffert sont sortis des clubs. A peine la République et le suffrage universel étaient-ils proclamés, que des cartouches se fabriquaient dans ces *tapis-francs* politiques pour combattre la République et le suffrage universel. « Les clubs, qui ne servent en général qu'à tromper de malheureux ouvriers [1], » les clubs sont jugés; les clubs, ainsi que l'a dit M. Léon Faucher à la tribune de l'Assemblée nationale, les clubs sont le vestibule des sociétés secrètes; le club se forme et la société secrète en sort. « *Quand le club est ouvert, la boutique est fermée* [2]. »

Pour surveiller tous les clubs, il faudrait doubler, quadrupler le nombre des fonctionnaires publics. Ces officines du mensonge et de la calomnie fournissent une issue naturelle à toutes les pensées de désordre, de vol et de pillage. Ce qu'on n'oserait pas écrire dans la crainte d'en retrouver plus tard la trace, on le dit à la tribune du club.

---

[1] Washington.
[2] Benjamin Franklin.

Avec les clubs la société française se trouverait en peu de temps ramenée sur la pente de l'abîme dont elle a, lors des événements de Juin, sondé de si près les profondeurs.

« Le vrai peuple qui s'assemble occasionnellement pour exprimer son opinion sur des sujets politiques n'a rien de commun avec ces sociétés permanentes qui, tenant leur mandat d'elles seules, usurpent le droit de contrôler les autorités constituées et s'imposent à l'opinion publique. Elles ne peuvent avoir qu'un but, renverser l'ordre établi [1]. »

Ce qui suit démontrera peut-être la vérité de cette proposition : à savoir, que la plupart des réformateurs modernes, des promoteurs de banquets, des orateurs de clubs, des organisateurs d'associations d'ouvriers, ne sont que des ambitieux vulgaires, des spéculateurs intéressés. S'il en est ainsi, nous n'aurons pas perdu notre temps, et il nous sera permis de croire que le sens si droit qu'on se plaît à reconnaître au peuple ne lui fera pas défaut, et que plusieurs, sinon tous, diront un éternel adieu aux erreurs déplorables qu'ils caressent depuis si longtemps.

« Le peuple ! » a dit le citoyen Mathieu (de la Drôme),

On ne s'attendait guère
A voir Mathieu dans cette affaire !

« Le peuple ! il ne faut pas confondre le peuple avec cette fange impure qui croupit dans les bas-fonds de la société ; il ne faut pas le confondre avec ces êtres dégradés qui s'agitent dans

---

[1] Washington.

la boue, cherchant à ébranler les fondements de l'édifice social, dans l'espoir insensé d'amener une catastrophe et de profiter du désordre qui en résulterait pour donner un libre cours à leurs mauvaises passions. Ceux-là on les connaît : ils sont marqués au front du stigmate de la justice répressive : ceux-là, qui songe à en faire des électeurs ? Ce ne sont pas eux qui donnent des héros à nos armées; ils n'en donnent qu'à nos cours d'assises. »

Le peuple si bien dépeint par le citoyen Mathieu (de la Drôme) est celui sur lequel comptent nos modernes révolutionnaires; il est aussi celui qui fournissait à la plupart des clubs dont nous allons parler leurs plus fidèles habitués.

LES CLUBS

ET

LES CLUBISTES

DEPUIS FÉVRIER 1848.

ABBAYE (*Club de l'*)[1], rue du Dragon, 13, fondé en mars 1848. Président, Vergne. On a peu parlé de ce club, bien qu'il soit mentionné dans le rapport Bauchart. On le disait à tort légitimiste.

Le 25 avril 1848, le club de l'Abbaye fait parvenir au Gouvernement provisoire la somme de 1 fr. 25 cent., afin de subvenir pour sa part aux besoins de la République.

ACACIAS (*Club des*), rue Saint-Antoine, 104 (dans la salle de bal du même nom), fondé en mars 1849. Président, Pilette ; vice-présidents, Aimé Beaune, Floriot ; secrétaire, Delbrouck.

Le citoyen rouge abbé de Montlouis, ex-curé de Boussac (Allier), et frère de madame de Sainte-Preuve,

---

[1] Comme nous voulons mentionner tous les clubs qui ont acquis une certaine notoriété de février 1848 à décembre 1849, nous avons adopté l'ordre alphabétique, qui nous a paru le plus propre à faciliter les recherches. Nous consacrons à chacune de ces réunions un espace proportionné à son importance. Il en est un certain nombre que nous nous bornons à nommer. Valaient-elles même la peine d'être nommées ? Nous terminons notre travail par une liste alphabétique des clubistes nommés dans notre ouvrage.

première femme de Madame Duchesse d'Angoulême, se faisait souvent entendre dans ce club ; ses déclamations démocratiques et sociales lui ont valu une condamnation à six mois de prison.

AGRICULTURE (*Club central de l'*), amphithéâtre de l'Ecole-de-Médecine, fondé en avril 1848. Président, Gabriel de Mortillet.

La déclaration de principes de ce club, insérée dans le journal de Sobrier, la *Commune de Paris*, est conçue en ces termes :

« Ce club est fondé dans le but de défendre tous les intérêts agricoles. Il poursuit activement la réalisation des quatre propositions suivantes :

« 1º Création d'un sous-secrétaire d'État de l'agriculture, choisi parmi les hommes pratiques.

« 2º Travaux nationaux ayant pour but d'établir un système complet d'irrigation.

« 3º Enseignement agricole pratique par la création de fermes départementales sous la direction de l'État, et de fermes cantonales sous le patronage des comices : ces fermes données au concours.

« 4º Associations fraternelles générales de secours pour abolir l'indigence, et fondation, au moyen de retenues, de caisses de retraite pour le travailleur agricole.

« En d'autres termes, vie de l'agriculture, production, instruction et bien-être. »

Le club de l'Agriculture n'a pas même vécu ce que vivent les roses ; après le 15 mai 1848, il n'en était plus question. Le citoyen Gabriel de Mortillet est devenu plus tard un des rédacteurs du journal de Proudhon, la *Voix du Peuple*. Il a publié dans cette feuille, sous le titre de *Prologue d'une révolution*, une histoire des événements de février et juin 1848, qui n'est autre chose qu'une glorification continuelle des héros de l'insurrection.

ALLEMANDE (*Société démocratique*); bureau central, rue Montmartre, 64 (hôtel d'Angleterre); fondée en mars 1848. Président, G. Herwegh.

Les membres de cette Société se réunissaient tous les jeudis dans les salles de l'estaminet de Mulhouse, boulevard des Italiens. A défaut du citoyen G. Herwegh, les séances étaient souvent présidées par le citoyen Adelbert de Bornstedt, lieutenant à la Légion étrangère en 1831 et 1832, et depuis rédacteur en chef de la *Gazette Allemande de Bruxelles*.

La Société démocratique allemande avait révélé son existence au public parisien par l'affiche suivante :

APPEL AUX CITOYENS FRANÇAIS.

DES ARMES !

Pour les Allemands marchant au secours de leurs frères qui combattent en ce moment pour la liberté, qui se font égorger pour leurs droits, et qu'on veut tromper de nouveau.

Les démocrates allemands de Paris se sont formés en légion pour aller proclamer ensemble la RÉPUBLIQUE ALLEMANDE.

IL LEUR FAUT DES ARMES, DES MUNITIONS, DE L'ARGENT, DES OBJETS D'HABILLEMENT. Prêtez-leur votre assistance ; vos dons seront reçus avec gratitude. Ils serviront à délivrer l'Allemagne et en même temps la Pologne.

Démocrates allemands et polonais marcheront ensemble à la conquête de la liberté.

Vive la France !
Vive la Pologne !
Vive l'Allemagne unie et républicaine !
Vive la fraternité des Peuples !

Que chacun porte ses dons rue Montmartre, 64 (hôtel d'Angleterre), au bureau central de la *Société démocratique allemande*, ou chez M. *G. Herwegh*, président de la Société, boulevard des Capucines, 13.

DES ARMES, CITOYENS ! pour mettre en marche nos soldats de la liberté.

Les citoyens français auxquels les démocrates allemands demandaient des armes, de l'argent et des effets d'habillement, ne donnèrent absolument rien. Les clubistes, sur lesquels on avait particulièrement compté, répondirent qu'ils n'avaient pas trop d'argent pour eux et qu'ils conservaient leurs armes pour combattre la réaction. Cependant, grâce aux secours qu'ils obtinrent du Gouvernement provisoire, les meneurs de la Société démocratique allemande parvinrent à organiser une bande de quinze à dix-huit cents hommes qui a pris, sous le nom de *Légion démocratique*, une large part (commandement des citoyens Hecker, Weizen et Sommel) aux tristes événements dont le grand-duché de Bade a été le théâtre. Nous avons assisté, le jeudi 30 mai 1848, au départ des second et troisième bataillons de cette légion. Les pauvres Allemands se mettaient en route après avoir été chaleureusement harangués par les citoyens Herwegh, A. de Bornstedt et Ney de la Moskowa : on venait de leur dire qu'ils allaient assurer le bonheur de leur patrie, en travaillant à la constitution de l'unité allemande.

De la constitution de l'unité allemande, unité que des Allemands peuvent désirer, mais à la constitution de laquelle nous ne savons pas trop ce que la France pourrait gagner, il n'en était question que pour s'assurer un plus grand nombre de partisans. Les membres de la Société démocratique allemande ne désiraient qu'une chose : le triomphe des idées révolutionnaires et désorganisatrices, dont un si grand nombre d'écrivains allemands se sont faits les propagandistes.

Ces idées, nous allons essayer de les faire connaître à nos lecteurs, par des citations d'une authenticité incontestable.

Et d'abord il est bon que l'on sache que si quelques-uns, en Allemagne, sont ennemis de la France, ce sont les républicains démocrates, les partisans du communiste Hecker ; ce sont eux qui proclament que la limite naturelle de la France n'est pas le Rhin, attendu que le Rhin est tout allemand, mais seulement la chaîne des Vosges ; ce sont eux qui, en 1848, dans les clubs de Carlsruhe et d'Heidelberg, chantaient la *Marseillaise allemande* de Arndt.

Dans un plan de propagande universelle saisi dernièrement à Dresde, on lit que le membre de l'Association démocratique allemande placé à la tête du comité parisien n'est autre que le citoyen Ewerbeck, docteur en médecine et membre de l'Université. Cet individu vient de donner sa démission, en alléguant qu'il croyait pouvoir rendre plus de services à la cause démocratique en se livrant tout entier à la littérature. Il a compris, sans doute, que l'œuvre de la désorganisation sociale à laquelle travaillent de concert les socialistes de tous les pays avorterait, tant qu'elle ne serait pas précédée de l'œuvre de la désorganisation morale et religieuse. Il s'est, en conséquence, donné la mission de vulgariser en France les doctrines des Fuerbach, Bauer, Daumer, Marx, Weitling, Max Stirner, etc., etc., professées à Paris par les clubistes de la Réunion allemande parisienne (voir l'article suivant) et de la Société démocratique de l'estaminet Mulhouse.

Fuerbach, dans un de ses nombreux écrits [1], donne le dernier mot de ces pitoyables doctrines : il cherche à établir que, pour arriver au bonheur, pour fonder la société nouvelle, il faut renoncer non-seulement au christianisme, mais encore à toute idée religieuse. Que la volonté de l'homme soit faite, tel est le principe de la loi nouvelle proclamée par Fuerbach ; telle doit être, suivant lui, la religion de l'avenir.

« Le Dieu ancien n'est plus, les illusions d'immortalité ne trompent plus que quelques âmes faibles et quelques esprits serviles.

« Il n'y a d'autres prières que la contemplation de l'esprit humain ; il n'y a d'autre Dieu que l'homme [2]. »

Le Pilade actuel de cet Oreste grotesque qui a nom Ledru-Rollin, un des principaux rédacteurs du journal la *Voix du Proscrit* [3], s'exprime en ces termes au sujet de la France.

« La France se perd par la religion ; les voltairiens eux-mêmes sont encore catholiques. En théorie ils disent qu'ils ne peuvent expliquer le monde que par un être divin, par un être infini et incompréhensible. Dans la pratique tous leurs discours et leurs pensées sont pleins des mots : dévouement, sacrifice, magnanimité, expressions modernes qui reproduisent l'ancienne

---

[1] *Mensch oder Christ ?* 1845 (homme ou chrétien ?).
[2] *Annales de la science et de la vie* (avril 1848).
[3] Arnold Ruge.

ascétique. Une pareille manière de penser, laisse l'univers sans explication et le moral sans principe *réel.* *Pour délivrer la France il faut la déchristianiser.* »

Les citations qui suivent sont plus curieuses :

« Non-seulement Dieu n'est pas, mais le genre humain lui-même n'est qu'une idole menteuse, et le dévouement à l'humanité une capucinade. Je suis seul dans ce monde; seul j'existe; ma puissance, mon pouvoir, ma liberté ne peuvent être limités par aucune croyance, par aucune règle, par aucun droit étranger à mon droit [1].

« Qu'on tonne contre les prêtres et les rois; détruisez ces deux mobiles de la vieille société, et vous verrez ce qui restera de ses ruines.

« Il ne nous manque plus qu'une volupté, c'est de pendre de nos mains le dernier prêtre au cou du dernier riche [2].

« Ne dis pas que le vol et la communauté des femmes sont choses licites. Tu effarouches un sentiment que les riches et les sots appellent la pudeur. C'est convenu entre nous : il n'est donc pas besoin de le proclamer si haut. Ce qu'il faut prêcher, c'est le besoin de la vengeance contre l'ordre social. Pour monter ta lyre au diapason convenable il te faudrait des flots de sang. Un jour nous en ferons couler plus qu'il n'y a de gouttes d'eau dans un lac [3].

« Une révolution politique est insuffisante : les socialistes français ont été trompés par Lamartine, Garnier-Pagès, et plusieurs autres membres du Gouvernement provisoire; mais le peuple leur demandera un compte sévère de leurs actes, et ce jour sera sanglant, car une nouvelle guillotine sera dressée comme en 1793. Ce qu'il nous faut, c'est une république universelle. Nous serons tous des frères, et pour cela nous rétrograderons s'il le faut jusqu'à la première révolution. Quant à moi je veux la guillotine : je suis un homme altéré de sang [4]. »

Nous pourrions multiplier à l'infini de semblables

[1] Max Stirner, *Revue des Deux-Mondes* (15 juillet 1847).
[2] Marr, lettres saisies à Zurich en 1843. Voyez *Histoire du Sonderbund* par Crétineau Joly.
[3] Maximilien Stepp à Weitling, lettres saisies à Zurich en 1843. Voyez *Histoire du Sonderbund* par Crétineau Joly.
[4] Discours prononcé par le citoyen Kauffmann dans un banquet socialiste à New-York le 24 février 1850. *Courrier des États-Unis* (26 février 1850).

citations empruntées soit aux écrits, soit aux discours, soit à la correspondance des socialistes allemands. Les citoyens Ewerbeck, Fuerbach, Marx, Stepp, Stirner, Kauffmann, Arnold Ruge, etc., faisaient tous partie, en mars 1848, de la réunion de l'estaminet Mulhouse. La plupart de ces prédicateurs d'athéisme et de révolution, chassés de l'Allemagne après la vive réaction qui suivit leurs tentatives, se réfugièrent de nouveau à Paris, où ils fondèrent la Réunion allemande parisienne. Ils propageaient tant qu'ils le pouvaient leurs doctrines, répandaient des traductions de leurs écrits, s'alliaient avec la Montagne, et s'efforçaient d'établir le *nouveau monde* sans Dieu et sans lois promis par le socialisme radical, lorsque le Gouvernement pensa qu'il était temps d'expulser de notre territoire ces agitateurs incendiaires. Nous croyons, malgré les cris de douleur et d'indignation des journaux coquelicots, qu'il a eu grandement raison. Il est temps, en effet, de mettre un terme à la propagande anarchique faite en France par tous les révolutionnaires de l'Europe. Que les Italiens, les Allemands, les Polonais, viennent chez nous faire concurrence à nos ouvriers, nous le voulons bien; mais que ces étrangers fomentent dans notre patrie des troubles perpétuels, qu'ils insultent le pouvoir, violent les lois et nous fusillent dans les rues lorsqu'ils en trouvent l'occasion, c'est trop.

ALLEMANDE-PARISIENNE (*Réunion*), rue de Grenelle-Saint-Honoré, 45 (salle de la Redoute). Société de réfugiés révolutionnaires fondée en septembre 1848.

Les Allemands-Parisiens adressaient souvent des échantillons de leur prose aux journaux rouges de la capitale : jamais on n'a vu des clubistes aussi tourmentés que ceux-ci de la démangeaison d'écrire. Ceux de nos lecteurs qui seraient curieux de connaître les œuvres littéraires de ce club en trouveront la collection complète dans les numéros de *la Réforme* des mois de septembre 1848 et suivants.

La réunion Allemande-Parisienne, étant opposée au principe de la présidence, chacun présidait à son tour;

les citoyens Hess, Schabelitz, Scherzer, Reininger, Nette, Réchard, Appuhu, Ewerbeck, Maeurer, Raspe (condamné à deux ans de prison pour escroquerie par le tribunal correctionnel de Colmar), étaient les membres les plus notables de cette réunion. On voit à la simple lecture de ces noms que la réunion Allemande-Parisienne ne comptait pas dans son sein un bien grand nombre de Parisiens.

ALLIANCE (*Club patriotique et républicain de l'*), rue Madame (salle de l'École communale des filles); fondé en mars 1848.

L'affiche suivante placardée sur les murs de Paris fait connaître les principes et les noms des principaux membres de ce club, qui a rendu les plus grands services à la cause de l'ordre.

République française.
Liberté.—Égalité.—Fraternité.

CLUB PATRIOTIQUE ET RÉPUBLICAIN DE L'ALLIANCE.

AUX ÉLECTEURS DU DÉPARTEMENT DE LA SEINE.

Citoyens,

Le sort de la France dépend des élections.

Si l'Assemblée nationale est composée d'hommes probes et capables, de patriotes éprouvés, de républicains sincères, l'œuvre immense, providentielle à laquelle Dieu l'a destinée fera la grandeur de notre nation et le bonheur du peuple.

Tout repose donc aujourd'hui sur le choix de dignes représentants.

C'est là la tâche immédiate à laquelle les bons citoyens doivent se dévouer sans relâche.

Que toutes les opinions, que toutes les croyances se réunissent en un même faisceau pour y parvenir.

Jamais, dans aucune des grandes crises sociales, le christianisme, qui est la source de toutes les libertés, le foyer de toutes les lumières, n'a manqué de donner au monde des défenseurs zélés des droits de l'humanité.

Il ne restera pas, à cette heure suprême, au-dessous de sa divine mission.

Animés de l'amour d'une fraternelle égalité, les hommes de notre foi, les catholiques qui veulent la République, parce que nul ne comprend et n'aime plus qu'eux la liberté dans toute sa franchise, dans toute sa plénitude, porteront leurs suffrages, sans distinction de personnes, sur des candidats fermes et consciencieux, qui garantiront au pays l'ordre dans la liberté.

Tel est notre devoir, et nous le remplirons avec autant de dévouement que cet autre devoir, si cher à notre cœur, celui de travailler, non par des mots, mais par des faits, au bonheur de nos frères les ouvriers.

Franchement unis au Gouvernement provisoire, nous contribuerons, avec ardeur et courage, à fonder :

Une République ou les droits de tous seront proclamés et respectés ;

Une République où le travail assuré à tous sera suffisamment rémunéré et équitablement réparti ;

Une République où l'égalité devant la loi sera réelle, parce qu'elle aura pour base la justice et la fraternité évangélique ;

Une République enfin où toutes les libertés du chrétien et du citoyen :

La liberté entière des élections,

La liberté des consciences et des cultes,

La liberté de la presse et de la parole,

La liberté d'éducation et d'enseignement,

La liberté du travail et de l'industrie,

La liberté de l'individu et de la propriété,

La liberté d'association et de reunion,

seront pleinement et inébranlablement garanties.

C'est sur ce terrain de vérité et de patriotisme que nous appellerons tous ceux qui veulent comme nous la liberté en tout et pour tous.

Noms des signataires :

Alexandre Andryane ; Alkan, ancien ouvrier, ingénieur civil et professeur ; Angé, capitaine de cavalerie en retraite ; Augustin Bentz, étudiant en droit ; L.-J. Boucher, ancien négociant ; Beurlès, instituteur ; Chevreux, professeur ; Delabruyère, élève en médecine ; Félix Delorme, avocat à la cour d'appel ; Desdouits, professeur de mathématiques au lycée Monge ; E. Delestre, licencié en droit ; Eudeley, homme de lettres ; H. Gaultier de Claubry, professeur de chimie ; J. Genouille, professeur au lycée Corneille ; Géru, menuisier ; G. Keszler fils, tailleur ; J. Leclaire, voyageur du commerce, ancien ouvrier tanneur-corroyeur ; C. Lebaut, correcteur d'imprimerie ; Mabile, serrurier ; Muchalon, ouvrier bijoutier, Paulin Guérin, peintre d'histoire ; Ch. Place, ingénieur civil ; Robert, coiffeur ; Royer-Belliard, étudiant en droit; Subra, relieur; Vuillet, ancien capitaine; Ach. Valois, statuaire.

Les séances du club ont lieu les lundis et jeudis, à 8 heures du soir, à l'École communale des filles, rue Madame.

Les séances du club patriotique et républicain de l'*Alliance* sont publiques, mais pour en faire partie il faut être présenté par deux membres. On peut s'inscrire au bureau permanent, chez le citoyen Vaille, libraire, rue Cassette, 6.

Ce club, ainsi que nous l'avons dit plus haut, a rendu à la cause de l'ordre les plus importants services; un de ses membres, M. Gaultier de Claubry, a lutté avec courage contre la mairie du 12ᵉ arrondissement, alors administrée par les citoyens Gornet et Bocquet, ces singuliers officiers municipaux qu'il fallait aller chercher chez le marchand de vins lorsqu'il s'agissait de procéder à un mariage, et qui distribuaient à leurs amis politiques autant de cartes d'électeurs que ces derniers en voulaient.

Le président du club de l'Alliance, M. Andryane, a été longtemps détenu au Spitzberg avec les poëtes italiens Silvio Pellico et Maroncelli. L'âge et la méditation ont fait d'un carbonaro un homme profondément religieux, un défenseur zélé des institutions sociales : pourquoi les quelques hommes éminents égarés dans les rangs du parti ultra-démocratique ne suivent-ils pas un aussi noble exemple ?

M. Andryane a exercé à Paris, en février et mars 1848, les fonctions de commissaire du Gouvernement près le Comité des subsistances.

ALSACIENS, SENTINELLE AVANCÉE DES DROITS DE L'HOMME (*Club des*), rue de Grenelle-Saint-Honoré, 45, (salle de la Redoute). Secrétariat, rue de la Vieille-Monnaie, 12. Fondé en mars 1848. Président honoraire, Huber (Aloysius), (condamné à la déportation par la Haute Cour de Bourges—Affaire du 15 mai); président, Ley; vice-présidents, Ory, Burck; secrétaires, Rieffal, Henne.

Les orateurs de ce club parlaient tour-à-tour l'allemand et le français : le verre d'eau sucrée était remplacé à la tribune par la chope de bierre de Strasbourg. On y fumait. Le club des Alsaciens entretenait avec la Société démocratique allemande des relations intimes et suivies, et était affilié à la Société des Droits de l'Homme. Dans la nuit du 14 au 15 mai 1848, le président Ley invitait tous les membres de son club à prendre part à la manifestation en faveur des Polonais. Il prévenait qu'on pourrait se procurer des armes et des munitions de guerre chez Sobrier, rue de Rivoli, 16.

Délégués dans les départements, les citoyens Saint-Gerglais, étudiant, place de l'Odéon, 6; Rosat, docteur ès-sciences, rue de la Harpe, 94; Rueff, ex-sous-officier de cavalerie, rue de Provence, 7, délégué spécialement pour républicaniser les cuirassiers du 4e régiment.

AMANDIERS (*Club fraternel des*), rue des Amandiers-Popincourt, fondé en mars 1848. Président, Lahaye; vice-président, Nestor Poulain.

Ce club, foyer de propagande socialiste, est un de ceux qui ont été les plus maltraités en juin 1848. Plusieurs de ses membres se sont fait tuer sur les barricades, d'autres ont été transportés. Le citoyen Nestor Poulain a été arrêté à Strasbourg, pour complot prémédité contre la vie du président de la République. Il fut mis en liberté faute de preuves suffisantes. Cet individu vient d'être condamné à deux ans de prison par le tribunal correctionnel de Strasbourg; il était accusé de plusieurs escroqueries.

AMIS DE LA CONSTITUTION (*Association démocratique des*), cercle-club, Palais National.

Cette association a été fondée en novembre 1848, par M. Buchez ou plutôt par M. le général Eugène Cavaignac, sous le nom de ses amis les plus intimes. Le cercle-club invitait les personnes disposées à dépenser 30 francs à verser la susdite somme dans la caisse de l'association, afin qu'elle pût subvenir aux frais d'une propagande gigantesque en faveur de la candidature du général Cavaignac à la présidence de la République. Il faut croire qu'une bonne partie du public parisien répondit à l'appel des Amis de la Constitution, car cette association fit imprimer un nombre considérable de prospectus électoraux, de caricatures, de circulaires aux curés de campagne, aux instituteurs primaires, etc.; elle fit notamment répandre au moins trois millions d'exemplaires du canard intitulé *Le général Cavaignac devant la Commission d'enquête*, qui fut distribué dans les quarante mille communes de France, et que l'on fut obligé de tirer, durant plus de quinze jours, dans au moins vingt imprimeries.

Après la déconfiture électorale du général Cavaignac, les éléments qui lui appartenaient se retirèrent de l'association, qui se trouva réduite à la couleur Guinard et perdit son local du Palais-National.

Le 13 juin 1849, les Amis de la Constitution étaient installés boulevard Montmartre, 12. Du balcon de cette maison, ils encourageaient de la voix et du geste la procession insurrectionnelle des Amis de la République romaine. Nous nous rappelons surtout une très-jolie citoyenne (mademoiselle Maria Lopez, artiste de la Comédie-Française, arrêtée dernièrement à l'occasion du complot de Lyon), qui envoyait les plus charmants baisers aux frères et amis qui défilaient sur le boulevard.

Le journal *le National* a publié la liste générale des membres composant l'association des Amis de la Constitution.

Nous devons ajouter que le citoyen Buchez présidait les séances des Amis de la Constitution avec beaucoup plus de dignité qu'il n'en a montré lors de l'envahissement de l'Assemblée Constituante, le 15 mai 1848.

L'association des Amis de la Constitution n'est pas morte, les Journaux démocratiques viennent de nous apprendre que ses membres avaient célébré, sous la présidence du citoyen H. Martin, le dernier anniversaire du 24 Février dans un local situé faubourg Poissonnière, 52.

AMIS DE LA FRATERNITÉ (*Club des*), rue Neuve-St-Georges (Salle Sax). Président M. H. de Riancey, représentant du peuple. Club modéré dont on a peu parlé.

AMIS DE LA RÉPUBLIQUE (*Club des*) à Vaugirard, fondé en mars 1848. Président, Cugnot. Insignifiant.

AMIS DE LA RÉPUBLIQUE (*Club des*), rue Saint-Jacques, 277, fondé en mars 1848, par M. Marchal (de Calvi). Président, Lemaire.

Le citoyen Marchal (de Calvi), doué d'une certaine éloquence et que nous croyons animé d'excellentes intentions, voulait, comme beaucoup d'autres en avril 1848, devenir représentant du peuple; mais les électeurs de la Seine ne répondirent pas à ses nombreux appels.

Le citoyen Marchal (de Calvi) s'est très-particulièrement distingué durant l'invasion du choléra. Il est mieux de se distinguer de cette façon que d'attirer à soi l'attention publique par des discours presque révolutionnaires prononcés dans des clubs malsains. Nous sommes du reste persuadé que M. Marchal (de Calvi) est maintenant de notre avis.

Délégués dans les départements, les citoyens Bartoli, avocat, rue Croix-des-Petits-Champs, 11; Marchal (de Calvi), chirurgien aide-major à l'hôpital militaire du Val-de-Grâce.

AMIS DE L'ORDRE (*Association des*), fondée, a-t-on dit, à Paris, en octobre 1848, pour fonctionner à Lorient.

Les Journaux rouges ont avancé que cette prétendue association était une société secrète légitimiste, organisée avec le plus grand mystère, composée de vingt-cinq à trente mille affiliés discrets; ayant un comptoir à Lorient, destiné à faciliter le débarquement de la légitimité. De tout cela rien n'était vrai: la société des Amis de l'Ordre, fondée à Paris pour fonctionner à Lorient, *n'a jamais existé.*

On sait depuis longtemps déjà que la tactique ordinaire des frères et amis consiste à prêter leurs desseins à autrui, afin de détourner l'attention publique.

AMIS DE L'ORDRE (*Société des*), à Belleville; fondée en mars 1848. Président, Debière.

Réunion tellement insignifiante qu'elle ne mérite pas même le nom de club.

AMIS DES NOIRS (*Club des*), place du Carrousel

(état-major de la Garde nationale); fondé en mars 1848. Président, Bissette, actuellement représentant du peuple.

Nous voulons bien être les amis des Noirs, mais il paraît que les Noirs ne veulent pas être les nôtres. Le 23 mai 1848, par suite de la liberté accordée aux nègres, trente-deux blancs, hommes, femmes et enfants, étaient égorgés et brûlés à Saint-Pierre (Martinique). Dix-neuf habitations étaient incendiées à la Guadeloupe, pour éclairer les dernières élections..... Mais qu'importe ! soyons quand même les amis des Noirs.

« Liberté, égalité, fraternité, et vivent les rouges! » voilà quelle était la devise du club des Noirs.

AMIS DU PEUPLE (*Club des*), rue et salle Montesquieu. Président, P.-V. Raspail, représentant du peuple, actuellement détenu à Doullens; vice-président, Kersausie; secrétaire, Raspail (Benjamin), représentant du peuple; membres du bureau, Veyne, Dupas, Raspail (Camille).

Le rôle joué par la nouvelle Société des Amis du Peuple, lors des événements du 15 mai 1848, est connu. Les citoyens Raspail père et fils en étaient à peu près les seuls orateurs.

Un arrêté du Pouvoir Exécutif, en date du 22 mai 1848, a ordonné la fermeture du club des Amis du Peuple. Le 27 du même mois les citoyens Kersausie, Veyne, C. Raspail et B. Raspail fils, en annonçaient la réouverture dans une lettre insérée dans plusieurs journaux; mais cette réouverture n'a pas eu lieu.

Nous connaissons une collection d'autographes dans laquelle se trouve une lettre du citoyen Raspail demandant au ministère de 1831 la succession de Cuvier au Jardin des Plantes et signée *très-humble et très-fidèle sujet*.

AMIS FRATERNELS (*Club des*), rue Saint-Honoré, 219, fondé en mars 1848. Président, Brige.

Les fous les plus bizarres, les monomanes les plus extraordinaires se produisaient à chaque instant à la tribune du club des Amis Fraternels, et très-souvent leurs excentricités étaient prises au sérieux par des auditeurs qui n'avaient guère plus de raison que ceux qu'ils écoutaient.

Un certain soir, un individu dont le visage est brûlé par le soleil du Midi, aux bras nerveux, aux larges épaules, aux cheveux noirs et crépus comme ceux d'un nègre, monte à la tribune pour y lire sa profession de foi ; il est vêtu d'un habit à larges basques et d'un pantalon noir ; son gilet de piqué blanc à la Robespierre laisse entrevoir une chemise du rose le plus vif ; il tient dans sa main un chapeau tyrolien. Après avoir longtemps promené ses regards sur l'auditoire, il s'exprime ainsi :

« *Ce n'est point d'organiser le travail qu'il s'agit,*
« *Citoyens, il faut organiser l'oisiveté par la multiplica-*
« *tion infinie des machines ; il faut que l'homme, au lieu*
« *de courber sa tête vers la terre, au lieu d'appliquer ses*
« *bras aux métiers, soit entouré d'agents mécaniques qui,*
« *sur un signe de sa main, enfantent des prodiges...* »

« *Il faut que tous les ouvriers soient remplacés par des*
« *chiens savants chargés de surveiller les usines...* »

Après d'autres divagations de ce genre, l'orateur au grand ébahissement des Amis Fraternels, prétend que tout est possible à l'aide de l'air comprimé : il ne s'agit que de s'en procurer une quantité suffisante au but qu'on se propose ; le moyen, l'orateur le connaît, il l'indiquera à ses futurs collègues de l'Assemblée : « *L'air comprimé !* s'écrie le législateur en expectative. *L'air comprimé ! mais il viendra verser un air pur dans nos habitations et dans nos ateliers, tourner le bronze, polir le cuivre, scier notre bois, cirer nos bottes, faire nos lits, moudre notre café et moucher nos chandelles : l'air comprimé nous rendra pour ainsi dire les maîtres des saisons en nous donnant, à volonté et gratis, le calorique et le frigorifique !* »

La candidature du citoyen Muré (ainsi se nomme le pauvre fou dont nous venons de parler) est prise en considération par les Amis fraternels.

Très-souvent les orateurs du club des Amis Fraternels échangeaient entre eux des épithètes assez peu fraternelles. Les séides du *père* Brige prétendaient que le *père* Cabet, jaloux de l'influence de son confrère en communisme, envoyait très-souvent au club de ce dernier des trouble-fêtes, afin d'exciter des querelles par la présentation d'objections imprévues. Toujours est-il que le club Cabet enleva tous ses membres au club Brige.

Le citoyen Brige a dirigé en 1845 la rédaction du journal mensuel *la Fraternité*, organe d'une petite fraction de communistes-égalitaires. Il a, de plus, publié divers écrits. Nous trouvons, dans un résumé succinct de ses doctrines, les propositions suivantes :

La terre, la propriété de la nation.

Tous les produits de la terre gérés par l'administration.

La confection de tous les produits et travaux dirigée et payée par l'administration.

L'administration possesseur et vendeur de tous les produits confectionnés ou non, soit à l'intérieur, soit à l'extérieur.

Tous les travailleurs recevant un salaire égal.

Tout travailleur assuré de travail ou de son existence.

Les états dangereux, repoussants, le mérite d'amélioration publique; récompensés.

Variété dans le travail.

L'habitation et sa possession assurée à chacun pendant sa vie seulement.

L'admission des femmes (leur capacité reconnue) à tous les emplois.

L'âge mûr assuré de l'existence et du repos.

Les infirmes, les faibles exempts de travail; leur existence assurée.

Il doit être sous-entendu que le citoyen Brige, en sa qualité de représentant de l'État, serait, le cas échéant, l'unique propriétaire de toutes les terres, et ses principaux disciples les distributeurs de tous les produits.

Quel bel avenir nous réservent les citoyens communistes ! Nous reparlerons des communistes fraternels. (Voir *Société et Club de la Fraternité*.)|

ANCIENS CONSTITUANTS (*Club des*), Palais-National; fondé en 1849. Président, Goudchaux, ministre des finances sous le Gouvernement provisoire.

Des représentants restés sur le champ de bataille électoral fondèrent ce club, sorte de parlement en miniature, où l'on discutait, où l'on votait, où chacun faisait tout ce qu'il pouvait afin de ressaisir une influence perdue. Cette réunion de législateurs invalides ne fut jamais bien nombreuse.

ANTONINS (*Club des*), rue Moreau, faubourg Saint-Antoine; fondé en mai 1848. Président, Delacollonge ; secrétaire, Perlieu.

Ce club était le plus abominable de tous les clubs rouges de Paris. A l'occasion de l'insurrection réprimée à Rouen en avril 1848, il faisait placarder sur toutes les murailles du faubourg Saint-Antoine l'affiche suivante:

A L'ASSEMBLÉE NATIONALE.

Citoyens Représentants, deux mois après que le peuple venait de proclamer la liberté, l'égalité et la fraternité, une ville vient de donner à cette devise un démenti tracé en caractères de sang. Devra-t-on décorer du titre de combat une boucherie où cent cinquante cadavres restent sur la place, et, pour nous servir de l'expression d'un journal, symbole de lâcheté, *il n'y a pas un seul garde national de tué.*

Il y a donc à Rouen *de la garde nationale et du peuple?* que signifient ces expressions? Il y a donc dans la République des bourgeois et des ouvriers? Que *signifie* (sic) encore ces magistrats en robes rouges, siégeant sur les cadavres des vaincus au milieu d'une caste et de soldats gorgés de vin? Est-ce que la Cour d'appel avait oublié dans son palais sa main de justice, symbole de l'équité, pour ne porter que la hache, symbole de la *force?* Qu'est-ce que ce procureur-général, laissant traîner dans la boue des magistrats municipaux élus par le peuple [1], chasser le représentant de la République [2], et mettant *ces* (sic) mandats à la discrétion des mains sanglantes d'un général qui n'exerçait qu'un pouvoir usurpateur? Ce général était donc plus que le Gouvernement provisoire, puisque, de son autorité, il anéantissait le décret qui défend de faire intervenir les troupes dans l'intérieur de la cité? L'armée est pour défendre la patrie devant l'étranger ; elle ne peut, sous peine de se rendre fratricide, elle ne doit servir qu'à défendre la patrie, et non servir d'instrument au premier *partie* (sic) effréné qui, sous prétexte d'ordre, ne demande qu'à ensanglanter les premiers jours de la République,

---

[1] Est-ce une allusion au citoyen Durand ?
[2] L'assassin Riancourt, sans doute ?

pour avoir ensuite le droit de la *calomnie (sic)*, et plus tard de la faire maudire.

Deux villes viennent de donner le spectacle déplorable de l'insurrection : Limoges et Rouen. Que dirait-on si les ouvriers de Limoges avaient massacré cent cinquante bourgeois à coups de canon ; on dirait que nous sommes les héritiers de 93, et les *vainqueurs* de Rouen demanderaient, comme sous le régime déchu, des lois pour nous ravir notre émancipation.

Nous apprenons qu'une enquête est commencée par la Cour d'appel, nous la récusons, surtout le citoyen Franck-Carré ; notre silence à son égard est assez éloquent : parmi les signataires de cette pétition il y en a *à qui il a demandé la tête (sic)*. Quand au procureur-général Sénard, il est juge et partie ; sa place est parmi les accusés et non parmi les accusateurs. Nous récusons également le citoyen Dussart ; c'est un homme de parti, ex-rédacteur du *National*. Nous sommes fatigués de voir que nous avons fait une révolution au profit d'un journal. Sous l'ancien Gouvernement on a crié au népotisme ; il existe plus que jamais, et nous voyons avec douleur que s'il existe le moindre conflit, on envoie partout des gens du *National*. Alors effacez ces mots : République française, pour y substituer : Gouvernement du *National*.

Nous demandons de votre justice :

1º Que la garde nationale de Rouen soit désarmée et déclarée *traître* à la patrie ;

2º Qu'une enquête soit faite par les représentants du peuple, élus dans le sein de l'Assemblée nationale ;

3º Que la patrie traite les blessés, veuves et orphelins de Rouen sur le même pied que ceux de Février ;

4º L'arrestation immédiate du général de division Ordener, qui le premier a violé les lois de la République ;

5º Qu'après l'enquête les pièces soient publiées officiellement, et que justice soit faite à qui de droit.

Salut et fraternité.

Les membres du club des *Antonins* ont adopté au nombre de huit cents.

Le club des Antonins espérait enterrer tous les *aristos* sous les pavés de Juin. Nous avons plusieurs fois entendu dire près de nous, lors du désarmement du faubourg Saint-Antoine, que la bannière sur laquelle des insurgés avaient écrit ces mots : « *Succès—viol, pillage ; Insuccès — meurtre et incendie ,* » sortait du club des Antonins.

Nous devons ajouter que l'apparition de cette bannière qui donnait à un grand nombre d'hommes égarés le dernier mot de l'insurrection à laquelle ils prenaient part contribua autant et plus peut-être que les efforts de l'attaque à la soumission du faubourg Saint-Antoine.

Les journaux rouges ont nié (ils le devaient) l'existence de la bannière du club des Antonins, et nous devons le dire, bien que cette bannière ait été vue et touchée par des milliers de personnes, leurs dénégations ont obtenu une certaine créance. Il est en effet difficile de croire à certaines choses. Cependant, cette exhibition effrontée de ces mots sinistres *pillage, incendie,* n'aurait étonné personne si, à l'époque où elle fut dénoncée, on avait bien voulu se rappeler que le citoyen Delacollonge, président du club des Antonins, était en même temps rédacteur du journal *l'Organisation du Travail.* Cette feuille immonde, fondée par le sieur Clavel d'Oisy (un spéculateur qui, depuis, s'est fait condamner par les tribunaux de police correctionnelle pour tripotages californiens), publiait, peu de jours avant les événements de Juin, les noms et adresses de toutes les personnes riches qui habitent Paris, et donnait le chiffre de leur fortune. Cette estimable feuille indiquait d'avance aux soldats de la démocratie militante les endroits que, dans le cas de la victoire, alors espérée, il fallait absolument visiter. Les indications du journal *l'Organisation du Travail* étaient comme de raison répétées par la *Réforme,* dont le rédacteur en chef, le citoyen Flocon, était alors membre du ministère. En vérité, lorsque les hommes de la veille nous parlent de leur loyauté, de leur mansuétude, etc., ils nous prennent pour des imbéciles.

ARBALÈTE (*Club de l'*). Ce club, comme la plupart de ceux qui furent ouverts après la levée de l'état de siége (triste suite de l'insurrection de Juin), n'a pas eu ce que nous pourrions nommer une existence individuelle; comme le club Roisin, comme ceux de la Reine-Blanche, du Vieux-Chêne, de la Redoute et plusieurs autres, il emprunte son nom au local dans lequel il tient ses séances, présidées tantôt par l'un, tantôt par l'autre. Nous dirons de ces clubs, qui n'ont pas laissé de traces, tout ce que nous en avons appris : ce sera assez pour prouver que les derniers venus dans la carrière étaient tout-à-fait dignes de leurs aînés.

A une des séances du club de l'Arbalète, un orateur (le citoyen Verdet, chimiste), après avoir glorifié les hauts faits des héros de 1793, s'exprime ainsi : « Nos pères étaient appelés niveleurs et démolisseurs; faisons comme eux, ce n'est qu'en passant le niveau sur la tête des riches que nous pourrons conquérir la vraie démocratie. »

Un des auditeurs répond au citoyen Verdet; mais ayant dit qu'il fallait se garder de détruire l'édifice social, comme un maçon qui abat sans discernement une maison assise sur de solides fondements, un individu s'élance tout-à-coup à la tribune, l'œil enflammé, le poing levé, prêt à frapper l'orateur!

Les personnes les plus rapprochées accourent en foule au secours de celui-ci; on saisit le furieux, on lui demande quel est le sentiment qui l'anime.....

—Ce monsieur, répond-il, vient d'insulter les maçons, et je suis maçon.....

Ce n'est pas sans peine qu'on parvient à lui faire comprendre et accepter le sens de la figure employée par l'orateur.

Les réunions de la salle de l'Arbalète étaient le plus souvent présidées par les citoyens Gornet, docteur en médecine, ex-maire du 12e arrondissement; Aimé Beaune et Delbrouck.

ARC-DE-TRIOMPHE (*Club de l'*). Un club de ce nom est mentionné dans le journal la *Commune de Paris*.

ARRONDISSEMENT (*Société républicaine démocratique du 1er*), rue de la Chaussée-d'Antin, 59 (salle Sainte-Cécile). Fondée en mars 1848.

Nous ne connaissons de ce club, fondé en vue des premières élections, que l'affiche suivante :

Liberté, Égalité, Fraternité.

SOCIÉTÉ RÉPUBLICAINE DÉMOCRATIQUE
DU PREMIER ARRONDISSEMENT.

La Société veut la réalisation sincère et complète du régime républicain; la liberté absolue, tant que l'ordre et les mœurs n'en sont point altérés ; l'éducation pour tous ; la dignité nationale. Elle veut que par des efforts incessants l'existence de l'homme de travail soit assurée.

A TOUS.

Frères,

Nous sommes tous citoyens ; nos volontés font la loi du pays, nos droits sont des devoirs.

Les élections nous pressent. Veillons et agissons.

Comme électeurs, comme gardes nationaux, soyons tous à notre poste.

Que l'intrigue qui s'agite au service d'un parti impossible ou d'un avenir anti-national, que l'ambition égoïste, que le faux patriotisme viennent échouer devant nos volontés unies.

A l'heure où nous sommes, aucun choix n'est indifférent ; pour l'édifice à construire tous les matériaux doivent être sains.

Point de tiédeur ; dans les clubs, dans les cercles, dans les réunions de gardes nationaux, dans les ateliers, dans nos familles, partout enfin renseignons-nous.

Interrogeons les candidats, discutons les titres, n'hésitons pas à repousser les candidatures suspectes ; que nos suffrages, sévèrement réfléchis, ne s'arrêtent que sur des hommes sympathiques, résolus, animés du vrai sentiment républicain.

Songez-y bien! Garde nationale, Municipalité, Assemblée constituante, tout cela est solidaire pour le salut et la grandeur de la patrie.

Patriotes éprouvés dans la lutte, patriotes éprouvés par vos œuvres, vos titres sont glorieux et authentiques.

Ouvriers, révélez-vous à ceux qui vous ignorent.

Votre dévouement à la patrie, votre droiture de jugement et de cœur, plus précieuse que l'éloquence, sont des gages pour compter au nombre des élus de la République.

LES MEMBRES-FONDATEURS :

Allary, président de la Société de secours mutuels des arts et métiers, 8, rue de Luxembourg ; Armand Bonnet, administrateur des chemins de fer d'Alsace, 22, rue de Tivoli ; Arthaud-Beaufort, pharmacien, 31, rue Louis-le-Grand ; Bachellery, chef d'institution, 52, rue du Rocher ; Bascan, chef d'institution (ancien

gérant de la *Tribune*), 70, rue de Chaillot; Bergeron, marchand
de vins, 1, rue de Longchamps ; Berranger, propriétaire, 24, rue
du Colysée ; Bertelote, propriétaire, 11, rue du Colysée; Bretel
(Charles), entrepreneur de menuiserie, 23 *bis*, rue du Rocher ;
Brocheton Hubert), tonnelier, 24, passage Tivoli ; Cantagrel,
rédacteur de la *Démocratie Pacifique* (condamné contumace par
la Haute Cour de Versailles pour sa participation aux événements du 13 juin 1849, actuellement réfugié en Suisse); Charpentier, arcihtecte, 125, rue Saint-Lazare ; Colin, chef d'atelier
aux Messageries nationales ; Courtaud, professeur au lycée Bonaparte ; Debenazé, adjoint au maire, 7, rue Louis-le-Grand ;
Delaberge, docteur, 21, rue Fontaine-Saint-Georges ; Delachâtre,
directeur de l'administration de librairie, 55, rue de la Chaussée-
d'Antin ; Delair, agriculteur, 68, rue de l'Arcade ; Despeux,
entrepreneur de peinture, 22, rue d'Angoulême ; Durand-Saint-
Amand, avocat, *maire provisoire du 1er arrondissement*, 25, rue
Louis-le-Grand ; Fabry, mécanicien, 85, rue de Chaillot; Foissac,
docteur-médecin, 7, place de la Madeleine ; Fortune, ouvrier
sellier, 148, rue Saint-Lazare ; Fournier-Saint-Amand, commandant provisoire des Tuileries ; Foy, agrégé de l'Université, 420,
rue Saint-Honoré ; Frogé, président de la Société des tailleurs,
8, boulevard des Capucines ; Gallois, marchand de nouveautés,
26, rue Duphot ; Guerlain, parfumeur, 11, rue de la Paix ; Guil-
lemot, adjoint au maire, 3, place de la Madeleine ; Hauduc,
pharmacien, 64, rue Basse-du-Rempart ; Jousset, boulanger, 34,
rue d'Amsterdam ; Leroy-d'Étiolles, chirurgien-major de la garde
nationale, 25, rue Louis-le-Grand ; Linz (Christian), chef du
bureau de dessin chez Derosne et Cail, 55, rue de Chaillot ;
Magendie, membre de l'Institut, 6, rue d'Anjou ; Maillard, propriétaire, 66, rue Basse-du-Rempart; Micard, propriétaire, 68,
rue de l'Arcade ; Pinel, docteur-médecin, 105, rue de Chaillot;
Poulot, chef d'atelier chez Derosne et Cail, Reti, professeur, 53,
rue de l'Arcade ; Rousseau (Jean-Jacques), chef des travaux à
la maison Derosne et Cail, 63, rue de Chaillot ; Séguin (Jules),
chimiste, 17, rue Castellane; Vincent, colonel, 15, rue Castellane.

ARRONDISSEMENT (*Comité démocratique du* 2ᵉ),
Palais-National, fondé en juin 1848. Président Deleau
(du comité révolutionnaire, *Club des Clubs*).
On a accusé ce club d'avoir coopéré à la préparation
des journées de Juin. Cette accusation paraît fondée. Le
citoyen Deleau est un de ceux qui annonçaient le 22

juin, la bataille du 23, et qui promettaient pour le 24 la véritable République.

ARRONDISSEMENT (*Club républicain du 2ᵉ*). Rue Lepelletier (foyer de l'Académie nationale de musique), fondé en mars 1848. Président, de Lesseps.

Le citoyen de Lesseps, actuellement rédacteur du journal *le Vote Universel*, après avoir tué sous lui le *Commerce* et l'*Esprit Public*, faisait partie en mars 1848 du club républicain pour la liberté des élections; ce club lui ayant paru trop réactionnaire, il se retira avec quelques fidèles et fonda le Club républicain du 2ᵉ Arrondissement, qui voulut, mais en vain, envoyer son président à l'Assemblée nationale constituante.

Le souvenir des affiches en fer de lance (*Nommons Lesseps*) dont le citoyen de Lesseps fit, en avril 1848, couvrir toutes les murailles de Paris, est resté dans la mémoire de tous les flaneurs.

ARRONDISSEMENT (*Club républicain du 2ᵉ*). Ce club ne doit pas être confondu avec le précédent; voici sa déclaration de principes qui fait connaître les noms de ses fondateurs:

CLUB RÉPUBLICAIN
DU DEUXIÈME ARRONDISSEMENT.

Le club républicain du deuxième arrondissement est constitué.

Il s'appuie sur les principes démocratiques, et met en action la devise de la République : *Liberté, égalité, fraternité.*

Il veut le maintien des libertés conquises, par la consolidation d'un gouvernement républicain puissant et honnête ;

Le développement des facultés de tous les citoyens par une instruction commune et gratuite ; l'attribution des fonctions publiques à l'intelligence, à la capacité, à la probité ;

L'économie la plus stricte dans les dépenses publiques ;

Il luttera contre les tendances réactionnaires de tous les partis ;

Il veut l'organisation du travail, mais sans désorganiser l'industrie, seule source du travail;

L'amélioration du sort des travailleurs sera pour lui l'objet d'une préoccupation constante. Il étudiera avec soin le déplacement des impôts qui frappent sur la consommation, et les moyens de crédit qui sont indispensables pour organiser le travail, soit par l'association des travailleurs, soit par tout autre moyen.

Le premier objet du club est d'éclairer les citoyens sur les candidats qu'ils auront à désigner pour toutes les fonctions publiques.

Les candidats du club du deuxième arrondissement seront de sincères républicains, honnêtes, courageux, capables et décidés à sacrifier leur temps et leurs intérêts privés aux affaires du pays.

GOUDCHAUX.	*Présid.*	CUZON.	
FLON.		ERNEST LIREUX.	
PATURAL.		CRESSON.	*Secrét.*
AUGUSTIN FREVILLE.	*V.-Prés.*	COTTINET.	
BAROCHE.		BURGNET.	
MALLARD.		CURSNIER.	
KAFKA.		FORTIER.	*Trésor.*

Le club tient ses séances au Palais-National, les mercredis et vendredis, à sept heures et demie du soir, et le dimanche à deux heures après midi.

Extrait du règlement.—On n'est admis que sur la présentation d'une carte. Tout citoyen, pour faire partie du club, doit être présenté par deux membres.

Les cartes sont délivrées par le citoyen FORTIER, trésorier, rue Neuve-des-Bons-Enfants, n. 37.

ARRONDISSEMENT (*Club du 3e*), rue Notre-Dame-des-Victoires, caserne des Petits-Pères ; fondé en mars 1848. Président, Leboucher.

Ce club n'était guère fréquenté que par les négociants du quartier Montmartre, c'est dire qu'il se faisait remarquer par la modération de son républicanisme; seulement, les négociants clubistes dont nous parlons professaient, en avril 1848, un culte si fervent pour la blouse de l'ouvrier, qu'ils voulaient tous que leurs garçons de magasin fussent nommés officiers de la garde nationale; nous avons entendu plus d'une fois ces derniers décliner les honneurs qu'on voulait absolument leur accorder.

L'ex-président de ce club est un ex-huissier de province, qui n'a guère d'autre ambition que celle de rester ce qu'il est, capitaine en premier d'une compagnie de la garde nationale, 3ᵉ légion.

ARRONDISSEMENT (*Club républicain du 3ᵉ*), rue des Petites-Ecuries, 7 ; fondé en avril 1848. Président, Surgi (un des organisateurs du fameux *Banquet à cinq sous Fraternisation des travailleurs*, plus connu sous le nom du banquet du *Père Duchêne*). (Voir *Club de la Montagne à Montmartre*); vice-président, A. Louis; secrétaire, Bourel ; trésorier, J. Bost; membres du bureau, Ed. Tardieu, E. Delbarre, Ch. Bernard, élèves des écoles des Arts-et-Métiers ; L. Arbel, élève de l'école centrale. Ce club était affilié à la Société des Droits de l'Homme.

Délégué dans les départements : Etiennot, rue des Jeûneurs, 2.

ARRONDISSEMENT (*Club démocratique du 3ᵉ*), rue du Gros-Chenet, (salle de l'Ecole communale); fondé en mars 1848. Président, Binoit; vice-président, Delorme; secrétaires, Lucas, Salmon ; trésorier, Lemaître.

Club innocent, bien que rouge et affilié à la Société des Droits de l'Homme; son président y lisait chaque soir la Déclaration des droits de l'homme et du citoyen devant trois portiers démocrates et deux savetiers socialistes.

Délégués dans les départements : les citoyens Coutable, courtier en librairie, rue de Cléry, 32, envoyé à Conbrée (Sarthe); Dalembert, employé, rue Saint-Jacques, 277, envoyé au Havre.

ARRONDISSEMENT (*Club républicain du 5ᵉ*), rue du Faubourg-Saint-Denis, (café, estaminet David); fondé en mars 1848. Président, Maillard; vice-présidents, Favre, Nantier; secrétaire, A. Dambel; caissier, David; scrutateurs, Hibback, Boucley.

Ce club était une des succursales de celui de la Révolution, la plupart de ses membres étaient en outre sectionnaires de la Société des Droits de l'Homme.

Les citoyens Maillard, A. Dambel et Nantier sont d'anciens détenus politiques; le citoyen Hibback, gargotier, rue de l'Echiquier, à l'enseigne du *Mouton-d'Or*, est le trésorier-né de toutes les souscriptions démocratiques et sociales. (Voir *Club de la Révolution.*)

ARRONDISSEMENT (*Société démocratique du 5ᵉ*), rue de la Douane, fondée en mars 1848. Président, Labelonye; vice-président, Favrel.

Club d'un rouge douteux, dont on a peu parlé. Il a cependant exercé une influence marquée sur les premières élections; il recommandait les hommes du *National* et les socialistes de l'*Atelier.*

Le citoyen Labelonye est un estimable apothicaire, qui s'est fait connaître par de nombreuses annonces dans les journaux. Les lauriers de son confrère Miot l'empêchent, dit-on, de dormir. Nous croyons, sans cependant pouvoir l'affirmer, que, si le hasard avait placé son officine, sur le territoire de la 2ᵉ légion, par exemple, nous n'aurions pas trouvé son nom sur la liste des Amis de la Constitution.

Le citoyen Favrel, colonel de la 5ᵉ légion, est aussi un très-honorable négociant; il exerce dans la rue du Caire la profession de batteur d'or : les démocrates du cinquième arrondissement ne veulent pas croire à l'ardeur de son républicanisme. Oh peur! « présent le plus funeste.... »

ARRONDISSEMENT (*Club républicain socialiste du 6ᵉ*), fondé en avril 1848, rue Sainte-Elisabeth du Temple (salle de l'Ecole communale).

Annexe du club central de la Société des Droits de l'Homme. (Voir à cette rubrique.)

ARRONDISSEMENT (*Club patriotique du 7ᵉ*). Ce club, fondé en mai 1848, plus connu dans les annales politiques et judiciaires sous le nom de club du Passage Molière, n'est autre que le club central de la Société des Droits de l'Homme. (Voir à cette rubrique.)

Le 15 mai, les membres de ce club délibéraient après minuit, armés de fusils de munition, et accueillaient d'une manière assez peu fraternelle quelques malheureux gardes nationaux.

ARRONDISSEMENT (*Club du 10ᵉ*), rue du Bac (salon

de Mars); fondé en mars 1848. Président, M. de Vati-
mesnil, représentant du peuple.

Ce club était animé d'excellentes intentions, mais il
manquait absolument d'initiative ; il recommandait aux
électeurs MM. les ducs d'Escars, de Chabrol-Chaméane,
de Vaufreland, Alexandre Weil, etc. ; pas un seul de
ces candidats n'arriva à l'Assemblée nationale.

ARRONDISSEMENT (*Club populaire du 10ᵉ*), rue du
Bac, salon de Mars ; fondé en mars 1848. Président,
David.

Club rouge, affilié à la Société des Droits de l'Homme,
fondé en opposition du précédent ; quelques-uns de ses
membres assistaient à l'envahissement de l'Assemblée
nationale le 15 mai 1848.

ARRONDISSEMENT (*Comité électoral du 11ᵉ*), dans
une des salles de l'École-de-Médecine. Président, Primaut
Rousset.

ARRONDISSEMENT (*Comité électoral démocratique
du 11ᵉ*), dans une des salles de l'hospice des Sourds-
Muets ; fondé, ainsi que le précédent, en mars 1848. Président, Barral ; secrétaire, Labouret.

Ces deux clubs recommandaient aux électeurs les
hommes du *National*, de *la Réforme*, et les socialistes
de *l'Atelier* ; le premier a fait placarder sur toutes les
murailles cette déclaration de principes :

SOUVERAINETÉ DU PEUPLE.

SOCIÉTÉS POPULAIRES.

Républicains!

Ce n'est pas tout que d'avoir vaincu ; le peuple doit encore
arriver à recueillir les fruits de sa victoire ; mais pour que ce but
soit atteint sûrement et promptement, une surveillance des plus
actives est indispensable.

Ne perdez pas de vue, citoyens, que les ennemis de la révolution cherchent à multiplier les difficultés autour du gouvernement, et l'empêchent ainsi de remplir avec la rapidité nécessaire
les grands devoirs qui lui sont imposés par les circonstances
présentes.

Allons à lui pour le seconder!

Plus de lenteurs, plus d'hésitations; elles seront désormais impossibles!

Toutes les difficultés seront vaincues, tous les devoirs seront remplis. La révolution triomphera!

Pour obtenir ce résultat, que faut-il faire?

Il faut nous réunir et nous associer, afin d'absorber dans un sentiment énergiquement unitaire toutes les divergences d'opinions, et de faire évanouir, par la discussion, tous les germes de dissidences.

A cet effet, nous appelons les citoyens à constituer sur-le-champ dans chaque arrondissement des sociétés populaires qui se concerteront entre elles, afin de faciliter, de fortifier l'action du gouvernement, tout en éclairant sa direction par la manifestation incessante de l'opinion publique, de préparer ainsi les élections générales, et de coordonner les éléments qui devront servir de base à la Constitution.

Paris, 1er mars 1848.

VIVE LA RÉPUBLIQUE!

Les Membres délégués de la Société populaire du onzième arrondissement:

L'HÉRITIER (de l'Ain), GRANDMÉNIL, G.-H. LAVIRON, Henri PÉGOURIÉ, P. BRUNELLIÈRE, PRIMAUT-ROUSSET, DELAMARRE, Ch. RIBEYROLLES, CORÉ, BRUET, FENET.

Nota. La réunion générale aura lieu demain, 2 mars, à sept heures du soir, dans le grand amphithéâtre de l'École-de-Médecine.

ARRONDISSEMENT (*Club du* 12e), dans une des salles de la mairie du 12e arrondissement; fondé en mars 1848. Président, Goulain (dit *Jannet*), chiffonnier.

Réunion de chiffonniers en délire; on y fumait, on y buvait de l'eau-de-vie et on y parlait argot.

Après la fermeture des clubs, la plupart des membres de celui dont nous parlons prirent l'habitude de se réunir dans un établissement de la rue de Bièvre, près la place Maubert, où l'on débite à 80 centimes le litre, sous le nom de cognac, une affreuse liqueur poivrée qui, à ce qu'il paraît, charme agréablement le palais des chiffonniers démocrates.

Nous recommandons à nos lecteurs la lecture du compte-rendu d'une des séances de ce club (tenue dans le local en question), inséré dans le journal *l'Univers* du 28 avril 1850.

ARRONDISSEMENT (*Club démocratique du 13e*), rue Marcadet, à Montmartre; fondé en avril 1848. Président, Casimir Vermasse (dit *Mitraille*); vice-président, Bourdon.

On croit à Paris et dans les province que le 13e arrondissement n'est autre chose que la mairie fantastique où se célèbrent les mariages de fantaisie. Des clubistes de barrières avaient fait du club de cet arrondissement (1er de la banlieue) un pandœmonium démocratique et social de la plus belle venue. Des délégués du club du 13e arrondissement parcouraient, en juin 1848, les cabarets mal famés des boulevards extérieurs, afin d'y recruter des soldats pour l'insurrection.

Le président de ce club, un des écrivains de l'école politique née après la proclamation de la République, a rédigé plusieurs carrés de papier rouge aujourd'hui tout à fait oubliés, notamment : *M. Pipelet, la Sorcière républicaine, les Bohémiens de Paris*, etc. Ces journaux socialistes, révolutionnaires et terroristes, n'étaient guère achetés que par ceux auxquels ils paraissaient destinés, c'est-à-dire par la plus immonde canaille.

Le citoyen Vermasse est mort en juin 1849, à l'hôpital de la Charité, des suites d'une attaque de choléra. Les journaux rouges ont fait pour cet éminent publiciste une magnifique oraison funèbre.

Le citoyen Bourdon, fondateur et rédacteur du journal *l'Aimable Faubourien*, s'est fait tuer en juin en combattant dans les rangs de l'insurrection.

ARSENAL (*Club de l'*), rue de Lesdiguières, fondé en mars 1848. Président, Siméon Chaumier; secrétaire, Terron.

On a peu parlé de ce club rouge, qui a pris, à ce qu'on nous assure, une part très-active à l'insurrection de Juin. Nous connaissons de son président un roman très-intéressant : *La Tavernière de la Cité.*

ARTISTES DRAMATIQUES (*Club des*), passage Jouffroy, 11; fondé en avril 1848. Président, Tisserant; membres du bureau, Bignon, Rhozevil, Ludovic; secrétaire, Pierron.

Ce club s'est fait remarquer par son excellent esprit. Le citoyen Bocage n'y obtenait pas même les succès négatifs auxquels on a donné le nom de succès d'estime; souvent lorsque la nuance de ses discours était par trop écarlate, la plupart des membres du club se permettaient d'*appeler Azor*.

Le club des Artistes dramatiques avait choisi pour son candidat, lors des élections d'avril, M. Samson, artiste distingué dont on aime à louer le noble caractère, après avoir applaudi le talent dont il fait preuve chaque soir sur notre première scène. M. Samson s'exprimait ainsi lors de la dernière séance annuelle de l'association des Artistes dramatiques.

« Partout à côté des douleurs réelles il y a des douleurs factices beaucoup plus bruyantes. Si des associations pareilles à la nôtre se répandaient sur une plus grande partie du sol, elles feraient bientôt connaître les unes et les autres. La *paresse* et l'*incapacité*, ces deux grands agitateurs publics, n'auraient plus la ressource de se cacher dans la foule. Est-il juste de vouloir transformer le pouvoir en une providence chargée de nous verser une manne incessante? Faut-il toujours l'accuser et le punir de nos misères? Avant de nous adresser à lui, adressons-nous d'abord à nous-mêmes, à nos propres ressources; ayons notre budget comme l'État a le sien... »

Voilà, certes, de nobles paroles, et qui ne seraient pas déplacées à la tribune de l'Assemblée nationale.

ASSEMBLÉE NATIONALE (*Club du journal l'*) ou *Association nationale*, *Club républicain pour la liberté des élections*, rue et salle Saint-Georges; fondé en mars 1848. Président, M. Viennet; vice-présidents, MM. Odiot, de Marmier, Nys; membres principaux, MM. de Bernard, Girette, d'Urbein-Gautier, Laboulaye, Nouguier père, général Fabvier, Masson, Liadières, Mauguin, duc de Fezensac, de Montépin, duc de Richelieu, Chapelle, A. Fould, comte d'Anthouard, duc de Crillon, comte de Noé, de Vatimesuil, Saint-Marc Girardin, Michel Chevallier, duc de Noailles, Hennecart, comte Beugnot, duc de Chastellux, vicomte Lemercier, duc d'Estissac, général Dubourg, Lachaux, duc de La Force, Anisson-Duperron, etc.

· Ce club, fondé par M. le marquis de Lavalette, rédacteur en chef du journal l'*Assemblée nationale*, a rendu les plus grands services à la cause de l'ordre et de la vraie liberté. Le premier, il a osé combattre ouvertement les funestes doctrines des promoteurs d'anarchie; le premier, il a rallié, autant qu'il était possible de le faire alors, les électeurs honnêtes sous un drapeau commun.

ASSOCIATION FRATERNELLE MÉDICALE (*Club de l'*), rue des Prouvaires, 17, fondé en mars 1848. Président, Arthur de Bonnard.

Réunion de médecins sans clientèle qui voulaient absolument acquérir une certaine notoriété.

Le citoyen Arthur de Bonnard, inventeur de l'épicerie véridique, de la mélasse sincère et du café vérité, n'a pas toujours été aussi rouge qu'il l'est maintenant.

En sortant de l'école militaire de Saint-Cyr, le citoyen de Bonnard entra en qualité de sous-lieutenant au 10° régiment d'infanterie de ligne; il professait alors les opinions du plus pur légitimisme. Bientôt il quitta l'épaulette pour l'étude de la médecine ; il fut reçu docteur par la faculté de Montpellier, en 1832.

Ce qu'il dépensa d'activité après la proclamation de la République est vraiment prodigieux. Le nombre des clubs, des associations et des journaux fondés par lui est à peu près incalculable. Nous retrouverons plus d'une fois l'occasion de parler des uns et des autres.(Voir *Club du Salut public*, etc.)

ASSOCIATION NATIONALE DES ARTS ET MÉTIERS (*Club de l'*). Un citoyen, D. Bessède, essaya de fonder en juillet 1848 un club et un journal sous cette rubrique. Les bureaux du journal et la salle des séances du club étaient situés rue de Grenelle Saint-Honoré, 42. Le club et le journal avaient pour programme: *Améliorations immédiates.* On a prétendu que le citoyen

D. Bessède n'avait fondé l'un et l'autre que pour devenir président du club et directeur du journal, qualités qu'il croyait de nature à améliorer immédiatement sa position particulière. Le club n'eut qu'une séance, le journal n'eut qu'un numéro.

ATELIER (*Club patriotique de l'*), rue des Maçons-Sorbonne (dans le local de l'ancienne institution Gerfault), fondé en mars 1848. Président, Corbon, élu représentant du peuple par le département de la Seine, un des vice-présidents de l'Assemblée Nationale constituante ; vice-président, Pascal, lieutenant-colonel de la 11ᵉ légion.

Ce club a suivi la fortune du journal du même nom, fondé et rédigé par des ouvriers publicistes. Socialiste d'abord dans toute l'acception du mot, puis démocratique, il n'était plus à ses derniers moments que républicain ou à peu près, ses principaux membres étaient alors convenablement pourvus.

Nous professons la plus profonde estime pour cette classe, beaucoup plus nombreuse que certains pessimistes ne se l'imaginent, de travailleurs intelligents, qui après une journée bien employée trouvent encore quelques heures à consacrer à l'étude et qui, usant avec sagesse des droits qu'ils doivent à nos nouvelles institutions, ne vont pas chercher des inspirations dans les antres malsains de la démagogie. Mais autant nous estimons ceux-ci, autant nous croyons qu'il est bon de se tenir en garde contre cette foule de cordonniers poëtes, de tailleurs journalistes, de prétendus délégués dont nous avons vu les noms surgir dans les colonnes des journaux rouges après la proclamation de la République. Plus d'une fois, nous en sommes certain, nos lecteurs se sont demandé, en voyant ces citoyens courir de club en club afin d'y soutenir leur candidature à l'Assemblée nationale, pérorer dans tous les banquets, assister à toutes les manifestations, quel temps ils consacraient à la confection des chaussures et des habits, au montage des bronzes, au débit du bois. On ne peut en effet s'expliquer comment des professions à ce que l'on prétend si ingrates laissent à ceux qui prétendent les exercer d'aussi nombreux loisirs. Nous croyons que de l'ensemble de notre travail sur les clubs et les clubistes ressortira l'explication de ce mystère concernant les *travailleurs qui ne travaillent pas.*

Le journal l'*Atelier*, fondé en 1845 et rédigé par MM. Corbon, Pascal, Danguy et quelques autres, a exercé sur les masses avant la proclamation de la République une influence incontestable. L'influence du club a été moindre et n'a pas duré.

Le club patriotique de l'Atelier existait avant la catastrophe de 1848 à l'état de société secrète ; les deux publications suivantes sont une preuve irrécusable de ce que nous venons d'avancer. La première est du 24 février, la seconde est du lendemain.

OUVRIERS,

Soyons fermes, gardons nos armes !
Réunissons-nous à la garde nationale !
Demandons avec elle :
La Réforme ! la Réforme complète !
La mise en accusation de ceux qui ont poussé à la guerre civile !

*Pour les ouvriers du journal l'*ATELIER,

CORBON, PASCAL, DANGUY, LAMBERT, VIEZ, LENOIR, BÉRARD, BOURDIN, CAPRON, ROSE, GAILLARD, RONCE.

CITOYENS,

Il ne faut pas qu'on escamote la Révolution de 1848 comme on a escamoté la Révolution de 1830.
Les députés actuels n'ont pas le droit de nous imposer un gouvernement.
Il nous faut une ASSEMBLÉE NATIONALE nommée par l'*universalité* du peuple français.
Vive l'ASSEMBLÉE NATIONALE !

*Les ouvriers du journal l'*ATELIER.

ATELIERS NATIONAUX (*Club central des*), au parc de Monceaux (salle du Manége); institué le 2 avril 1848 par un arrêté du directeur des Ateliers nationaux. Président, Émile Thomas.

Au moment où les clubs exerçaient une influence sérieuse, les chefs des ateliers nationaux, membres de l'état-major installé au parc de Monceaux, pensèrent se rendre inamovibles en employant à leur profit le moyen d'influence à la mode. De là, le club des Ateliers nationaux, club central où chaque brigade envoyait un délégué pour délibérer, voter, protester, organiser des manifestations et des plantations d'arbres de la liberté; ce délégué recevait une haute paye de 2 fr. 50 par jour, plus, des cachets de présence d'une valeur de 25 centimes.

Un vaudevilliste connu par plusieurs succès, M. Jaime, était chargé, moyennant 10 francs par jour, de haranguer les membres de ce club; souvent il calmait au moyen d'un bon mot ou d'un calembour une émeute imminente. M. Jaime a souvent rendu des services qui n'ont pas été appréciés.

ATELIERS NATIONAUX (*Club des Brigadiers des*), au parc de Monceaux (salle du Manége); fondé en juin 1848. Président, Alphonse de Lempérière; vice-présidents, Leprestre-Dubocage, transporté de juin (ce citoyen a publié dans *le Pays*, sous ce titre : *Mémoires d'un Transporté*, une série de feuilletons dans lesquels il ne ménage pas ses compagnons d'infortune); de Corteuil. Secrétaires, Florimond, Loyot; commissaires, Giffard, Goffinon, Lefransay, Cadiou, Vignot; trésorier, Fayet.

Ce club, qu'il ne faut pas confondre avec le précédent, a exercé sur les événements de Juin 1848 une énorme influence. Son président. M. le baron Alphonse de Lempérière du Dézert, qui appartient, à ce qu'on nous assure, à l'opinion légitimiste, est le rédacteur de la fameuse affiche à M. Goudchaux placardée le 22 juin.

Nous donnons cette affiche qui fut lacérée, dès qu'elle fut posée, par ordre de la Commission exécutive :

LES TRAVAILLEURS DES ATELIERS NATIONAUX

AU CITOYEN GOUDCHAUX.

Citoyen Goudchaux,

Est-ce bien vous qui avez été le premier ministre des finances de la République, conquise au prix du sang par le courage des travailleurs ; de cette République, dont la première promesse a été d'assurer le pain de chaque jour à tous ses enfants en proclamant le droit de tous au travail ? Ce travail, qui nous le donnera, si ce n'est l'État, lorsque l'industrie a fermé partout ses ateliers, ses magasins et ses usines ? N'avons-nous pas reçu les premières et les plus profondes blessures dans le duel social du crédit aux abois avec l'enfantement des idées nouvelles ? Hier, martyrs pour la République sur les barricades, aujourd'hui *ses défenseurs dans les rangs de la garde nationale,* les travailleurs pourraient la considérer comme leur débitrice ; ils aiment mieux la regarder comme leur mère. Voudriez-vous qu'elle fût pour eux une marâtre ?

Pourquoi ces clameurs, ces préventions injustes, ces accusations calomnieuses contre les ateliers nationaux ? Ce n'est pas notre volonté qui manque au travail, c'est un travail utile et approprié à nos professions qui manque à nos bras ; nous le demandons, nous l'appelons de tous nos vœux ! Quel appoint avons-nous fourni aux rassemblements, aux émeutes ? Quelles sont les arrestations sérieuses faites parmi nous ?

Que d'absurdités, que de mensonges ont égaré l'opinion publique à notre égard ! Tantôt c'étaient des brigadiers trouvant le moyen de faire 20,000 fr. d'économie sur 5,000 fr. de recette employés à la paye de cinquante-six travailleurs pendant trois mois. Tantôt les brigadiers étaient transformés en espèces d'agents de police ou de commissaires interrogateurs chargés de demander les professions de foi politique des travailleurs. Une autre fois, c'était une dilapidation effrayante des deniers publics, parce qu'une direction encore inexpérimentée, confiante en la loyauté de ses intentions et dans celle des ouvriers, s'était montrée plus soucieuse de leur venir en aide que d'observer les règles et les formes administratives. Un épurement complet, un recensement détaillé admirablement improvisé en quelques heures, ont fait justice de ces imputations.

Des ouvriers préfèrent, dit-on, recevoir 1 fr. 15 c. par jour à ne rien faire dans les ateliers nationaux, tandis qu'ils pourraient gagner 6 à 8 fr. chez leurs patrons. De grâce, qu'on nous indique les maisons qui offrent ces avantages ; qu'on nous signale les noms des ouvriers récalcitrants qui abusent ainsi du pain de la misère. Leur place n'est pas dans les ateliers nationaux.

Pourquoi les ateliers nationaux excitent-ils autant votre réprobation, citoyen Goudchaux ? Ce n'est pas leur réforme que vous demandez, c'est leur suppression complète. Mais que fera-t-on de cette masse de *cent dix mille travailleurs* attendant chaque jour de leur modeste paye les moyens d'existence pour eux et leur famille ? Les livrera-t-on aux mauvais conseils de la faim, aux entraînements du désespoir ? Les jettera-t-on en pâture aux factions liberticides ? Vous préféreriez sans doute que les fonds versés dans les ateliers nationaux fussent remis à des chefs d'industrie et à des entrepreneurs, qui les emploieraient d'abord à payer leurs billets en souffrance. Vous êtes banquier, citoyen Goudchaux, comme ce bon M. Josse était orfèvre.

Loin d'être une mauvaise institution, les ateliers nationaux sont une création admirablement philanthropique qui peut avoir les meilleurs résultats sous une administration sage et habile : c'est l'organisation qui leur a manqué. Il faut à l'industrie un réservoir pour l'alimenter, et une pépinière pour lui fournir des ouvriers connus, de bons employés et de bons comptables. Il lui faut un déversoir pour recevoir ses blessés et ses invalides. L'État, qui a droit au dévouement de tous, doit aussi assurer l'existence de tous !

Le citoyen Goudchaux veut évidemment étouffer les idées socialistes qui germent dans toutes les têtes, et c'est sans doute pour arriver à ce but qu'il propose de commencer par la désorganisation des ateliers nationaux, qui auraient pu, dans l'avenir, former de vastes associations de chaque corps d'état. Mais qu'importe ! Quoi qu'il fasse, il ne parviendra pas plus à nous désunir qu'à déraciner de nos esprits et de nos cœurs l'idée dominante dont le triomphe est assuré !

Ouvriers appelés à la construction de l'édifice social, organisez, instruisez, moralisez les ateliers nationaux, mais ne les détruisez pas. La République démocratique ne peut vouloir cet attentat fratricide.

Vive la République !

Pour tous les travailleurs, les membres de la commission nommée pour représenter les quatorze arrondissements. 1er arrondissement : *Maurits, Daubra.* — 2e arrondissement : *Ligné, Chavelé.* — 3e arrondissement : *Rochu.* — 4e arrondissement : *Pujol, Gauthier.* — 5e arrondissement : *Zacharie.* — 6e arrondissement : *Dumartheray, C. Florimond, Leprestre-Dubocage.* —

7e arrondissement : *Tisse, Girouard, Jossier.* — 8e arrondissement : *Voltaire, Coutas, Baudet.* — 9e arrondissement : *Félix, Daroux, Labsolu.* — 10e arrondissement : *Pierre Célestin, Ernest Coté.* — 11e arrondissement : ...... — 12e arrondissement : *Protin, Moyen.* — 13e arrondissement : *Charles Praquin, Loisel.* — 14e arrondissement : *Bourrier, Legros.*

Les membres du Bureau provisoire du Club de l'Union des brigadiers des ateliers nationaux :

Le Président : *A. Lempérière.*

Les Vice-Présidents : *Corteuil, Leprestre-Dubocage.*

Les Secrétaires : *C. Florimond, Loyot.*

Les Commissaires : *Giffard, Coffinon, Lefransay, Cadiou, Vignon.*

Le Trésorier : *Fayet.*

Dans la nuit du 22 au 23 juin 1848, le club des Brigadiers des Ateliers nationaux tenait séance dans les caves d'un bâtiment en construction de la rue Neuve-St-Nicolas, faubourg Saint-Martin ; la question à l'ordre du jour était celle ci : *Les Ateliers nationaux prendront-ils part à l'insurrection qui se prépare?* Les avis étaient partagés ; un des membres du bureau, que nous voulons bien ne pas nommer, tira de sa poche une pièce de 5 francs qu'il jeta en l'air : *Puisque nous ne sommes pas tous du même avis,* dit-il, *le hasard décidera ; Face pour l'insurrection !—Face! Citoyens, à nos fusils.* Ainsi se termina la dernière séance du club des Brigadiers des Ateliers nationaux.

AUGUSTINS (*Club des*). Ce club, fondé le 29 février, ne tarda pas à se dissoudre, et cela se conçoit, il avait été fondé par des hommes qui se connaissaient entre eux, c'est probable, mais qui bien certainement ne se connaissaient pas encore eux-mêmes : par M. Alphonse Esquiros, qui ne se savait pas alors républicain rouge ; par M. Marc Fournier, qui ne se savait pas encore républicain blanc ; par M. Gérard de Nerval, à l'heure qu'il est républicain bleu ; par M. Alexandre Weil, dont la nuance est celle qui nous convient. Nous n'avons cité que pour mémoire le club des Augustins.

AVENIR (*Club de l'*), rue du Faubourg-Saint-

Antoine et Cour des Miracles (salle de l'École communale); fondé en mars 1848. Président, A. Baudin.

Et qui mos populis venturus amatur.

« Ce que le peuple aime toujours, c'est ce qui est à venir; » c'est pour cela sans doute que les prédications communistes obtiennent un certain crédit; c'est aussi pour cela que le club du docteur Baudin, dans lequel on promettait aux niais le plus bel avenir social, était un des plus suivis.

Le docteur A. Baudin est un communiste de la veille; à chacune des séances de son club, il développait sous toutes ses formes cette maxime hors de laquelle, suivant lui, l'existence de la société n'est pas possible: *A chacun suivant ses besoins, par chacun suivant ses forces.* En avril 1848; le docteur A. Baudin sollicita les suffrages des électeurs du département de l'Ain. Voici un fragment de sa profession de foi, qui ne donne pas de sa modestie une bien haute idée :

« Sollicité par un grand nombre d'entre vous, un homme du pays, Alphonse Baudin, médecin à Paris, natif de Nantua, vient aujourd'hui se présenter à vos suffrages : républicain dès son enfance, issu d'une famille ayant donné des gages à la patrie dans tous les temps difficiles, homme pur et désintéressé, dont les convictions n'ont jamais varié, je crois que mon tour est enfin venu de me mettre sur les rangs. »

Le docteur A. Baudin n'a pas abandonné l'arène politique depuis la fermeture de son club, qui n'a pas survécu aux événements du 15 mai; il a fait partie de tous les comités de la démocratie socialiste organisés à Paris à l'occasion des diverses élections de la Seine.

Délégués dans les départements, les citoyens: Fourguemin, teneur de livres, rue de la Calandre, 7; Jourdan, voyageur, rue de la Grande-Truanderie, 10.

BANQUET DU 12e ARRONDISSEMENT (*Club du*), Place Maubert; fondé en mars 1848. Président, Olivier Georges; membres du bureau, Ernest Amyot, Charles Delabarthe.

Ce club rouge, fréquenté par la population excentrique de la Place Maubert et des lieux circonvoisins, avait pour organe un journal (*le Banquet social*) rédigé par les citoyens que nous venons de nommer. Suivant ce journal, il fallait laisser de côté tous les hommes qui avaient rendu déjà quelques services à la patrie; la République ne devait être servie que par des hommes tout à fait neufs. A ce titre, le citoyen Georges Olivier sollicitait, en avril 1848, les suffrages des électeurs de la Seine. Les électeurs ne s'étant pas déterminés à faire un législateur du citoyen Georges Olivier, le club fut fermé; le journal cessa de paraître à son 25ᵉ numéro.

Délégué dans les départements : le citoyen Soret, ex-clerc d'avoué, rue des Vieux-Augustins, 24.

BARRICADES DU 24 FÉVRIER (*Club des*), rue Neuve-Saint-Laurent (salle de l'Ecole communale); fondé en mars 1848. Président, Emmanuel Barthélemy.

C'est à ce club que s'applique le passage suivant d'un article du *Journal des Débats* du 2 juillet 1848 :

« A cette armée vague, confuse, indéterminée et indisciplinée encore de l'agitation, il faut ajouter les renforts que la République, en s'épurant et en se régularisant devait y verser. D'abord le *bataillon des barricades*. A la suite de la Révolution de Février, au milieu des appréhensions de la victoire, et dans la crainte d'un retour offensif de la monarchie, *il s'était formé un corps chargé d'étudier la formation des barricades, leur disposition militaire, leur inclinaison, les points stratégiques où elles devaient s'élever et se relier entre elles dans toutes les rues, sur toutes les places et à toutes les barrières.* Une carte de forts détachés, à l'aide de pavés, et à l'intérieur de Paris, fut dressée, montée, *enseignée à une compagnie d'hommes qui avaient presque tous passé par le baptême de l'émeute;* mais le danger dissipé, cette compagnie fut dissoute: au lieu de se disperser, elle resta organisée, et passa tout entière dans le parti de l'insurrection. »

Le citoyen Barthélemy est un des hommes les plus célèbres du parti démocratique et social; condamné en 1836 à plusieurs années de prison pour assassinat d'un sergent de ville, il fut après la proclamation de la République choyé tant et plus par quelques-uns des citoyens du Gouvernement provisoire et de la Commission exécutive. Ayant pris une part active aux événements de Juin, il fut arrêté sur une barricade les armes à la main. Il attendait dans la prison militaire de la rue du Cherche-Midi le moment de passer devant le conseil de guerre, lorsqu'il trouva le moyen de s'évader. Il est actuellement à Londres, où il a fondé avec les citoyens Adam (cambreur), Boche, Berger, Beauvais, Bugenot, Conté, Jouanni, Kunt (Frédéric), Lefèvre, Passen, Mirgué, Morré, Marguerie, Niautz, Pechet, Pottier, Devrier, Regnier, Sénéchal, Lubis, Thierry, Timont, Thevenet, Vidil (Jules), Valory, Varileski et plusieurs autres, le club des Proscrits qui tient ses séances dans *Church-Street.*

Le club des Barricades du 24 Février était affilié à la Société des Droits de l'Homme et au club de la Révolution.

Délégués dans les départements, les citoyens : Bacot, marchand de vins, rue Quincampoix, 11 ; Canel, menuisier, rue Notre-Dame-de-Nazareth, 26 ; Lhotte, chapelier, rue Saint-Martin, 10.

BARRIÈRE DU MAINE (*Club de la*), Chaussée du Maine ; fondé en mars 1848. Président honoraire, Flotte ; président, Gorat.

De ce club, composé en grande partie de cuisiniers, sont sortis la plupart des membres des associations fraternelles égalitaires de ce corps d'état.

La corporation des cuisiniers est essentiellement révolutionnaire ; un groupe tout entier de la fameuse Société des Saisons était composé d'ouvriers de cette profession. Le citoyen Gorat était le chef de ces hommes *très-braves* et *déterminés à tout*, s'il faut en croire le rapport attribué au citoyen Blanqui par la *Revue rétrospective* de M. Taschereau.

Le 22 mars 1848, le citoyen Henri Hébert, plus connu sous le nom de baron de Richemont (un des nombreux intrigants qui ont revendiqué la qualité de fils de l'infortuné Louis XVI), vint lire à la tribune de ce club la profession de foi suivante :

« Plusieurs électeurs m'engagent à me présenter comme

candidat aux prochaines élections, et m'offrent pour cet effet leur concours et leur voix. Sensible à cette marque de leur estime, j'accepte avec gratitude, dans la conviction que je ne resterai pas au-dessous de mon mandat.

« J'ai servi ma patrie sous la République jusqu'au jour où celle-ci fut sabrée par qui lui devait tout... Depuis cette époque, j'ai vécu dans la retraite et l'oubli. Homme de juillet 1830 et de février 1848, je suis fier d'appartenir à la nation héroïque qui vient d'obtenir la Liberté, l'Égalité et la Fraternité, que le législateur des chrétiens avait prêchées et sanctifiées.

« Je voterai pour les Membres du Gouvernement provisoire. La France, et la capitale en particulier, leur doivent la plus grande reconnaissance pour les prodiges qu'ils ont opérés en faveur de l'État, évidemment préservé par leurs soins et leur énergie de l'anarchie et de la guerre civile.

« Indépendant par position, je consacrerai l'allocation accordée pour frais de représentation à l'acquit de la dette contractée envers les caisses d'épargnes, fonds que le pouvoir immoral, cupide et déprédateur qui vient d'être ignominieusement expulsé, avait détournés au mépris de tout ce qu'il y a de plus sacré, des misères toujours croissantes, et qui avaient justement alarmé la conscience et la probité publiques.

« L'ex-baron de RICHEMONT,
« *Condamné politique en 1834.* »

BATIGNOLLES (*Club républicain des*), à Batignolles; fondé en mars 1848. Président, Edmond Frossard, (délégué du Gouvernement provisoire près l'atelier de tailleurs établi dans la prison pour dettes); vice-président, Victor Angelot; secrétaire, Charles Frossard; secrétaire adjoint, Ulysse Benard.

Club communiste en grande partie composé d'ouvriers tailleurs, et affilié à la Société des Droits de l'Homme. Il est devenu plus tard, tout en restant composé des mêmes éléments, le club républicain de *la Jeune France*. Il était alors présidé par le citoyen Angelot, le citoyen Frossard, dont les manières paraissaient infiniment trop aristocratiques aux clubistes de Batignolles, ayant été forcé de se retirer.

On a beaucoup parlé, on parle même encore de l'atelier de Clichy; tout ce que nous pourrions en dire est donc déjà connu. Nous nous rappelons que le citoyen Frossard était surnommé par ses subordonnés le *King's Charles* du citoyen Louis Blanc.

BEAUNE (*Club de la rue de*), rue de Beaune (dans les bureaux du journal la *Démocratie pacifique*), succursales, rue de la Douane, 17, et rue de Charonne, 39; fondé en mars 1848. Président, Victor Hennequin.

Les séances de ce club, sortes de conférences auxquelles on n'admettait que des disciples connus de Fourier, étaient toujours paisibles. MM. Hennequin et Cantagrel, ne trouvant jamais de contradicteurs parmi leurs auditeurs.

BELGE (*Société patriotique*), rue Aubry-le-Boucher, 26, fondée en mars 1848. Président, Blervacq.

Ce club de démocrates belges est devenu plus tard la fameuse Légion belge-parisienne, qui fut si bien reçue à Risquons-Tout par l'armée du roi Léopold. Ses principaux officiers étaient les citoyens : Ch. Graux, chef de bataillon, rue Aubry-le-Boucher, 26; Jean-Baptiste Delahaye, porte-drapeau, rue de Montreuil, 45; Ange-Joseph Leduc, capitaine, ex-garde municipal; Joseph Tytgat, rue Aubry-le-Boucher, 26, etc.

BELLE MOISSONNEUSE (*Club de la*), barrière d'Ivry, fondé en mars 1848. Président, Jules Godard.

Ce club a pris son nom du lieu dans lequel il tenait ses séances, un établissement de marchand de vins à l'enseigne de la *Belle Moissonneuse*.

Quelques-uns des assassins du général de Bréa étaient membres de ce club : Choppart, les frères Vappereaux par exemple.

Le président, le citoyen Godard (Jules), étudiant en médecine, échappé à la transportation, a depuis tué à coups de fusil sa mère, pour laquelle il avait, à ce qu'il disait, gardé une de ses cartouches de Juin. Ce démocrate a été condamné à mort et exécuté.

BERCY (*Club républicain de*), port de Bercy, 74, fondé en mars 1848. Président, A. Hartel; secrétaire, Boul; membres du bureau, P. Martin, Dumon, Fortier, Beaulieu, Denise Garby, Dubrunfaut.

Club honnête et insignifiant. Il ne voulait envoyer à

l'Assemblée nationale que des ouvriers tonneliers. Très-souvent les orateurs les plus éloquents, MM. P. M., D., B., étaient arrachés de la tribune par leurs femmes.

BLANCS-MANTEAUX (*Club démocratique des*), rue des Blancs-Manteaux (salle de l'Ecole communale), fondé en mars 1848. Président, Lippmann.

Club rouge affilié à la Société des Droits de l'Homme. Un citoyen Emile Froissard, rédacteur du journal la *Réforme*, était l'orateur le plus éloquent de ce club. Ce démocrate, déjà repris de justice avant la proclamation de la République, a été, en 1850, condamné à treize mois de prison pour avoir fraternellement dépouillé un pauvre maçon de tout ce qu'il possédait.

Délégués dans les départements, les citoyens Hubert, chapelier, rue du Roi-de-Sicile, 6 (Ce citoyen écrivait ainsi son adresse : rue du *Gouvernement provisoire de Sicile*); Simon, chapelier, rue des Billettes, 4; Lippmann, rentier, au palais de l'Assemblée nationale.

BLESSÉS DE FEVRIER (*Clubs des*), rue du Faubourg-Saint-Martin, 11, fondé en mars 1848.

Ce club n'était pas positivement un club; c'était plutôt une assemblée de barricadeurs de profession, qui se réunissaient pour prendre une bannière et la promener par les rues toutes les fois qu'ils en trouvaient l'occasion. A chaque instant les *fondateurs de la République* signaient des protestations adressées aux journaux, des demandes de récompenses nationales, des plaintes à propos de l'insuffisance des secours, etc.

Les blessés de Février détestaient cordialement les conspirateurs et les barricadeurs de la veille et de l'avant-veille, lesquels s'étaient fait allouer, sur les 1,260,000 francs primitivement destinés aux *vainqueurs* de 1848, une allocation de 20 francs par semaine.

Les assemblées des blessés de Février étaient souvent présidées par un citoyen Groncourt, pensionné du Gouvernement provisoire. Cet individu a été récemment condamné à treize mois de prison par le tribunal correctionnel de la Seine, pour vols de pendules dans divers hôtels garnis.

BLESSÉS ET COMBATTANTS DE LA BARRICADE SAINT-MERRY (*Club des*), faubourg Saint-Martin, 42; fondé en mars 1848. Président, Kersausie.

Les journaux démocratiques de 1832, *la Tribune*, *le National*, *le Bon Sens*, affirmaient tous que les combattants de la barricade Saint-Merry n'étaient pas plus de cinquante, et qu'il avait suffi de ce petit nombre d'hommes pour tenir en échec pendant deux jours toute l'armée de Paris. Après février 1848, tout le monde voulait avoir combattu, les 5 et 6 juin 1832, pour la cause de la République.

Ce club demandait pour ses membres des places et de l'argent au Gouvernement provisoire. Il ne s'occupait pas d'autre chose.

BONNE-NOUVELLE (*Club*), boulevard Bonne-Nouvelle (salle des Spectacles-Concerts).

La salle des Spectacles-Concerts du boulevard Bonne-Nouvelle a successivement servi d'asile à plusieurs clubs ou comités électoraux, dont nous parlons à leur ordre alphabétique. Au mois de septembre 1848, cette salle se trouvant par hasard sans locataires, le clubiste Bernard, qui expie en ce moment dans l'exil la part qu'il a prise aux événements du 13 juin 1849, s'empressa de la louer, afin d'y établir un club de sa façon.

Le clubiste Bernard voulait bien faire de la propagande démocratique et sociale, mais il n'entendait pas travailler gratis : il voulait bien se transporter d'un bout de Paris à l'autre, ouvrir dans les principaux quartier des réunions électorales, et, sous le prétexte de discuter le mérite des candidats à la présidence de la République, exposer les dogmes du socialisme; mais pour être admis à ouïr ses déclamations démagogiques, il fallait absolument payer vingt-cinq ou dix centimes, suivant les quartiers dans lesquels il plaisait au tribun de dresser ses tréteaux démocratiques. Après chaque séance, lorsqu'il avait soldé ses frais de location et de luminaire, et payé les *bravi* chargés de jeter à la porte ceux des auditeurs qui se permettaient quelques observations, le citoyen Bernard pouvait empocher des bénéfices assez considérables.

Le citoyen Bernard n'était pas du reste le seul clubiste vivant de son club et vivant bien. Les citoyens Merlieux, Clovis Mortier, de Sérignac et plusieurs autres savent mieux que personne ce que peut rapporter le métier d'éducateur du peuple.

Le citoyen Bernard, malgré l'accent gascon dont il est affligé, est doué d'une certaine éloquence. Son expression est habituellement vulgaire, mais quelquefois il arrive à des mouvements très-capables de fanatiser les masses; il connaît du reste parfaitement toutes les ficelles propres à faire vibrer la fibre populaire : *Les pauvres, pieds nus et sans pain, montant la garde à la porte des somptueux hôtels de leurs farouches oppresseurs; les infâmes exploiteurs du malheureux travailleur, les malthusiens, etc.*

C'est dans la salle des Spectacles-Concerts du boulevard Bonne-Nouvelle, lors d'une séance présidée par le citoyen Bernard, que le citoyen vicomte de Flotte prononça ces paroles : « *Il faut anéantir le dernier bour-* « *geois, il faut brûler le grand—livre de la dette publique.* »

BUREAUCRATES (*Club des*), rue Saint-Honoré, 219, fondé en mars 1848. Président, Gariépuy.

Le club des Bureaucrates est devenu, sous la direction de son président, un service spécial des ateliers nationaux, celui des agents de paye. Les Bureaucrates rendaient quelques services et ne manquaient pas de bonne volonté, aussi l'aumône qu'ils étaient bien forcés de recevoir était-elle un peu moins forte que celle qui était allouée aux autres travailleurs, probablement parce qu'on les craignait moins.

BUTTE DES MOULINS (*Club de la*), rue Saint-Honoré (dans une des chapelles de l'église de l'Assomption), fondé en mars 1848. Président, Noguès; vice-président, Quinel.

Ce club était un des plus violents de la capitale; plusieurs de ses membres ont pris part à l'insurrection de juin 1848.

Les anciens membres du club de la Butte des Moulins avaient pris, après la fermeture des clubs, l'habitude de se réunir chez leur président, qui tenait une tabagie dans la rue des Moulins. Le 14 juin 1849, une perquisition faite chez cet individu amena l'arrestation d'un grand nombre d'hommes, qui plus tard furent relâchés, et la saisie de fusils de munition, de pistolets de poches et de cartouches.

Le club de la Butte des Moulins était affilié à la Société des Droits de l'Homme.

Délégués dans les départements : les citoyens Billot, employé, rue des Moulins, 22 ; Hercule Gallard, mécanicien, Allée des Veuves, 34 ; de Lacorbière, employé au ministère des finances.

CENTRAL (*Club*), Palais-National, fondé en mars 1848. Président, A. de Longpré (il ne faut pas confondre ce citoyen avec le spirituel auteur des *Trois Chapeaux*).

Ce club affichait la prétention d'imposer à tous les autres clubs des candidats de son choix. Il paraissait surtout désirer le maniement des fonds octroyés par le ministère de l'intérieur, pour envoyer des émissaires dans les départements. Grâce à l'influence des Longepied et des Deplanque, le Club central fut dédaigné, et ce fut le Club des Clubs (comité révolutionnaire) qui obtint le monopole désiré.

CENTRAL RÉPUBLICAIN (*Comité* ou *Club*), Palais-National, fondé en mars 1848. Président, Romain.

Ce club voulait aussi d'abord centraliser l'action de tous les clubs démocratiques. N'ayant pu réussir, il prit à la fin le parti de s'affilier à la Société des Droits de l'Homme.

Délégués dans les départements, les citoyens : Delisle, homme de lettres, rue du Pot-de-Fer, 2 ; Jobbé-Duval, artiste peintre, rue du Cherche-Midi, 76 ; Rouvière, négociant, rue de Bondy, 13 ; Dozon, étudiant en droit, rue de Fleurus, 5.

CHAILLOT (*Club de*), rue du Banquet et rue de Longchamps, 35.

CHAILLOT (*Comité central révolutionnaire de*), Grande rue de Chaillot, 70.

De ces deux clubs fondés en mars 1848 et affiliés à la Société des Droits de l'Homme, nous ne savons rien, si ce n'est qu'ils avaient pour délégués dans les départements les citoyens : Gérard, mécanicien, rue de Chaillot, 67 ; Lièvre, émailleur, rue de Longchamps, 46 ; Vernhue, médecin, rue Française, 7 ; Rodier, commis-voyageur, à Montmartre, Passage des Beaux-Arts.

CHARENTON (*Club démocratique de*), à Charenton, fondé en mars 1848. Président, Napoléon Langlois.

Les lauriers de l'ouvrier Martin, dit Albert, empêchaient de dormir le citoyen Langlois. Il essaya de donner à son club assez d'importance pour se faire élire représentant du peuple; mais le succès ne couronna pas ses efforts, il demeura avec beaucoup d'autres sur le champ de bataille électoral.

CHARONNE (*Club démocratique de*), à Charonne, fondé en juin 1849. Président, Prin.

Le 25 avril 1850, le citoyen Prin, épicier et clubiste des plus violents, a été condamné par la Cour d'assises de la Seine à une année d'emprisonnement et 100 fr. d'amende, pour attaque à la propriété et excitation à la guerre civile.

CHATEAU DES BROUILLARDS (*Club du*), fondé en octobre 1848, à Montmartre. Président, Arthur de Bonnard.

Dans la séance du 17 octobre, le citoyen Arthur de Bonnard s'exprimait ainsi :

« Ceux qui sont au bagne ne sont pas les plus cou-
« pables. Un galérien est un homme d'élite placé dans
« un faux milieu, et qui a brisé le lien qui l'unissait à
« la société. »

Ces profonds aperçus du promoteur de l'épicerie véridique égayèrent infiniment, nous devons le reconnaître, ses nombreux auditeurs ; ils ont même retenti jusqu'à Reims, où ils sont devenus le sujet d'une médaille ironico-démocratique frappée dans cette ville en l'honneur du citoyen Arthur de Bonnard.

CIRQUE NATIONAL (*Club du*), rue des Fossés-du-Temple (dans l'arrière-boutique d'un marchand de vin), fondé en avril 1848.

Ce club était presque uniquement composé des artistes de la troupe équestre du Cirque national; il était présidé par un palefrenier dont le nom nous échappe. On y hennissait souvent des discours très-cavaliers; on s'y battait même, lorsque le bureau n'avait pas pris la précaution de faire déposer les cravaches à la porte.

CLUB DES CLUBS (*Comité Révolutionnaire pour les élections à l'Assemblée nationale constituante*), fondé en mars 1848, rue de Rivoli, 16, et Palais-National (salle des Batailles). Membres-fondateurs : Armand Barbès, Cahaigne, Louchet, Bonnias, Pilhes, Sobrier, Th. Thoré, Bianchi, Raisan, Martin-Bernard, l'Héritier (de l'Ain), Grandménil et plusieurs autres citoyens de la veille, anciens condamnés politiques et membres du club de la Révolution. Bureau définitif : président, Hubert; vice-présidents, Louis Deplanque, Longepied; membres du bureau, Armand Barbès (du club de la Révolution), Cahaigne, Marius Chavant, acteur très-secondaire du théâtre de la Porte-Saint-Martin (du club de l'Union fraternelle), C. Danse, décoré de Juillet (du club des Prévoyants), Adrien Delaire, ouvrier ébéniste (de la Société patriotique de l'Atelier), Deleau, docteur en médecine (du comité démocratique du 2e arrondissement), Hippolyte Gadon, décoré de Juillet (du club des Hommes libres), Adolphe Laugier, décoré de Juillet, journaliste, Lebreton, négociant en vins, Ch. Thiècle, caporal d'un régiment de ligne, Laroque (du club Franklin).

Centraliser l'influence de tous les clubs de Paris, afin d'en faire un pouvoir dans l'Etat, réunir les hommes d'action pour disposer dans l'occasion, de toutes les forces vives de la démocratie, influencer les électeurs et intimider les provinces, tel était le but que voulait atteindre le Club des Clubs.

Le Club des Clubs (comité Révolutionnaire) fut une émanation de club de la Révolution. Son existence fut révélée au public par l'affiche suivante :

COMITÉ RÉVOLUTIONNAIRE
POUR LES ÉLECTIONS A L'ASSEMBLÉE NATIONALE.

Citoyens,

Le salut de la République dépend de l'Assemblée nationale.

Il faut que l'Assemblée nationale représente le sentiment et la volonté du peuple ; tous nos efforts doivent donc tendre à nommer pour représentants du peuple des républicains décidés à faire triompher la cause de l'égalité.

Nous n'avons encore que le nom de République ; il nous faut la chose.

La réforme politique n'est que l'instrument de la réforme sociale.

La république devra satisfaire les vœux des travailleurs et abolir le prolétariat.

C'est pourquoi les patriotes soussignés ont institué un comité central qui fait appel à tous les vrais républicains, afin de constituer des comités spéciaux dans tous les arrondissements de Paris.

La réunion générale aura lieu aujourd'hui, 18 mars, salle Molière.

VIVE LA RÉPUBLIQUE!

BARBÈS, CAHAIGNE, LOUCHET, BONNIAS, PILHES, SOBRIER, THORÉ, BIANCHI, RAISAN, MARTIN-BERNARD, L'HÉRITIER (DE L'AIN), GRANDMÉNIL.

Le 23 mars 1848, le citoyen Marc-Dufraisse (actuellement représentant du peuple à l'Assemblée nationale législative) renouvela au club de la Révolution une allocution qui avait pour but d'inviter toutes les sociétés populaires de Paris et de la banlieue à envoyer des délégués à un club central (voir *Club de la Révolution*). L'unité de la *représentation révolutionnaire du peuple* était, dans la pensée de l'orateur, absolument nécessaire pour assurer le triomphe de la *vraie République*. Il exhortait donc tous les clubs à nommer le plus promptement possible des députés à la Société populaire centrale. Ces députés devaient s'adresser au bureau de la *Commune de Paris, Moniteur des Clubs,* pour connaître le lieu, le jour et l'heure de la première réunion générale. *Cette réunion,* ajoutait plus tard le journal du citoyen Sobrier, est *urgente* et d'une *importance* SUPRÊME. *Que cet appel soit entendu!*

La proposition du citoyen Marc-Dufraisse ayant été adoptée à l'unanimité, le 25 mars le Club des Clubs (comité Révolutionnaire) faisait insérer dans la *Commune de Paris* l'avis suivant, signé des citoyens Guichenet, Gornet et Longepied.

AVIS IMPORTANT.

« Le Comité révolutionnaire, qui a déjà pris l'initiative d'une réunion de délégués des différents clubs, invite de nouveau les délégués de tous les clubs républicains et de toutes les corporations d'ouvriers du département de la Seine à se réunir en comité central pour les élections à l'Assemblée nationale dimanche prochain, 26 mars, à sept heures du soir, au Palais-National, cidevant Palais-Royal.

« On sera reçu par deux citoyens à la grande grille d'entrée, sur la place, en face du château d'eau. »

L'indication était précise; pour stimuler les indifférents, le club de la Révolution avait fait afficher l'avis suivant, non moins *important* sans doute que le premier.

« A TOUS NOS CONCITOYENS.

« Nous prions nos concitoyens, et *notamment nos frères* les ouvriers, de se présenter dans la journée d'aujourd'hui à leurs mairies respectives pour *demander,* et au besoin *exiger,* leur inscription sur les listes électorales. Nous leur rappelons que le délai fixé par le Gouvernement provisoire expire ce soir à minuit. Nous invitons nos concitoyens, dans le cas où il leur serait fait quelques difficultés, à en référer *immédiatement au Gouvernement provisoire.*

« *La commission de surveillance du club de la Révolution :*

« RIBEYROLLES, CAHAIGNE, GALLOT, DAVIOT, LAUGIER, DELAVIGNE. »

Le 27 mars, *la Commune de Paris* fit part aux révolutionnaires du résultat de la séance du 26, par la publication de l'avis suivant. Il est bon de faire remarquer au lecteur qu'il n'y avait pas eu de première réunion.

« La deuxième réunion des délégués des clubs de

Paris et de la banlieue, au nombre de soixante-et-onze, a eu lieu au Palais-National (ex Palais-Royal).

« Une nouvelle convocation est indiquée pour demain mardi, à deux heures, *salle des batailles*. Vous êtes prié de faire représenter votre club, si déjà vous ne l'avez fait, par trois délégués, *munis de pouvoirs réguliers*. La corporation des délégués des ouvriers est invitée à se faire représenter par cinquante d'entre eux munis de *pouvoirs réguliers*. »

Suivent les signatures des membres du bureau.

A cette séance le comité central de la Société des Droits de l'Homme exigea une place dans la commission exécutive, du Club des Clubs. On s'empressa d'obtempérer à ses désirs. Bientôt, le Comité révolutionnaire ayant reçu des adhésions en grand nombre, se trouva composé des délégués de près de deux cents clubs, de ceux de la garde nationale et des corporations d'ouvriers, de tous les membres du club de la Révolution et d'un certain nombre de sectionnaires de la Société des Droits de l'Homme. Ces divers éléments, auxquels devaient se joindre les fameuses sections *armées* et organisées de la Société des Droits de l'Homme composaient, on le voit, des forces presque respectables. En avril 1848, le Club des Clubs (Comité Révolutionnaire), recevait du ministre de l'intérieur assez d'argent pour envoyer dans les quatre-vingt-six départements, dans tous les régiments et jusque dans l'Algérie, près de six-cents agents électoraux, choisis parmi les membres les plus exaltés des *divers clubs rouges de Paris*.

Chaque délégué du Club des Clubs recevait, avant de se mettre en route, un exemplaire imprimé des instructions suivantes, qui devaient être suivies à la lettre.

Instruction du délégué du Comité Révolutionnaire, Club des Clubs et des Corporations d'ouvriers [1].

Préliminaires.—Le délégué, dans toutes les démarches qu'il

[1] Cette pièce curieuse a été rédigée en entier par le citoyen

fera dans les villes, cantons, communes, villages, pour assurer la
sanité des élections, doit bien se pénétrer de cette idée, que son
caractère de missionnaire officieux du républicanisme ne doit pas
être connu; il est censé voyager pour ses propres affaires, ou
pour visiter ses amis, ses parents, ou même pour son plaisir, et
non dans un but politique avoué, ostensible. Toutefois il se
mettra immédiatement en relation avec les autorités locales, s'il
y a lieu pour leur offrir son concours. Après avoir provoqué les
renseignements les plus précis et de toute nature sur l'esprit des
populations, sur leurs tendances, il stimulera les tièdes, il soutiendra et secondera les ardents, il surveillera les réactionnaires
patents ou occultes.

Une pièce émanée du Comité Révolutionnaire l'accréditera en
qualité de délégué des clubs et des corporations d'ouvriers; il
aura sa carte. Que le délégué se garde, dans une propension trop
commune, de céder à un semblant d'autorité qu'il aurait à exercer
n'importe en quelque occasion que ce soit, car il n'a que la puissance de la conviction; c'est la seule qu'il laissera pressentir, car
l'assentiment donné par le Gouvernement à la mission qui lui est
confiée ne lui défère aucune fonction; il est plus, il ne relève
que du républicanisme; l'apôtre ne commande pas, il prêche, il
persuade.

Après avoir médité ces notions préliminaires, après s'être bien
édifié sur la ligne de conduite qu'il a à tenir, le délégué-mission-
naire des clubs et des corporations, par conséquent étranger à
toutes fonctions des branches administratives, portera son attention sur les conseils formulés sous la rubrique : *Exécution du
mandat républicain.—Pratique.*

Exécution du mandat républicain.—Pratique. Encore une fois,
le délégué n'est ni agent avoué ni secret du Gouvernement; il
est revêtu du caractère d'envoyé des ateliers et des corporations, caractère officieux; il n'est pas salarié, et conserve son
caractère de spontanéité patriotique.

Dans les villes, le délégué s'attachera à connaître quelles sont
les personnes influentes: ils s'abouchera avec elles si elles ont
des opinions républicaines, afin de travailler à l'œuvre commune; si, au contraire, ces influences sont hostiles, il les minera
par une tactique habile, en exploitant leurs actes, en commen-
tant leur biographie politique, en dévoilant leurs tendances
rétrogrades[1].

Laugier, décoré de juillet et journaliste, neveu de M. F. Arago,
membre du Gouvernement provisoire.

[1] Peut-on dire d'une manière plus claire : « *Calomnions,*

Pour donner un exemple : si l'adversaire politique est noble, légitimiste, monarchien, le délégué insistera sur les malheurs dont ces légitimistes, ces monarchiens ont *doté* (sic) la France ; ils se sont enrichis aux dépens du travailleur, cela constamment, pressurant la population, aspirant à conserver les priviléges, les gros impôts. Si l'adversaire est un financier, un homme à écus, le délégué le peindra comme ayant toujours enlevé à l'agriculteur, au paysan, à l'ouvrier, la plus large part des bénéfices de leur labeur, escomptant la sueur, la fatigue du peuple, qu'il opprimait encore sous le régime d'égoïsme renversé. Avec habileté, sans entraînement outré, le délégué développera les conséquences de cette République, qui, dès son début, accepte si généreusement la succession si lourde des royautés, qui l'accepte purement, simplement, et non sous bénéfice d'inventaire,

Dans les cantons, dans les communes, dans les villages, le délégué rencontrera plusieurs puissances : le curé, le maître d'école, le juge de paix, le percepteur, le notaire ; suivant les professions, le langage doit varier, toujours au point de vue républicain.

Ainsi, au curé, le délégué montrera comme le plus grand républicain, comme le promoteur divin du républicanisme, Jésus-Christ jetant au monde ces paroles divines, lorsque la tyrannie, le despotisme étaient partout enracinés : « Marchez, marchez « toujours dans les voies de la liberté, de l'égalité, de la frater-« nité, voies qui mènent à la terre promise. » Prêtre de Jésus-Christ, votre devoir est de prêcher la doctrine chrétienne, qui est celle de la liberté, de l'égalité et de la fraternité.

Au maître d'école, il parlera de la liberté d'enseignement, il fera valoir tous les avantages que la République assure aux instituteurs. La coterie universitaire qui préparait des entraves aux maîtres d'écoles, aux instituteurs, est renversée à tout jamais. C'est la République qui a écrasé l'infâme.

Au juge de paix, il dira que, conciliateur placé par le législateur sur le degré du Palais, ami, conseil du pauvre, il a toujours souffert sous la monarchie ; que la République lui a assuré un dédommagement ; qu'il doit travailler à consolider l'ère républicaine.

Le percepteur qui accorde des délais aux contribuables gênés, qui leur évite des poursuites, exerce une certaine influence. Il

---

calomnions, il en restera toujours quelque chose. » Ah! Baziles rouges, si jamais volée de bois vert fut méritée, ce fut par vous.

est fonctionnaire, il est vrai, et à ce titre, il doit être sympathique; s'il ne l'est pas, il faut le surveiller et le *signaler au Comité révolutionnaire*.

Pour le notaire, il tremble pour sa charge, il se voit ruiné, il craint que les actes sous-seings privés ne remplacent les actes notariés; le rassurer, paralyser son hostilité, et surtout la prévenir.

Ce n'est pas tout : avec tous les propriétaires, il faut amoindrir le mauvais effet produit par la mesure qui a augmenté l'impôt de 45 centimes, et dire que le Gouvernement, éclairé, songe à revenir sur cette mesure, à faire peser l'impôt sur les créances hypothécaires, sur le luxe; que l'impôt sera progressif. Insister sur tous ces points importants.

Pour résumer ces données sur l'exécution pratique du mandat, disons que le délégué doit parcourir, avec tact, avec tenue, avec circonspection, avec la portée républicaine, les degrés de l'échelle sociale, depuis le premier jusqu'au dernier. Suivant les habitudes, les mœurs, il faut qu'il modifie son langage, sa conduite, afin d'arriver au but proposé : le choix des candidats républicains.

Le délégué ne doit pas perdre un moment; les heures, les minutes sont comptées : créer des clubs, les organiser, associer les électeurs, unir les républicains, révéler à chaque électeur le droit qu'il a à exercer, le soustraire à la dépendance qu'il a acceptée jusqu'à ce jour avec une faiblesse déplorable, lui inculquer ses pensées républicaines, faire pénétrer le républicanisme par tous les pores. Voilà l'emploi de chaque journée. Aussi le délégué doit-il distribuer son temps avec ordre, avec méthode.

Le délégué doit ménager son pécule, pour ne pas s'exposer à manquer des moyens de transport, d'action mis à sa disposition.

Si la commission du Comité révolutionnaire croit utile de centraliser la direction de la mission départementale entre les mains d'un délégué chargé d'harmoniser les efforts communs des bons républicains, les délégués lui prêteront leur concours fraternel. Ils se mettront à la disposition du délégué central. Ici, toute question de primauté soulevée au moment de la lutte électorale serait le fait d'un mauvais citoyen. Un républicain ne peut avoir cette petitesse d'esprit.

Devoir du délégué.—Le délégué adressera chaque jour à la Commission du Comité révolutionnaire un rapport détaillé sur l'état de l'opinion de la localité qu'il aura visitée, sur les démarches qu'il aura faites, et signalera les obstacles qu'il aura rencontrés, les résultats qu'il aura obtenus, ainsi que ceux qu'il attend de sa mission. Il doit être précis, pas de phrases, beaucoup de faits.

Pour la régularité du service, les lettres adressées au Président de la commission du Comité révolutionnaire seront mises, cachetées, dans une enveloppe portant le nom du citoyen Longepied, rue de Rivoli, 16.

Le Comité Révolutionnaire avait adopté comme exposé de ses principes, la Déclaration des droits de l'homme, présentée à la Convention par Maximilien Robespierre. Quelques délégués, notamment M. Gauthier de Claubry et ceux des clubs de l'Union Fraternelle et des Halles, s'étant permis quelques observations à propos des articles 6 et 38, furent invités à donner leur démission. Les vrais républicains ne laissent jamais échapper une occasion de prouver leur profond respect pour la liberté de ceux qui ne sont pas de leur avis.

L'impression à 3,000,000 d'exemplaires de cette fameuse déclaration fut votée à l'unanimité. Les délégués furent en outre invités à signer l'engagement de la défendre envers et contre tous. Nous avons eu sous les yeux les cahiers qui renferment ces signatures, et ce n'est pas sans éprouver un vif sentiment de peine que nous en avons remarqué quelques-unes que nous ne nous attendions pas à trouver en aussi mauvaise compagnie.

Les séances du club avaient lieu de midi à trois heures, afin que les délégués pussent rendre compte, le soir même, à leurs clubs respectifs des travaux de la journée.

Les membres du bureau du Club des Clubs avaient chez les citoyens Lamartine et Ledru-Rollin leurs grandes et petites entrées. C'était à ces hommes que les dictateurs d'alors avaient confié le soin si délicat d'éclairer les nouveaux électeurs sur l'importance des devoirs qu'ils se trouvaient appelés à remplir.

Le Club des Clubs, comme du reste toutes les associations démocratiques, cherchait à agir sur l'esprit de l'armée, à semer dans ses rangs la démoralisation et l'indiscipline. Nous donnons place ici à deux pièces qui nous paraissent curieuses, non-seulement par ce qu'elles renferment, mais encore par les noms dont elles sont signées.

COMITÉ RÉVOLUTIONNAIRE POUR LES ÉLECTIONS GÉNÉRALES.

Paris, 21 avril 1848.

Citoyen ministre de la guerre, le Gouvernement provisoire de la République, en laissant aux citoyens la liberté de former des clubs, a sanctionné le droit incontestable que les hommes ont de se réunir entre eux pour s'éclairer.

Le droit de manifester sa pensée ne peut être exclusif dans un gouvernement républicain, tout le monde doit en jouir. Cependant des empêchements à l'exercice de ce droit sont apportés dans certains corps de l'armée par les chefs. Vouloir empêcher les citoyens soldats de se réunir, former des clubs, c'est méconnaître les principes de liberté, d'égalité, de fraternité.

La commission du Comité révolutionnaire des délégués des clubs, des corporations d'ouvriers, de la garde mobile, de l'armée, etc., ne peut rester indifférente en voyant cette atteinte portée à la liberté de la pensée et de l'association. Assez longtemps on a voulu séparer l'armée des autres citoyens : il faut que cet abus cesse immédiatement. En conséquence,

La commission vous prie d'ordonner à tous les chefs de corps de l'armée de ne point gêner les citoyens soldats dans l'exercice d'un droit incontestable, mais de leur fournir tous les moyens de pouvoir se réunir.

La commission a reconnu que l'association des citoyens soldats n'est point incompatible avec la discipline militaire [1].

Les membres de la commission, signé : *Ch. Thièle, Lebreton, C. Danse, Delaire, Gadon; Longepied,* président.

LE COMITÉ RÉVOLUTIONNAIRE A SES FRÈRES,

Officiers, sous-officiers et soldats de l'armée.

Frères de l'armée, la voix du peuple est la voix de Dieu ; ses accents ont retenti dans vos rangs. Sûrs de nos sympathies, vous nous demandez à venir siéger au foyer du républicanisme, au sein du Comité révolutionnaire, émanation vivante, active de la souveraineté du peuple,

Envoyez-nous vos délégués, nous vous attendons!... Les ennemis de la République, dans leur aveuglement, osaient se flatter

---

[1] La commission qui a reconnu cela est composée d'un caporal, d'un marchand de vins, d'un nous ne savons quoi, d'un ébéniste, d'un escroc et d'un professeur de langues. En vérité, on croit rêver!

de nous désunir. La révolution du mépris a fait justice de leurs projets insensés, de leurs manœuvres clandestines.

Ils devaient échouer devant la loyauté, la franchise de nos frères de l'armée. [1]

L'armée sort du peuple. Enfants de la même famille, formons la phalange de la liberté, de l'égalité, de la fraternité, phalange invincible qui doit assurer le triomphe de notre sainte cause, de la République.

Soyez convaincus que, si l'arbitraire, le favoritisme, tentaient de fausser vos droits imprescriptibles, garantis par la République, nous ferions entendre la voix souveraine, la voix du peuple, et vos droits seraient sauvegardés [2]. *Plus de priviléges ! plus de passe-droits !*

Frères, comptez sur nous en toutes circonstances; comptez sur *nous comme nous comptons sur vous*, si les ennemis de l'extérieur songeaient à nous attaquer, si les ennemis de l'intérieur rêvaient un passé qui n'est plus, qui ne peut plus être. Salut, fraternité, dévouement.

Au nom du Comité Révolutionnaire :
Huber, *président ;* Deplanque, *vice-président;* Delaire (Adrien), Thièle, Longepied, Laugier, Gadon, Deleau, Lebreton, N. Lebon, Danse, Sobrier, Cahaigne [3].

Délégués spéciaux du Club des Clubs (comité Révolutionnaire), c'est-à-dire n'ayant pas été désignés par

---

[1] « *J'embrasse mon rival, mais c'est pour l'étouffer.* »

[2] Est-ce parce que. sous le régime républicain, les droits *imprescriptibles de l'armée* devaient être sauvegardés, que le citoyen Lagrange se déguisait le 24 Février en général divisionnaire ? qu'un commis-marchand de châles (le citoyen Rey) était nommé colonel par les dictateurs de l'Hôtel-de-Ville? Est-ce par la même raison que *nous* avons vu parader dans les rangs de l'ancienne garde républicaine, ornés des épaulettes d'officiers et même d'officiers supérieurs, tout ce que Paris renferme de marchands de contremarques et de chaînes de sûreté, de souteneurs de filles et de mouchards en disponibilité?

[3] Cette fois, le nombre des individus qui se permettent d'indiquer à notre brave armée la conduite qu'elle doit tenir s'est augmenté d'un corroyeur, d'un teneur de livres, d'un journaliste, d'un médecin, de deux conspirateurs de profession, et d'un coupletier de goguettes.

les clubs : les citoyens Blangis, fabricant de bijoux, rue *Fontaine-au-Tyran*, envoyé à Villiers-Saint-Christophe; Grandier, rentier, rue de Latour-d'Auvergne, envoyé à Carcassonne; Richon, ancien marchand, rue de Chaillot, 47, envoyé à Ruffec; Rançon (Charles), avocat, rue Grande, 21, à Batignolles, envoyé à La Rochelle; Berger, commis-voyageur, rue des Vieux-Augustins, 47, envoyé à Brives-la-Gaillarde; Luquet, maçon, barrière Pigalle, André, homme de lettres, maintenant rédacteur du journal *le Vote Universel*, rue Thévenot, 2, Rattier, tailleur, Felléas, capitaine en retraite, Tantoy, rue de Crussol, 8, Botte, étudiant en droit, Thomas, étudiant en droit, rue de Bondy, 52, Nadaud, maintenant représentant du peuple, rue Soufflot, 16, envoyés dans le département de la Creuse; Issartier, ébéniste, rue Moreau, 64, envoyé à Aurillac; Soupey, employé, rue Saint-Honoré, 215, envoyé à Dijon; Maison, peintre en bâtiment, rue de la Petite-Cordonnerie, envoyé à Chermabrun; Lefèvre, sculpteur en bâtiment, rue *Fontaine-au-Tyran*, envoyé à Pont-Audemer; Lefrançois, arbitre, envoyé aux Andelys; Lugan de Romarin, homme de lettres et propriétaire, rue Coquenard, 5, envoyé à Montpellier; Barie, rentier, rue du Faubourg-Saint-Denis, 38, envoyé à Saint-Gaudens; Thavenet-Bellevue, homme de lettres, rue Montmartre, envoyé à Châteauroux; Moulin, corroyeur, rue du Faubourg-Montmartre, 78, envoyé à Tours; Meraix, avocat, rue des Maçons-Sorbonne, envoyé à Salins; Lorrèze, commis-voyageur, rue Vieille-du-Temple, envoyé à Figeac; Dutilloy, commis-voyageur, rue Saint-Denis, envoyé aussi à Figeac; Garnier, rue Saint-Denis, envoyé à Mende; Bozin, ébéniste, rue de Charenton, envoyé à Nancy; Royer, peintre en bâtiment, envoyé à Vaucouleurs; Philip, tailleur, rue et hôtel d'Orléans-Saint-Honoré, envoyé à Valenciennes; Laglace, vernisseur sur métaux, rue Fontaine-au-Roi, 42, envoyé à l'Ile-d'Adam; Potier, commis-voyageur, rue Ménilmontant, 108, envoyé à Bellême; Desbans, sous-inspecteur primaire, envoyé à Alençon; Auguste Bravard, architecte, envoyé à Ambert, Issoire,

Brioude et Murat; Gueroult, journaliste, faubourg du Temple, envoyé à Elbeuf; Page, ouvrier bijoutier, rue Saint-Merry, envoyé à Graville; Breteau, plumassier-fleuriste, rue Notre-Dame-des-Victoires, envoyé à Fontainebleau; Delaunay, rue Fontaine-au-Roi, 19, envoyé à Meaux; Brun, ajusteur, maintenant à Belle-Isle, envoyé à Orange; Chevillon, *aspirant au doctorat*, rue des Grès, envoyé à Sens.

Délégué spécial chargé par le Club des Clubs, de constituer l'Irlande en République : John Churchill, propriétaire, rue Honoré-Chevalier, 4.

Délégués speciaux chargés par le Club des Clubs de républicaniser l'armée, les citoyens : Pierraghi, ex-capitaine, rue Rivoli; Jeannin, ex-sergent-major, rue Bourtibourg; Stévenot, plumassier, rue de Grenelle-Saint-Honoré, garnison du Mans; Millier, maréchal-des-logis de cuirassiers, rue des Postes, garnisons des départements du Nord et du Pas-de-Calais; Bonnel, ex-sergent-major, hôtel et cité Bergère, garnisons du département de l'Hérault; Imbert, ex-capitaine, garnisons du département de Seine-et-Oise; Vigner (Robert), ex-lieutenant, rue Vivienne, garnisons du département du Var; Dieulouart, ex-sergent, rue Neuve Saint-Eustache; Tressa, sergent-major au 24e léger; Lecomte, adjudant-sous-officier au 7e bataillon de chasseurs à pied, garnisons du département de la Moselle; Delesquey, sergent-major au 7e bataillon de chasseurs à pied; Lariat, sergent-major au 4e léger; Vaulone, id; Manin, id.; Josse, adjudant-sous-officier à l'École militaire, garnisons des départements du Haut et Bas-Rhin; Méret, ex-adjudant-sous-officier; Linotte, maréchal-des-logis au 4e dragons, garnisons des départements de la Marne et des Ardennes; Touvet, maréchal-des-logis au 11e dragons; Merland, id., garnisons des départements de l'Allier, de la Meuse, de Loir-et-Cher et du Rhône; Gourlay, garnisons du département de la Gironde; Loublon, ex-capitaine, garnisons du département des Pyrénées-Orientales; Delahaye, ex-chef de bataillon, impasse du Doyenné, garnisons, de Brest et de

Cherbourg; Delaborière, sergent au 3e régiment du génie, garnison de Metz; Toussaint, maréchal-des-logis au 11e dragons, garnisons de Laon, Lafère et Soissons; Ainans, fourrier au 5e dragons, garnisons de Rouen et de Compiègne; Fauche, maréchal-des-logis au 6e dragons, garnisons de Versailles, Saint-Germain et Rambouillet.

Les militaires en activité de service chargés de prê-cher dans les garnisons l'indiscipline et la révolte rece-vaient comme les autres délégués une somme de 10 fr. par jour du Club des Clubs; et pour qu'ils pussent se livrer en toute liberté à la propagande révolutionnaire, le ministre de la guerre (M. Arago) leur faisait accor-der un congé d'un mois. Ce n'est pas tout, ceux qui montraient du zèle dans l'accomplissement de leur mis-sion désorganisatrice étaient nommés officiers, témoin les citoyens Carte, Linotte, Merland, Toussaint, etc., promus sous-lieutenants au grand scandale de tous leurs camarades.

CLUNY (*Club*), rue des Mathurins-Saint-Jacques, fondé en mars 1848. Président, Salleneuve.

Après s'être installés partout, dans les palais natio-naux, dans les salles administratives, même dans les églises, les clubistes en vinrent à s'installer dans les musées. Les salles de l'hôtel de Cluny, destinées à con-server les collections du moyen-âge, durent, de par le citoyen Caussidière, recevoir le citoyen Salleneuve et ses acolytes, qui troublèrent jusqu'au 15 mai la paix de cet asile scientifique.

Le citoyen Trichot, délégué du peuple à l'Hôtel-de-Ville, candidat à la Constituante et membre de ce club, s'est rendu célèbre dans les sociétés populaires par ses déclamations sur la sainteté du mariage. Eh bien, ce vertueux citoyen a été condamné en 1850, par le tribunal correctionnel de la Seine, à 100 fr. d'amende, pour en-tretien d'une concubine dans le domicile conjugal.

COMMISSION *instituée pour la défense des principes républicains*, rue Blanche, 25; fondée en mars 1848.

Cette commission présidée par Sobrier n'était autre

chose qu'un petit comité de salut public qui avait pour troupe les Montagnards, organisés plus tard rue de Rivoli, 16, et pour trompette *la Commune de Paris.* Cette commission attaqua de la manière la plus violente la partie modérée du Gouvernement provisoire ; elle s'était donné la mission de défendre contre les hommes du *National,* la *Véritable République;* le personnel de la commission de défense est, plus tard, passé tout entier rue de Rivoli, 16.

L'affiche suivante, placardée dès les premiers jours de mars 1848, est curieuse en ce sens, qu'elle est la première expression publique de la haine des républicains *rouges* contre les républicains *bleus* du *National.* Les républicains, triomphateurs la veille, se suspectaient déjà le lendemain. Cette affiche est signée des principaux membres de la commission de défense :

« République Française.

Liberté, Égalité, Fraternité, Solidarité.

« Commission instituée pour appeler

« A LA DÉFENSE DE LA RÉPUBLIQUE TOUS LES PATRIOTES ÉPROUVÉS.

« Une vigilance incessante, un patriotisme éclairé, un dévouement énergique, tels sont les sentiments qui animent le Gouvernement provisoire, tels sont ceux que la République réclame. Que tous les bons citoyens lui viennent en aide!

« Les souvenirs de la curée de 1830 ont réveillé des appétits qu'il est urgent de modérer. Déjà les habiles ont, à force d'obsessions ou de ruses, obtenu des nominations peu méritées ; il est temps d'éclairer le Gouvernement dont ils ont surpris la religion.

« Pour arrêter le Gouvernement provisoire sur une pente aussi glissante, un grand nombre de citoyens éprouvés ont nommé leur commission, chargée de réclamer le concours des patriotes restés purs. Les citoyens dévoués sentiront le besoin de s'unir plus étroitement que jamais, car de leur unité dépend le salut de la République.

« Cet appel n'est pas seulement fait aux nombreux patriotes de Paris, mais à ceux de la France entière ; il faut que le Gouvernement soit éclairé sur la valeur de ces rapaces qui surgissent invariablement le lendemain d'une victoire, il faut qu'il sauve la France en rendant impossible à jamais une nouvelle tyrannie. »

« Le citoyen SOBRIER, *ex-délégué du peuple au département de la police, rue Blanche, 25, chez lequel se réunira la commission, a été désigné pour recevoir les adhésions.* »

La Commission se compose des citoyens :

Bianchi, négociant, rue de Provence, 6 ; Bergeron, homme de lettres et courtier d'assurances (nommé commissaire extraordinaire pour les départements de la Somme et de l'Aisne); Cahaigne, rédacteur en chef de *la Commune de Paris;* Louchet, négociant ; Auguste Luchet, homme de lettres (nommé gouverneur du château de Fontainebleau*)*; Ganeau (dit le MAPATH, marchand de bric-à-brac); Pilhes, bouquiniste (nommé commissaire extraordinaire pour le département de l'Arriége, et plus tard représentant du peuple); Félix Pyat, homme de lettres ; Lechallier, courtier d'assurances (nommé inspecteur des ports et de la navigation); Sobrier, propriétaire ; Théophile Thoré, homme de lettres ; Raisan (nommé gouverneur du palais du Luxembourg) ; Huillery, compositeur ; Vaulabelle, frère de l'ex-ministre (nommé concierge du cimetière du Père-Lachaise); Delahodde (nommé secrétaire-général à la préfecture de police); Boivin, négociant ; A. Leroux, homme de lettres ; Edouard Seguin, *idem.*

L'avidité s'est-elle jamais produite sous d'aussi repoussants aspects. Ceux qui se proclament les *purs,* les puritains par excellence sont les premiers à se ruer sur les places ; chacun veut avoir un os à ronger !

La commission instituée pour la défense des principes républicains et pour s'opposer à la curée des places rappelle à notre souvenir une anecdote dont la place naturelle est ici.

Un républicain de la veille a longtemps dirigé l'intendance des Beaux-Arts. Or, cet intendant avait pour ami un médecin auquel il voulait du bien. Quoi de plus naturel ! Il chercha longtemps, afin de lui trouver une position en harmonie avec sa profession. Il suffit de toucher au pouvoir pour devenir ingénieux dans ces sortes de recherches. Nos lecteurs ne devineront jamais ce qu'un intendant des Beaux-Arts peut faire d'un médecin ! Il n'y a que l'austérité républicaine qui puisse donner de ces idées-là. Notre intendant fit de son ami... on ne vas pas nous croire... Il en fit le *médecin de l'exposition des tableaux.* C'est renversant, mais cela est. Le médecin gratifié de ces fonctions tout à fait inédites a touché, en la susdite qualité, une bonne petite somme de mille francs imputée sur l'allocation des *réparations du Louvre*.

' COMITÉ CENTRAL DES ÉLECTIONS, etc. Boulevard Bonne-Nouvelle (salle des Concerts), fondé en mars 1848.

Ce club ou comité central, fondé sous l'influence du *National* et patroné par lui, voulait ménager à la fois et la chèvre et le chou, afin de perpétuer au pouvoir les grands hommes des dynasties Marrast, Thomas, Recurt, Trélat et compagnie. Les clubs rouges repoussaient de la manière la plus dédaigneuse ses avances continuelles, les réunions du parti modéré n'accordaient qu'une très-médiocre confiance à ses protestations en faveur des grands principes sociaux. Les événements ont justifié la répugnance des premiers et la méfiance des derniers.

Voici la déclaration de principes de ce comité, qui est parvenu à faire nommer quatre de ses membres représentants du peuple.

Le Comité central des élections générales, aux citoyens de Paris et des départements.

Chers concitoyens,

La glorieuse insurrection de la population parisienne contre un pouvoir démoralisateur a inauguré pour notre patrie une ère nouvelle et régénératrice. L'enthousiasme avec lequel vous avez accueilli la révolution de Février et le gouvernement populaire qu'elle a constitué prouvera au monde que l'esprit de la France entière animait sa capitale dans la lutte généreuse qu'elle vient de soutenir. Que le même accord nous unisse aujourd'hui qu'il faut concourir à l'œuvre la plus importante de notre régénération : celle d'élever sur des fondements durables l'édifice des institutions nouvelles réclamées par la nation.

Vous êtes tous appelés, citoyens, à coopérer à cet acte immense. Du choix des représentants que vous allez envoyer à l'Assemblée nationale dépend non-seulement le sort de la révolution que vous avez accomplie, mais l'avenir même de la France et la cause de l'humanité entière.

Pénétrez-vous bien de cette idée que le mainti ʰ seul du gouvernement proclamé sur les barricades peut nous sauver de la guerre civile et de l'anarchie, car la France veut fermement, avec la République, le règne sincère de la LIBERTÉ, de l'ÉGALITÉ, de la FRATERNITÉ. Mais cette République, la France la veut grande, généreuse, honnête et pure, comme le principe d'abnégation et de vertu qui doit constituer son essence. Elle la veut énergiquement résolue, tout en détruisant les abus, à protéger les droits légitimes constitutifs de la société, les droits sacrés de la famille comme ceux de la propriété et du travail.

Vous répondrez à ce vœu du pays par le choix judicieux des représentants que vous élirez. Repoussez des candidatures ces consciences obséquieuses qui ne se rallient à tous les pouvoirs nouveaux que pour les compromettre et les trahir. N'accordez vos suffrages qu'à des patriotes dévoués, intelligents, bien pénétrés de la grandeur de leur mission, et dont la vie publique et privée peut supporter sans crainte l'éclat du jour et de la discussion.

Organisez-vous sans retard, afin de mettre dans vos opérations de l'ordre et de l'unité. Créez dans les cantons, les arrondissements et les chefs-lieux des départements, des comités électoraux composés d'hommes honnêtes de toutes les classes, qui puissent correspondre entre eux, diriger et éclairer la masse des citoyens dans l'exercice du droit nouveau qui leur est conféré. Appelez les candidatures à se poser sans délai, afin d'avoir le temps de les discuter et de les apprécier sainement. Convoquez dans ce but de nombreuses réunions de citoyens, et créez des feuilles périodiques pour les répandre, sinon gratis, du moins au plus bas prix possible, parmi les populations.

Citoyens, si dans les temps de crise les ambitieux et les cupides se ruent impudemment vers la satisfaction de leurs appétits égoïstes, montrez que les vrais patriotes, les hommes d'intelligence et de cœur, courent avant tout se rallier au drapeau du devoir et de l'intérêt commun.

La France, inquiète de la situation provisoire dans laquelle elle se trouve, tourne avec espérance ses regards vers le pouvoir souverain et organisateur que vous allez élire. Constituez-le digne d'elle, et, après avoir bientôt rendu à notre patrie le calme et la sécurité, il pourra la diriger d'un pas ferme dans la voie désormais libre de ses nobles destinées.

Vous ne vous méprendrez pas, citoyens, sur le sens de notre appel. Il n'a d'autre but que celui de vous offrir notre concours et de réclamer le vôtre pour l'œuvre importante que nous allons accomplir. Demandez-nous donc avec confiance tous les renseignements qui pourront vous être utiles, et informez-nous sans retard de vos opérations, afin que nous puissions leur donner la publicité nécessaire.

Les membres du bureau provisoire :

RÉCURT, adjoint au maire de Paris, président ; CHEVALLON, fabricant ; CLÉMENT-THOMAS ; CORBON, ouvrier ; DEGOUSÉE, colonel de la garde nationale ; DUBOIS, ouvrier typographe ; OUTIN, négociant ; THIRION, colonel de la garde nationale.

Toutes les communications doivent être adressées franches de port à l'un des membres du Comité, salle Bonne-Nouvelle, boulevard Bonne-Nouvelle, à Paris.

COMITÉ CENTRAL ÉLECTORAL (*en faveur de la candidature de Louis-Napoléon Bonaparte à la présidence*), boulevard Montmartre, 10; fondé en novembre 1848.

Une douzaine d'individus qui espéraient obtenir du futur président de la République, qui un consulat, qui une recette générale, qui une préfecture, qui une direction quelconque, organisèrent ce comité, qui a contribué pour sa bonne part à l'élection du prince Louis-Napoléon Bonaparte. MM. Patorni, H. Bonnelier, de Brignola, de Lempérière et consorts, entretenaient avec les familiers du prince les relations les plus intimes et les plus suivies. Ils obtenaient même de ce dernier, quelques jours avant l'élection, une audience particulière dans laquelle, à ce que quelques-uns d'entre eux assurent, furent prodiguées les plus brillantes promesses ; mais tout changea après l'élection : de consulat, de préfecture, de recette générale, de direction, il n'en fut plus question, et cela se conçoit de reste, la plupart des membres fondateurs du comité central électoral sont des hommes tout à fait impossibles.

Voici le premier manifeste du Comité central électoral, ce manifeste tiré à plusieurs millions d'exemplaires a été affiché non-seulement à Paris, mais encore dans tous les chefs-lieux de canton.

Comité central électoral.
en faveur de la candidature
DU CITOYEN LOUIS-NAPOLÉON BONAPARTE.
Boulevard Montmartre, 10.

MANIFESTE,

« *Gloire oblige.* »

L'élection du Président de la République française ouvre une arène, il faut y descendre : il faut combattre!

Pour soutenir la candidature du citoyen Louis-Napoléon Bonaparte, nous nous sommes constitués en Comité électoral, assurés que les sentiments de notre candidat s'harmonisent avec la volonté de la France, avec la grandeur permise à ses destinées.

Ce que veut la France, nous le savons.

Elle veut sortir de l'état douloureusement passionné qui la trouble et compromet son équilibre, sa sécurité et son bonheur!

Elle veut la gloire utile;

Elle veut une satisfaction ample et sincère aux intérêts de tous;

Elle veut la marche *en avant*, sous la protection de l'ordre, qui est la garantie de fécondité dans les œuvres progressives de l'esprit humain;

Elle veut que les droits des travailleurs soient légalement déterminés;

Elle veut que les souffrances soient soulagées;

Elle veut enfin que la misère qui envahit toutes les classes soit combattue et vaincue.

Le citoyen Louis-Napoléon Bonaparte ambitionne la gloire utile : l'histoire de son nom lui fournit un solennel enseignement pour l'obtenir.

Il veut l'équitable réparation des dommages causés par des gouvernements égoïstes.

Il veut la marche, *en avant!* ses profondes études, ses travaux, ses instincts, ses penchants, étendent pour lui l'horizon auquel il aspire d'atteindre.

Et pour parcourir avec plus de fermeté une carrière gouvernementale qui deviendrait la splendeur de l'Etat Républicain, Louis-Napoléon Bonaparte s'enveloppera dans le grand principe du *suffrage universel*, qui assure désormais le mouvement régulier des institutions et du peuple français dans la voie de la perfectibilité et du bonheur.

Son nom!—que l'on n'espère pas diminuer la signification de

la valeur d'un nom! de quelque façon que l'envie s'applique à en déconsidérer l'autorité, lorsque cette autorité dit la gloire immense et l'amour du pays, elle est à jamais respectable! et le bon sens, autant que la gratitude des peuples, lui conserve, en dépit de la haine des factions, sa vivifiante influence!

C'est avec la certitude du parfait accord existant entre la volonté de la France et le vœu de Louis-Napoléon Bonaparte, que nous nous sommes réunis pour lui prêter, à ce candidat, porté par de si grands et de si touchants souvenirs, notre concours, nos efforts, notre appui.

L'intrigue sème la route de Louis-Napoléon Bonaparte de difficultés *honteuses*, d'audacieuses menaces...; mais ces difficultés, ronces du chemin, notre patriotisme saura les arracher; ces menaces, notre foi dans la dignité nationale saura les braver!

Ce qui se passe en Europe affirme que la France est vraiment le flambeau de la politique européenne : notre candidat constatera qu'elle est aussi la tête de la civilisation du monde!

POUR LE BUREAU : *les présidents,* MARTIN-BRUERE, propriétaire; et PATORNI, ancien consul-général de la République ; *le secrétaire,* L. HEBERT, avocat.

Nota.—Pour éviter la nullité des votes, ne pas oublier d'écrire sur un *bulletin de papier blanc*

LOUIS-NAPOLÉON BONAPARTE.

Les membres dirigeants du Comité central électoral, tenaient des séances dans les divers arrondissements de Paris et les principales localités de la banlieue; celles qui avaient lieu rue Saint-Honoré (salle Valentino), sous la présidence du citoyen Patorni, avocat à la cour d'appel, étaient les plus suivies.

Rien n'était plus risible que l'éloquence du président Patorni ; il avait contracté la singulière habitude de chanter à la tribune la romance de Béranger intitulée : *les Souvenirs du Peuple ;* mais l'enthousiasme était si grand en faveur du neveu de notre grand empereur, que ces ridicules facéties étaient chaque soir vigoureusement applaudies.

Les citoyens A. Legallois et Hippolyte Bonnelier étaient les orateurs ordinaires des réunions napoléonniennes ; le premier est un très-singulier socialiste dont nous disons quelques mots à l'article *Club de la Mon-*

tagne (rue Frépillon). A propos du second, nous avons imprimé ce qui suit dans une publication précédente:

« Le citoyen Hippolyte Bonnelier, homme de lettres, auteur de plusieurs romans d'un mérite douteux, ancien sous-préfet à Compiègne, ex-comédien du second Théâtre-Français, où il débuta sous le nom de Max, et décoré de juillet, s'était fait, après la proclamation de la République, une assez singulière spécialité : doué d'un organe sonore et de l'éloquence à périodes ronflantes mais dépourvue d'idées que les masses applaudissent avec un si vif enthousiasme, il promenait l'un et l'autre de club en club, dénigrant aujourd'hui ce qu'il avait loué hier. Nous avons tour-à-tour entendu ce citoyen au club Blanqui, au club démocratique du faubourg Montmartre, au club des femmes, etc., etc. Son éloquence cosmopolite se fit surtout applaudir dans les réunions du Comité électoral napoléonien.»

Nous avons entendu le citoyen H. Bonnelier, dans une des séances du Comité central, à la salle Valentino, appliquer ces mots à madame la duchesse de Berry : « *Cette femme dont la robe était mal attachée.* » A ce moment-là, le citoyen H. Bonnelier avait sans doute oublié qu'il avait été le lecteur ordinaire de cette princesse, et que, plus d'une fois, il avait eu à se louer de sa générosité. »

A propos de ces quelques lignes, le citoyen H. Bonnelier nous a fait menacer, par tous les journaux, d'un procès en diffamation dont nous attendons encore les résultats. Dans sa note adressée aux journaux, le citoyen Bonnelier affirme que jamais il n'a fait partie de la maison de Madame la duchesse de Berry. Nous lui donnons ici, de notre plein gré, acte de sa réclamation; nous pouvons avoir été induit en erreur par des renseignements inexacts. A part cette exception, nous maintenons tout ce que nous avons avancé.

Le 9 décembre 1848, le comité central électoral fit placarder sur toutes les murailles l'affiche suivante :

COMITÉ CENTRAL ÉLECTORAL,
BOULEVARD MONTMARTRE, 10,
En faveur de la candidature du citoyen Louis-Napoléon Bonaparte à la présidence de la République.

AU PEUPLE!

« La France se préoccupait de la candidature du citoyen Louis-Napoléon Bonaparte à la présidence de la République, lorsque le Comité central, s'instituant pour soutenir cette candidature, commença ses travaux. A la veille de l'élection, le Comité central électoral a acquis le droit d'adresser à ses concitoyens, mieux que son espérance, sa patriotique certitude. Encore quelques heures, et Louis-Napoléon Bonaparte est élu président de la République.

« Par son vote, le peuple va faire justice de tous ces mensonges, de tous ces outrages, de toutes ces iniquités adressées à notre candidat par un parti en colère! Il fera justice de ces audacieux éloges, de ces lauriers sanglants décernés au général Eugène Cavaignac,

« Louis-Napoléon Bonaparte, dominant, dans le calme permis par la puissance de son élection, les partis contraires, les ambitieux détrompés, accomplira son œuvre de la présidence avec l'*utilité du sage* (sic), la fermeté du Républicain, avec la grandeur du nom dont il relève, et dont la France lui a fait un premier titre à ses sympathies.

« Citoyens français, encore quelques heures!... Du calme, de la dignité, de la surveillance et une foi sincère dans le retour de ce nom associé à la devise : *Dieu protège la France.*

« Les présidents : MARTIN-BRUÈRE, PATORNI, avocat ; CHAUVIN-BEILLARD, BONNELIER, NEUBURGER, GRANIER, DE BRIGNOLA, PERRET, JUGE, HÉBERT, BOUQUET, A. DE LEMPÉRIÈRE. »

Peu de jours avant l'élection, le bruit courut dans le public que le général Cavaignac (auquel, nous en sommes convaincu, une semblable pensée n'était jamais venue) devait faire enlever le prince Louis-Napoléon. Les fondateurs du Comité central, charmés de trouver une occasion de se montrer bons serviteurs, s'empressèrent, sur la demande du colonel de Laborde (ex-délégué à Carcassonne, pour le club de l'Emancipation des peuples, par le comité Révolutionnaire), d'organiser une sorte de garde qui fut chargée de veiller jour et nuit aux alentours de l'hôtel du Rhin (place Vendôme), alors habité par le prince Louis-Napoléon Bonaparte.

La pièce suivante contient les noms et adresses des individus composant cette garde :

« Picot, rue Grange-Batelière, 1; Lebel, cité Coquenard, 22;, Ballefin, place du Chantre, 11; Dujardin, rue Chaptal, 18; Boivin, rue Laborde, 12 ; Bechade, rue Labat, 8 ; Deverchure, rue des Vinaigriers, 27 *bis;* Barbier, rue Lévis, 84 ; Roger, rue de l'Arcade, 65 ; Martin, rue Marcadet ; Barrier, barrière Rochechouart, 28 ; Charmaille, rue Neuve-Saint-Marc, 10 ; Lechevin, passage des Deux-Sœurs, 18 ; Guillaume, rue Saint-Victor, 6 ; Mayer, rue Constantine, 15 ; E. Champès, chaussée Clignancourt, 79 ; Gulliani, rue Bergère, 24 ; Cousin, rue du Roule, 16 ; Mallian, rue Laborde, 47 ; Dugué, rue Saint-Lazare, 132 ; Stéphan, chaussée Clignancourt, 55 ; Schneider, rue de Clichy, 65 ; Galliot, rue Bolzunce, 14 ; Robin, rue Blanche, 65 ; Lorin Maussuit, rue du Faubourg-Saint-Honoré, 108 ; Levasseur, rue Rochechouart, 14 ; Pichon, rue des Moulins, 26 ; Lalleron, rue de Cléry, 19 ; Journon, rue Saint-Antoine, 23 ; Dary, rue du Rocher, 10 ; Vincent, rue de Bréda, 21 ; Dufour, rue Geoffroy-Marie, 13 ; Chevalier, rue Richelieu, 47 *bis;* Calvairat, rue Neuve-Saint-Jean, 10 ; Poncui, rue du Faubourg-Saint-Denis, 159 ; Chassin, rue du Bois-de-Clichy, 2 ; Vassal, rue du Rocher, 36 ; Sannier, rue Pigale, 37 ; Naz, faubourg Saint-Denis, 177 ; Pir, rue Feydeau, 2 ; Payar, rue Saint-Laurent, 47 ; Gaudet, rue d'Argenteuil, 25 ; Bonnet, rue des Fossés-Saint-Germain, 15 ; Beauhaire, rue du Rocher, 7 ; Bouillé, faubourg Poissonnière, 118 ; Corréard, Petite-rue-Saint-Denis, 11 ; Barthe, chaussée Clignancourt, 66 ; Naz, faubourg Saint-Martin, 257 ; Huet, cour Batave, 4 ; Lemonnier, rue Hauteville, 18 ; Haag, rue du Rocher, 1 ; Reiller, rue de Clichy, 65 ; Dubus, rue du Rocher, 23 ; Méjon, rue Bergère, 27 ; Girardet, rue Saint-Sauveur, 37 ; Dagot, rue Saint-Denis, 241 ; Lemarié, rue Saint-Victor, 6 ; Canal, rue du Rocher, 10 ; Neron, rue Blanche, 76 ; Remond-Grech, chaussée Clignancourt, 23 ; Lemoine, rue de Neuilly, 27 ; Derlon, rue de Clichy, 8 ; Couteret, rue Saint-Fargeau, 1 ; Ledier, rue du Rocher, 7 ; Chenel, rue du Rocher 7 ; Hébert-Bochard, Petite-rue-Saint-Denis, 9 ; Fourcade, faubourg Saint-Honoré, 12 ; Veyret, rue Neuve-de-la-Fidélité, 13 ; Tulasme, rue Lamartine, 33 ; Royer, faubourg Saint-Honoré, 178 ; Delorme, rue Saint-Lazare, 158 ; Feler, rue du Rocher, 7 ; Gauthier, rue de Paradis, 44.

« Nous, soussignés, délégués des signataires d'une pièce provoquée par MM. Juge et Hébert, déclarons autoriser le bureau du Comité central électoral à détruire cette pièce, en conservant les noms et adresses ci-dessus, qui seront recommandés à la gratitude du Président de la République.

« Dimanche, 17 décembre 1848.

« *Signé* : DUGUÉ, BOIVIN, MAILLOUX, PICOT, BALLEFIN, ex-capitaine de la garde républicaine ; MAYER, ex-lieutenant de la garde républicaine. »

Il ne faut pas chercher ailleurs l'origine de la Société du Dix Décembre.

COMMERÇANTS-LOCATAIRES (*Club Réformiste des*), rue de l'Arcade, 60; bureau central, boulevard Saint-Martin, 57; fondé en mars 1848. Président, Sanguinède; secrétaire, L. Le Brun.

Après la proclamation de la République, quelques banqueroutiers, quelques boutiquiers obérés, se mirent en tête de profiter des événements pour obliger les propriétaires (alors très-décriés) à ne plus exiger d'avance le prix de la location des boutiques; ils firent de la propagande, ils adressèrent des pétitions au Gouvernement provisoire. Enfin, ils finirent par où tout commençait alors, par organiser un club dans lequel toutes les déclamations contre la propriété recevaient un accueil fraternel. Quelques propriétaires s'étant laissé intimider, les principaux membres du *club Réformiste des Commerçants-Locataires* profitèrent de l'occasion pour déménager sans payer : ils n'en demandaient pas davantage.

COMMERCE (*Club du*), boulevard Bonne-Nouvelle (salle des Concerts), fondé en mars 1848. Président, Dupuis.

Ce club, organisé par les commis-marchands des rues du Sentier, du Mail, de Cléry, etc., fit peu parler de lui; les citoyens commis-marchands comme beaucoup d'autres voulaient travailler peu et gagner beaucoup, ils croyaient nos prétendus réformateurs capables de satisfaire leur désir.

COMMUNE DE PARIS (*Club de la*), rue Blanche, 12 bis (Gymnase militaire), fondé en avril 1848. Président, d'Alton-Shée, ex-pair de France; vice-président, Saybert.

Le citoyen d'Alton-Shée, depuis qu'il s'est jeté dans les rangs du parti démocratique et social, n'a réussi qu'à se rendre ridicule. Son club n'avait pas la moindre influence.

COMPAGNONS DES DEVOIRS RÉUNIS (*Club des*),

rue Bourg-l'Abbé, fondé en mars 1848. Président, Pierre Francisque.

De tous les clubs qui s'organisèrent à Paris après la proclamation de la République, et qui tous prétendaient représenter les travailleurs, celui-ci était à peu près le seul qui fût exclusivement composé d'ouvriers. Nous n'y avons jamais entendu applaudir ces discours violents qui alors étaient à la mode; les ouvriers y discutaient paisiblement; ils y examinaient les moyens qui leur paraissaient de nature à améliorer leur position sans spolier personne. Un individu s'y étant un jour permis de vociférer en faveur du régime de 1793, déclarant qu'à Paris seulement il fallait faire tomber dix mille têtes, des huées universelles protestèrent contre ses odieuses paroles. On ne s'en tint pas là; l'orateur, saisi par les assistants, fut conduit à la Préfecture de police. L'œuvre si utile et si fraternelle de la réconciliation de tous les devoirs depuis longtemps entreprise par M. Agricol Perdiguier, qui depuis... (mais alors il n'était pas représentant du peuple), dut en grande partie son succès aux efforts de ce club.

CONCILIATION (*Club de la*), place du Carrousel (État-major de la Garde nationale); fondé en mars 1848, Président, Taureil.

Rouge. On s'y battait.

CONDAMNÉS POLITIQUES (*Club des*), rue Saint-Honoré (Salle Valentino), fondé en mars 1848. Président, Barbès; vice-présidents, Blanqui, Martin-Bernard; membres du bureau, Bergeron, Bonnias, N. Chancel, Chapuis, Chilman, Flotte, Fulgence Girard, Lacambre, Lamieussens, Quignant, Raisan, Sobrier.

Ce club n'était pas positivement un club. Les ex-martyrs de la tyrannie, qui tous appartenaient qui au *Club de la Révolution*, qui à la *Société républicaine centrale*, qui à la *Société des Droits de l'homme*, ne se réunissaient dans la Salle Valentino que pour demander au Gouvernement provisoire, sous prétexte de condamnations plus ou moins politiques, soit des places, soit de l'argent. Quelques-uns des membres de ce club avaient été condamnés sous le règne *du tyran* comme voleurs, assassins, incendiaires, escrocs de profession ; ils n'en jouissaient pas moins de l'estime de leurs frères ; cela ne doit pas étonner de l'aveu même des sommités républicaines : le baptême démocratique lave toutes les souillures.

Du reste nous devons ajouter que le Club des Condamnés politiques de la Salle Valentino n'existait que pour amuser les niais du parti aux bagatelles de la porte. Pour obtenir soit des places, soit de l'argent, il fallait être affilié à la *Commission instituée pour la défense des principes républicains*. (Voir à cette rubrique.)

CONGRÈS NATIONAL ÉLECTORAL, rue et Salle Montesquieu, fondé en novembre 1848. Président, André, avocat; secrétaire, Duverdier, étudiant en médecine, tous deux condamnés contumaces par suite des événements de Juin 1849.

Ce prétendu congrès national a été fondé par une foule de citoyens du rouge le plus vif, pour soutenir la candidature du citoyen Ledru-Rollin à la présidence de la République. Le journal hydrophobe du citoyen Ch. Delescluze, *la Révolution démocratique et sociale*, rendait compte de ses séances, dans lesquelles se faisaient souvent entendre les citoyens Mathieu (de la Drôme), Deville, Joly père, Michel (de Bourges), etc.

Une réunion du même genre avait lieu, à des jours différents, dans la même salle, sous la présidence du citoyen Genillier, pour soutenir la candidature du citoyen Raspail. Les orateurs de cette dernière réunion, qui avait pour organe le journal du citoyen Proudhon, *le Peuple*, étaient les citoyens : Madier de Montjau, frères, Langlois, Jules Lechevalier, etc.

Nous nous rappelons un discours de ce dernier, terminé par ces mots caractéristiques :

« Le SOCIALISME *est le communisme de transition; le* COMMU-
« NISME *la fin logique et nécessaire.*

Malgré les protestations des niais humanitaires, les impudents sophismes des écrivains de la presse rouge, le SOCIALISME n'est et n'a jamais été qu'un mot d'ordre provisoire, une pierre d'attente, un pont.....

COLLÉGE DE FRANCE (*Société républicaine du*), rue des Poirées, fondée en mars 1848.

Ce club n'a fait que paraître et disparaître ; nous n'avons pu nous procurer le nom de son président. On lui attribue, peut-être à tort, l'affiche suivante :

APPEL AU PEUPLE.

CITOYENS!

Le peuple a été indignement sacrifié depuis trois jour par le pouvoir.—Comme en 1830 il est victorieux ; mais cette fois il ne déposera pas les armes, on le tromperait encore.—Le peuple seul est souverain! — Lui seul peut se donner un gouvernement digne de lui! — A la commune de Paris donc à convoquer tout le peuple français à fonder le règne de la liberté.—Assez longtemps, pour des intérêts de dynastie, la France, l'Italie, la Pologne et la Suisse ont été lâchement livrées à la contre-révolution. Il faut que la France redevienne la première des nations!

La souveraineté du peuple donc, avec toutes ses conséquences ! ! !..

Jusqu'à ce moment, qu'on le sache bien, nous resterons armés.

Barricade du Collége de France.

COLONS ALGÉRIENS (*Comité des*), rue de la Chaussée-d'Antin, 10, fondé en février 1848. Président, Couput ; secrétaire, X. Durrieu. Membres principaux : Ardoin, Victor Delafout, Delafont-Delaunay, Duchassing, Antoine Raynaud, Ch. Gravier, Vincent Nétis de Corny, Maurel, Suquet, Chasseriau, Lussac, Floret, Triboulet, Berthier de Sauvigny, Pourtauborde, Branthome, Monjol, etc., etc.

Le *Comité des colons algériens* s'était donné la mission de veiller dans la métropole aux intérêts des habitants français de l'Algérie.

Le citoyen Couput, juge au tribunal de commerce d'Alger, fut, peu de temps après l'organisation de ce comité, nommé par le citoyen Ledru-Rollin commissaire-général en Algérie. Son premier soin, lors de son arrivée dans la capitale des possessions françaises en Afrique, fut de rassembler tout ce que cette ville renferme d'Italiens, d'Allemands, d'Espagnols et de Maltais, et de faire planter sur la place du Gouvernement par ces *citoyens français* un arbre de la liberté, surmonté d'un magnifique bonnet rouge. S'il faut croire le journal la *Presse*, M. le général Cavaignac, alors gouverneur général de notre colonie, se serait résigné à saluer de son épée le sinistre emblème des saturnales de 1793. Mais tout ce qui est affirmé par le citoyen Émile de Girardin n'est pas heureusement parole d'Évangile.

CONSTITUANT (*Club*), quai aux Fleurs, dans une boutique inoccupée, fondé en mars 1848. Président, Maréchal.

Club en grande partie composé d'écrivains publics et d'avocats *galope-chopine*. On nomme ainsi au palais les malheureux qui courent après toutes les causes véreuses, plaident en justice de paix et donnent leurs consultations chez les marchands de vins. On discutait d'avance au club constituant les principaux articles de la future Constitution républicaine. On y votait l'abolition de tous les impôts, l'élection par le suffrage universel et direct des ministres du culte et des gardes-champêtres. Chacun des membres de ce club avait dans sa poche un projet de constitution en 450 articles et plus.

CONTROLE DE LA RÉPUBLIQUE (*Club du*), rue Neuve Saint-Jean, fondé en juin 1848. Président, Joseph Becker.

Ce club s'était donné la mission de contrôler les tendances réactionnaires de la Commission exécutive, des ministres, de l'Assemblée nationale, des fonctionnaires publics, etc. Le 23 juin, les membres du club descendirent dans la rue afin de contrôler la réaction à coups de fusil ; cet exercice patriotique leur réussit mal. Beaucoup de ces vigilants contrôleurs de la république furent tués, ou blessés sur les barricades.

Le président, le citoyen Joseph Becker, vient d'être condamné par le tribunal correctionnel de la Seine à un an de prison, pour coups et blessures à sa sœur, qui à force de prières et de démarches l'avait fait gracier de la transportation : nous devons ajouter que le citoyen

Becker n'avait maltraité sa sœur que parceque cette dernière s'était opposée à ce qu'il contrôlât sa bourse.

DECORÉS DE JUILLET (*Club républicain des*), place du Carrousel, fondé en Avril 1848. Président, le commandant A. Leblanc, actuellement percepteur des contributions à Neuilly (banlieue); vice-président, H. Cognard.

Les décorés de Juillet se disaient les aînés des combattants de Février. Ajoutons que les aînés se sont montrés beaucoup plus sages que les cadets.

Les décorés de Juillet n'avaient fondé leur club que pour demander au Gouvernement provisoire (comme du reste les ex-détenus politiques, les blessés de Février, etc.), des places et de l'argent. Ils voulaient aussi :

1° Que le ruban et la décoration adoptés par la commission des récompenses nationales instituée en 1830 fussent restitués à leur ordre. Le ruban est rouge à lisérés noirs et peut être pris pour celui de la Légion d'Honneur ;

2° Que le brevet et l'exergue de la croix portassent ces mots : *Donné par la nation*, au lieu de : *Donné par le Roi* ;

3° Que la décoration de Juillet fût dotée d'une pension.

Le 16 avril, le *Club des Décorés de Juillet* publiait la note suivante :

« Les sourdes rumeurs qui, depuis plusieurs jours, agitent la capitale, faisant pressentir une manifestation contraire à l'ordre public, les décorés de juillet, fils aînés de la liberté, craignant une imprudente attaque contre le Gouvernement provisoire, se sont constitués militairement et lui ont envoyé une députation, lui annonçant qu'ils étaient prêts à marcher les premiers contre les ennemis de la République.

« Cette démarche patriotique et spontanée a été accueillie avec une vive satisfaction.

« Paris, 16 avril 1848.

« *Le Président du Club des décorés :*

« A. LEBLANC. »

Les réunions des décorés de Juillet étaient souvent présidées par M. Hippolyte Cognard, ex-directeur du théâtre de la Porte Saint-Martin. On a beaucoup parlé d'un bataillon exclusivement composé de décorés de Juillet qui devait être organisé par un sieur Héraudet, rue de la Harpe, 85.

DÉMOCRATES DE BELLEVILLE (*Club des*), Grande-Rue (chez le marchand de vins Kuzner, à l'enseigne du *Coq Hardi*). Président, Maciet, fondé en avril 1848.

Le 23 juin, tous les membres de ce club étaient sous les armes; ils composaient les postes d'insurgés qui retardèrent la prise des barricades Poissonnière, de la Villette, du Temple, etc.

Un des membres les plus influents de ce club, le citoyen Pierre Duvidal, a été condamné à un an de prison par le tribunal correctionnel de la Seine pour vol commis dans la salle même du club.

Délégués dans les départements, les citoyens : Maciet, bijoutier, rue Saint-Laurent, 49; Deprat, menuisier, à Belleville, rue de Paris, 1; Guerineau, modeleur, rue des Fossés-Ménilmontant, 11; Fanfernot, éditeur à Belleville, rue de Paris, 27.

DÉMOCRATES FRATERNELS (*Club des*), rue de Charonne (salle de l'École communale), fondé en mars 1848. Président, Laloue.

Les membres de ce club ont pris une part active à l'insurrection de Juin; ce sont eux qui organisèrent avec les *Antonins* la défense des barricades du faubourg Saint-Antoine; ce sont eux qui contraignirent par leurs menaces la partie honnête de ce même faubourg à prendre place dans leurs rangs. Le club des Démocrates fraternels était affilié à la Société des Droits de l'Homme.

DÉMOCRATIE MILITANTE (*Club de la*), organisé en mai 1848. Les événements de Juin et le titre de ce club indiquent le but qu'il voulait atteindre. Chaque membre devait conserver chez lui un certain nombre d'armes qu'il devait distribuer dans l'occasion à ses amis et connaissances. L'occasion, comme on sait, ne se fit pas attendre. On a dit que les fondateurs de ce club étaient les citoyens Lamartine et Ledru-Rollin, lesquels se sont bien gardé d'en convenir. Nous croyons pour notre part qu'on a calomnié le premier.

Les membres choisis pour la plupart parmi les anciens commissaires généraux n'ont jamais dépassé le nombre de quarante. (Voir *Société des Représentants républicains*.)

DÉMOCRATIQUE (*Club*), rue du Faubourg-Montmartre, 5, fondé en mars 1848. Président, Monginot.

Ce club, un des plus actifs et des plus rouges, comptait parmi ses membres tous les constructeurs de la fameuse barricade édifiée en Février à l'entrée du faubourg Montmartre. Le citoyen H. Bonnelier y prenait souvent la parole.

Délégué dans les départements : le citoyen Allègre, professeur, impasse de l'École, 3.

DÉMOCRATIQUE (*Comité*), rue de l'Ouest, 16, fondé en mars 1848. Président, Véry.

Ce club voulait damer le pion à la fameuse commission instituée par le citoyen Sobrier. Son président, le citoyen Véry, s'agitait beaucoup pour devenir quelque chose; il fut un des moindres rédacteurs du *Père Duchêne!*

DÉMOCRATIQUE (*Société centrale*), Place du Carrousel (à l'état-major de la garde nationale), fondée en mai 1848. Président, Guinard.

La Société centrale démocratique a fait placarder sur les murs de Paris l'affiche suivante :

RÉPUBLIQUE FRANÇAISE.
Liberté. — Égalité. — Fraternité.
SOCIÉTÉ DÉMOCRATIQUE CENTRALE.

CITOYENS,

Aux derniers jours de la royauté, une réunion de républicains s'occupait de fonder, sous le nom de *Comité électoral démocratique*, une société dont le but était d'agir sur les élections et de hâter la sublime révolution qui a devancé toutes nos espérances. Ce comité, en présence de la force brutale, protesta énergiquement le 25 février, dans *la Réforme* et *le National*, contre l'attentat que préparait le gouvernement.

La victoire glorieuse remportée par le peuple, le 24 février 1848, rendait-elle désormais sans objet la société dont les bases venaient d'être posées? Nous ne l'avons pas pensé. Nous avons cru, au contraire, qu'il nous était commandé plus que jamais de nous former en faisceau, et que les efforts que nous avions faits pour amener notre troisième révolution, nous devions les continuer aujourd'hui pour la soutenir.

Prêter un appui franc et énergique au Gouvernement républicain;

Lui présenter des observations, lui offrir des conseils, lui fournir des renseignements;

Imprimer aux corps électoraux une impulsion essentiellement démocratique;

Apporter notre part de lumières dans la discussion des réformes sociales dont l'Assemblée nationale va être saisie;

Poursuivre dans tous les temps les conséquences de notre révolution, et tenir à tout jamais *haut et ferme* le drapeau de la démocratie;

Tel est le but de la Société démocratique centrale.

La Société démocratique centrale fait appel aux démocrates de toute la France.

Elle a organisé déjà dans les arrondissements et les quartiers de Paris, dans les arrondissements, les cantons et les communes de nos départements, des sociétés démocratiques qui professent les mêmes principes et marchent au même but.

La Société démocratique centrale correspond fraternellement avec toutes ces sociétés; elle appelle leurs délégués dans son sein, prend leurs avis et s'aide de leurs lumières; elle unit dans toutes les luttes électorales ses efforts aux leurs pour obtenir le triomphe des candidats de la démocratie.

VIVE LA RÉPUBLIQUE !

Allier (Gustave), statuaire, 25, rue Richer; Arago (Etienne), directeur des postes; Aubert-Roche, rédacteur du *National*, 40, rue de Bondy; Barbier, 48, rue Dauphine; Barral, 8, rue Cassette; Bocquet, 47, rue Neuve-Saint-Etienne-du-Mont; Briançon, 44, rue du Caire; Buisson, de Clichy; Catalan, 2, rue Boutarel; Cantagrel, 297, rue Saint-Honoré; Chamaillard, 2, rue du Bouloy; Chanousse, 5 et 7, passage du Saumon; Cercueil, 9, rue Traversière-Saint-Antoine; Chatel jeune, rue des Trois-Pavillons; Debenazé, 7, rue Louis-le-Grand; Dauphin, 42, rue du Grand-Chantier; David d'Angers, rue d'Assas; Desmarest, 47, rue des Petites-Ecuries; Détourbet, 47, faubourg du Temple; Durand-Saint-Amand, 25, rue Louis-le-Grand; Dyenne, 46, cité Bergère; Dutil, 459, Faubourg Saint-Denis; Félix Pyat, 25, boulevard Beaumarchais; Fenet, 45, rue Saint-André-des-Arts; Floriot, 20, rue Dauphine; Forestier, mairie du 6e arrondissement; Gaumont, rue-Grange-aux-Belles; Gellée, 4, rue Beautreillis; Gobert, 45, rue Saint-Jacques; Gornet, 55, rue de l'Est; Goudchaux,

42, rue de Provence ; Greinheiser, 28, rue Notre-Dame-des-Victoires; Guinard, 98, rue Saint-Louis au Marais ; Haguette, 83, rue Saint-Honoré ; Henry Martin, 31, rue de Vaugirard ; Hingray, rue de Seine ; Howyn, 33, rue des Jeûneurs; Lachâtre, 55, rue de la Chaussée-d'Antin ; Lalanne (Léon), 10, rue de Fleurus ; Laureau, 41, rue Sainte-Avoye ; Lebastard, 46, rue Moreau ; Leroy-d'Etiolles, 23, rue Louis-le-Grand ; Lesseré, 12, boulevard Montmartre ; Lescouvé, 18, boulevard du Temple ; Louis Blanc, 2, rue Taitbout ; Loude, 46, rue Sainte-Anne ; Mauviel, 2, rue Saint-Paul ; Marchais, 55, rue Joubert; Martin (de Strasbourg), 6, rue de Seine ; Masson (Victor), 1, place de l'Ecole-de-Médecine ; Monduit, 64, rue de Vaugirard ; Neveu, 5, passage du Saumon ; Paulmier, 56, rue Notre-Dame-des-Victoires ; Picanol, 2, rue de Mulhouse ; Pierquin, rue de Grammont ; Poirier, 11, rue des Mauvaises-Paroles ; Ravinet, 40, rue des Mauvaises-Paroles ; Recurt, 181, rue du Faubourg Saint-Martin ; Renaud, 5, boulevard Bonne-Nouvelle ; Retif, 55, rue de l'Arcade; Schœlcher, 21, rue Rochechouart ; Sennepart, 2, rue Beautreillis ; Simbozel, 7, rue de Mouy ; Siméon-Chaumier, 4, rue Beautreillis ; Thumeloup, 14, rue Saintonge ; Vasnier, 24, rue de la Monnaie , Vernet, 10, rue Christine ; Vitcoq, 5, place Sainte-Opportune ; Yiautiez, 8, quai de Béthune.

Neuf des citoyens dont les noms précèdent, les citoyens Étienne Arago, Bocquet, Cantagrel, Dauphin, Félix Pyat, Forestier , Gornet, Guinard et Louis Blanc se sont trouvés plus ou moins compromis dans les diverses tentatives révolutionnaires des trois dernières années. Les citoyens Millière, Varé et Hippolyte Bonnelier étaient les orateurs ordinaires de ce club.

DÉMOCRATIQUE (*Commission intérimaire des Vingt-Cinq* ou *Comité*), fondée le 14 mai 1849 à l'effet de préparer pour le 13 juin suivant la fameuse journée des semelles. Président, Servient, élève de l'Ecole Polytechnique, nommé gouverneur du Louvre après la proclamation de la République, et condamné contumace pour les événements du 13 juin 1849.

DEUX-MARS (*Club du*). à la Sorbonne, fondé le 2 mars 1848. Président, Dauzon.

Ce club qui siégeait dans le grand amphithéâtre de la Sorbonne avait, comme l'Assemblée nationale, une gauche, une droite et des centres : malheureusement, les bancs de la droite et du centre étant presque toujours à peu près inoccupés, toutes les décisions du club étaient empreintes de l'esprit révolutionnaire le plus ardent, les plus violentes clameurs étouffaient la voix des orateurs de la droite.

Voici la déclaration de principes du club du Deux-Mars :

CLUB DU DEUX MARS.
LIBERTÉ, ÉGALITÉ, FRATERNITÉ.

Citoyens,

Les membres du Club du Deux Mars reconnaissent se réunir tous sous une idée et un sentiment commun.

Étudier, par une discussion approfondie, les institutions républicaines et les propager avec toute la force de leurs convictions.

Donner l'aide et le concours le plus actif au Gouvernement républicain, et l'aviser dans la mesure de leur conscience des fautes qu'ils pourraient commettre.

L'ordre est la première condition de l'existence d'une société, c'est, on peut dire, la liberté organisée ; inspiré par ce sentiment, le comité a décidé, dans l'intérêt de la discussion et comme auxiliaire puissant de l'influence des théories justes et saines,

1° Que toute opinion pourrait se manifester à la tribune, et que dès lors toutes les interruptions seront rigoureusement interdites.

2° Toute question proposée devra être, par son rapporteur, déposée au bureau, qui jugera de son opportunité.—Les rapporteurs sont engagés à remettre avec la question les conclusions qu'elle comporte.

3° Tout orateur désirant prendre la parole, donnera son nom au président, et pour l'ordre de la discussion fera connaître l'opinion qu'il vient appuyer ou combattre.

4° Les cotisations pour l'éclairage et les frais d'impressions qui pourraient survenir seront à la charge des membres.

5° Sera membre permanent celui qui déposera son nom et son adresse au bureau.

Vive la République !

Les membres du Comité :

Dauzon, *président*, Prevost, *secrétaire*, Moins, Genillier, Bourjon, Delcamp, Preyat, Isambert, Lallier (ouvrier), Hélie Maigne.

N. B. Les séances du Club du Deux Mars se tiennent à l'amphithéâtre de la Sorbonne, les lundis, mercredis et vendredis à huit heures du soir.

Délégués dans les départements, les citoyens Gonyée, agent d'affaires, rue Coquillère, envoyé à Damville ; Pardigeon, étudiant en droit et rédacteur de la *Vraie*

République, condamné contumace par suite des événements de juin 1849; Franquely, médecin, rue des Maçons, 16, envoyé à Montpellier.

DEVISE FRANÇAISE (*Club de la*), à Charenton, route de Montreuil, 1, fondé en juin 1848. Président, Moutin, instituteur.

Ce club, fondé en juin 1848 des débris de l'ancien club des Indépendants, a perdu la plupart de ses membres sur les barricades du faubourg Saint-Antoine.

DEVOIRS ET DROITS DE L'HOMME (*Club des*), secrétariat, rue Cadet, 11, salle des séances du club, au Conservatoire (salle des concerts); fondé en mars 1848.

Voici la déclaration de principes de ce club :

CLUB DES DEVOIRS ET DROITS DE L'HOMME.

Les citoyens ont promptement senti le besoin de se réunir pour fortifier la Révolution si glorieusement accomplie en Février.

Ils ont compris tout d'abord qu'elle était plutôt sociale que politique.

Il ne doit donc plus y avoir d'autre distinction parmi les hommes que celle du vrai mérite appuyé sur la probité, d'autre intérêt que l'intérêt général, d'autre but que la consolidation la plus complète de l'immense édifice qui s'élève sur la liberté, l'égalité et la fraternité comme bases.

Ces principes impliquent pour chaque citoyen la nécessité absolue d'apporter son appui moral et intellectuel à la chose publique. Là est le salut de la Patrie.

La conscience publique nous révèle qu'en ce moment nous avons, avant tout, des devoirs impérieux à remplir. Nos droits en découleront ensuite naturellement. Les uns sont intimement liés aux autres.

TOUS AVANT CHACUN.

Notre titre est donc le programme de nos travaux. Il comprend toutes les questions politiques et sociales qui devront sérieusement nous occuper.

La plus actuelle et la plus pressante de ces questions est le choix à faire des députés à l'Assemblée constituante. Elle va être immédiatement mise à l'ordre du jour.

Nous devons aussi aider le Gouvernement et l'Assemblée constituante en élucidant les lois qui devront bientôt surgir des besoins de l'époque.

Nous appelons donc à nous les hommes de toutes les conditions, de toutes les professions; les ouvriers, marchands, industriels, banquiers, magistrats, ministres de tous les cultes, médecins, avocats, enfin tous les hommes de tête et de cœur qui ont pour devise : *bien penser, bien dire et bien faire.* Nous les convions à nous apporter leurs lumières et à coopérer ainsi à cette œuvre toute patriotique, toute d'intérêt général et toute d'avenir.

> Dʳ Gouré, rue Cadet, 11, fondateur; J. Bochler, avocat, rue St-Georges, 27; Thomas (Agricole), propriétaire, rue Laffitte, 36; F. A. Barde, tailleur, rue de Choiseul, 12.

Le réunions auront lieu les mardis, jeudis et samedis, de trois à cinq heures, Salle des Concerts, à l'Académie nationale de musique, rue Bergère, 2.

La première réunion, samedi 20 courant, pour la formation du bureau et la lecture des diverses propositions.

Les membres du club ont seuls le droit de voter.

Pour s'inscrire, tous les jours de dix heures à deux heures, rue Cadet, 11, chez le citoyen Gouré

DOMESTIQUES ET GENS DE MAISON (*Club des*),

rue du Bac (salon de Mars), fondé le 9 mars 1848. Président, Montsanglant; secrétaires, Soutif, Lafontaine.

Chacun des membres de ce club devait verser chaque mois une somme de un franc destinée à alimenter une caisse de secours mutuels. Des sommes importantes ont été recueillies par les meneurs; en ont-ils rendu compte? C'est là une question à laquelle nous ne sommes pas en mesure de répondre.

Les domestiques clubaient, en 1848, afin d'établir entre la classe des gens de maison et les autres classes de la Société l'égalité absolue exigée par les principes républicains; malheureusement la fraternité n'était guère pratiquée par les citoyens *officieux.* Dans le sein même du club les valets de chambre regardaient de côté les valets de pied; le superbe cocher voulait bien être l'égal de l'intendant ou du majordone, mais il n'entendait pas traiter de pair à compagnon le simple valet d'écurie; les cuisiniers de grande maison se prétendaient des travailleurs libres, et refusaient cette qualité aux cordons bleus de la bourgeoisie. Après quelques séances dans lesquelles il fut sérieusement question d'envoyer un valet de chambre à l'Assemblée Nationale, les membres *aristos* abandonnèrent un club à leur yeux mal composé et laissèrent les *domestiques pour tout faire* discutailler entre eux.

Le *Club des Domestiques* a fait placarder à Paris, en mars 1848, l'affiche suivante, qui nous paraît très-curieuse :

AUX GENS DE MAISON.

« *Camarades,*

« Vous avez dû facilement reconnaître que la réunion du 9 mars a été provoquée dans un but mauvais, et qui s'est bientôt révélé par les propos blamâbles de l'auteur, qui voulait aussi lire un programme entièrement contraire à nos intentions. Vous avez si bien protesté contre ces tentatives incendiaires, que cet auteur, effrayé lui-même de sa misérable spéculation, s'est enfui en restituant une partie de la recette.

« C'est après cela que la réunion a pris le véritable caractère d'une association semblable à plusieurs autres, ayant pour but de nous soutenir, de nous venir en aide dans les temps de crise : surtout la principale base doit être une caisse ouverte pour recevoir les souscriptions mensuelles *de un franc;* et aussitôt qu'il y aura deux mille souscripteurs, notre Société, aujourd'hui provisoire, nommera un président et un secrétaire définitifs. Dès que deux mille francs seront recueillis, ils seront versés à la caisse du trésor.

« Cette association toute pacifique n'a rien d'alarmant pour les personnes qui nous emploient, au contraire : nos statuts seront une nouvelle et sûre garantie de l'ordre et du dévouement des gens de maison qui ont été si indignement méconnus par le journal *la Liberté,* dont nous avons exigé et obtenu une rectification, contenue dans son numéro du dimanche 12 mars. Nous prouverons, malgré certains écrivains qui voudraient jeter la discorde parmi les classes nécessiteuses, que la domesticité est une position qui fournit d'excellents citoyens. N'est-ce pas en effet par la bonne conduite, l'économie, la fidélité que beaucoup d'entre nous sont parvenus et parviendront encore à remplir des professions utiles dans la société, qui aujourd'hui, par exemple, les compte parmi les plus zélés de la garde nationale ?

« Nous avons d'ailleurs démontré incontestablement combien nous tenions à faire nos affaires entre nous et pour nous, en décidant que nul ne pouvait être admis dans notre réunion, s'il n'est porteur d'un certificat, d'un passeport, d'un congé militaire, d'un acte civil constatant son identité et sa moralité.

« Un conseil sera choisi pour nous éclairer et nous aider dans les démarches qui pourraient être nécessaires dans nos intérêts privés, ou auprès du Gouvernement provisoire.

« Votre président provisoire n'a rien négligé pour se rendre digne de la mission dont votre confiance l'a honoré. Un secrétaire provisoire tiendra le bureau pour recevoir les noms de nos camarades qui voudront se faire inscrire en remplissant les formalités ci-dessus désignées. Ce bureau sera ouvert de neuf heures du matin jusqu'à deux heures, et réouvert de trois à cinq heures, au vestiaire du salon de Mars, jusqu'à samedi prochain, à trois heures. Un nouvel avis indiquera l'heure et le but précis de la prochaine réunion.

« Le journal l'*Union*, dans son numéro du 13 mars, a parfaitement expliqué le but de notre réunion et réfuté d'indignes calomnies.

« La réunion aura lieu samedi 18 mars, à huit heures du soir.

« *Le Président provisoire*, MONTSANGLANT.

« *Les Secrétaires provisoires*, LAFONTAINE, SOUTIF. »

DROITS CIVIQUES (*Club des*), rue du Faubourg-St-Martin, 11 ; fondé en mars. Président, Salleneuve; secrétaire, Van-Himbeck.

Nous ne connaissons de ce club que l'affiche suivante, placardée à Paris, à un très-grand nombre d'exemplaires, en mars 1848 :

CLUB DES DROITS CIVIQUES.

L'ère nouvelle où nous entrons doit avoir pour résultat :

L'appel des masses à la jouissance des droits civiques.

L'élévation à une condition meilleure des classes les plus nombreuses.

La vie à bon marché.

La disparition des limites qui séparent les hommes en autant de castes qu'il y a de catégories de fortunes.

La position forte et digne du pays envers les puissances étrangères.

L'instruction des masses.

L'organisation du travail.

Le *Club des Droits civiques* est institué pour rechercher et étudier les moyens de résoudre ces importantes questions économiques et politiques.

Il fait appel à tous les républicains sincères, à tous les hommes qui veulent la gloire et la force de la République et qui désirent la réalisation de cette devise :

Liberté, — Égalité, — Fraternité.

Le Président, SALLENEUVE.

Le Secrétaire, VAN-HIMBECK.

DROITS DE L'HOMME ET DU CITOYEN (*Société des*). Comité central, Palais-National; club central, rue St-Martin (dans une des salles du Conservatoire des Arts et Métiers), fondé en mars 1848. Membres avoués du comité central, Villain, Napoléon Lebon, V. Chipron, A. Huber, A. Barbès. Annexes du club central, 1er arrondissement, rue de Ponthieu (salle de l'école communale); 3me arrondissement, rue du Gros-Chenet (salle de l'école communale); cinquième arrondissement, rue Albouy, 15; septième arrondissement, rue du Chaume (aux Archives); onzième arrondissement, rue St-Jean-de-Beauvais (salle de l'école communale); douzième arrondissement, rue Mouffetard, 60. Commissaires d'arrondissement : 1er, Munier, modeleur en marne, Champs-Elysées, allée des Veuves, 10, président du club (cet individu, dans des affiches placardées en mars 1848, prenait le titre de chef de la police de sûreté de la Société des Droits de l'Homme); 2e, Michel-Emile Guy-d'Amour, dentiste, Faubourg-Montmartre, 4; 3e, Binoit, peintre en bâtiment, passage des Chartreux, président du club; 4e, Legris, rue Baillet, 6; 5e, Gariaud, peintre d'histoire, faubourg-Saint-Martin, 156; 6e, Ramel, rue Neuve-Saint-Denis, 18; 7e, Quincandon, passage Ste-Avoye; 10e, Rossignol, rue du Bac, 19; 11e, Veriot, rue St-Séverin, 24; 12e Narcisse-Lucas, président du club. Chefs de sections : 2e arrondissement, Surcouf, marchand de vins, rue de Calais, 2, et rue Blanche, 35; 3e, Derest, cordonnier, rue Montmartre, 136; 5e, Maxens, employé, passage de l'industrie, 17; Pierrugues, rue d'Aboukir, 67; 6e, Pelin, peintre d'histoire et rédacteur en chef du journal les *Boulets Rouges* qui paraissait en juin 1848, président du club du 7e arrondissement (après le 15 mai ce club déclare ne plus reconnaître l'autorité du comité central, il prend le nom de club Pacifique des Droits de l'Homme, et va s'établir rue Neuve-Ste-Elisabeth (salle de l'école communale); en juin 1848 le club Pacifique prend une part active à l'insurrection, et son président est transporté); 11e, Débard, rue Montmartre, 65. Orateurs ordinaires outre ceux qui se trouvent nommés plus loin,

Souchard, Roucherot, avocat ; Victor Leroux, Cavelier, Roland, Forest, Bouchot, avocat; Lefondeur, Dutertre, Vannier, Damenelle, Commerson, etc., etc.

Peu de jours avant les sanglantes journées de Juin, plusieurs personnes étaient réunies dans l'appartement du château des Tuileries, naguère occupé par M. le prince de Joinville. Parmi ces personnes, qui se disposaient à fêter un très-somptueux déjeuner, se trouvaient MM. : ***, gérant d'un journal légitimiste; le vicomte de P., chargé, par le Gouvernement provisoire, de mettre en ordre ceux des papiers de la Liste civile qui avaient échappé au pillage du château; et le citoyen Joseph-Léopold Villain, avec lequel nos lecteurs vont faire connaissance: le reste ne vaut vraiment pas l'honneur d'être nommé. L'amphitryon n'était rien moins que le citoyen Imbert, ancien rédacteur en chef du journal de Marseille *Le Peuple Souverain*, nommé gouverneur des Invalides civils après la proclamation de la République. Nous ferons, en passant, remarquer que ce citoyen Imbert se trouvait à l'étroit dans les appartements de M. le prince de Joinville, où étaient installés avec lui trois énormes chiens de Terre-Neuve assez mal élevés, qu'il se plaignait de la mesquinerie de l'ameublement et de la qualité des vins de la Liste civile ; mais passons.

Le déjeuner offert à ses amis par le citoyen Imbert était plantureux, on y fit honneur ; c'est dire que la conversation ne s'engagea que lorsque l'appétit des convives fut à peu près satisfait. Chacun alors raconta, à son point de vue, ceux des événements de Février dont il avait été le témoin. M. *** dit les dangers courus par les enfants de madame la duchesse d'Orléans, après la dernière séance de la Chambre des Députés, et loua comme elles devaient l'être les personnes qui avaient, au péril de leur vie, conduit ces enfants près de leur mère.

« *Pour moi,* » s'écria d'une voix rauque et avinée le citoyen Villain : « *Pour moi, si le hasard avait fait tomber entre mes mains ces petits louveteaux, je les eusse pris par les pieds, afin de leur écraser la tête contre la muraille.* »

Le citoyen Villain, qui a joué un certain rôle lors des événements qui suivirent la proclamation de la République, est un des héros de la veille. Il était détenu à Sainte-Pélagie, en 1835, par suite de la part qu'il avait prise à l'insurrection d'avril 1834 ; il s'évada de cette prison avec vingt-cinq autres détenus, à l'aide du souterrain au delà duquel les citoyens Barbès et Etienne Arago attendaient leurs amis. Le citoyen Louis Blanc, dans son *Histoire de dix ans*, fait le plus grand éloge du citoyen Villain ; mais les paroles que nous venons de rapporter donnent une mesure exacte de son caractère. Quoi qu'il en soit, s'il faut croire ce que rapportent certains échos du parti démocratique et social, cet homme aurait plus d'orgueil que de véritables convictions ; il serait capable de faire sans hésiter le sacrifice de ceux des principes démocratiques qui seraient de nature à nuire à ses intérêts. Ce n'est pas tout, comme le citoyen Villain a longtemps habité Londres après son évasion de Sainte-Pélagie, les mêmes échos assurent que, si l'on interrogeait sur son compte les habitants de Vaterloo-Place (quartier de Londres où les filles folles de leur corps se livrent à leurs négociations nocturnes), ces habitants raconteraient de singulières histoires. Cependant le citoyen Villain, audacieux plus que personne, doué de poumons d'acier et d'une taille et d'une carrure propres à imposer à la multitude, le citoyen Villain, qui sait assez convenablement arrondir les périodes ronflantes qui exercent sur les masses une si grande influence, fut chargé par Ledru-Rollin d'organiser, au profit des vues secrètes du tribun joufflu de 1848, une nouvelle Société des Droits de l'Homme et du Citoyen.

Quelques mots sur l'ancienne Société des Droits de l'Homme et du Citoyen, dont avaient fait partie la plupart des hommes qui, en février 1848, se trouvaient les maîtres absolus de la situation, deviennent ici nécessaires. Les écrivains de la démocratie socialiste racontent les choses de leur parti à leur point de vue particulier, et ils font des héros d'hommes qui sont, en réalité, beaucoup moins que cela ; d'autres écrivains nous paraissent obéir soit à des rancunes personnelles, soit à des nécessités de position que nous n'avons pas à apprécier. Il est peut-être bon de dire la vérité vraie, la vérité qui ne ménage ni ne calomnie personne.

Ce que nous avons vu depuis la proclamation de la République, nous en avions déjà goûté les prémisses en 1830. Quelques-uns des hommes qui depuis sont devenus célèbres, les citoyens Raspail, Trélat, Recurt, etc., inspirés sans doute par ceux des vétérans de notre première révolution qui existaient encore, essayèrent à cette époque de constituer des sociétés populaires. La seule de ces réunions dont le souvenir soit resté est la Société des Amis du Peuple, qui tenait ses séances au manége Pellier, alors situé rue Montmartre, et qui était présidée par le citoyen Raspail.

Les séances de la Société des Amis du peuple étaient assez animées ; des orateurs doués d'une certaine éloquence y prenaient souvent la parole. Cette Société grandissait lorsque l'autorité ayant à la fin remarqué que les boutiques de la rue Montmartre se fermaient lorsque s'ouvraient les portes du club, et que très-souvent les citoyens clubistes cassaient en sortant les vitres et les réverbères, fit un soir occuper le manége Pellier par une compagnie d'infanterie ; de sorte qu'il ne fut plus question de la Société des Amis du peuple que devant la cour d'assises de la Seine, qui en prononça la dissolution, tout en acquittant ceux de ses membres qui étaient traduits devant elle.

Des organisateurs de la Société des Amis du Peuple, les uns étaient des hommes qui, affligés d'un immense orgueil, devaient renoncer à voir luire l'ère des améliorations qu'ils venaient d'annoncer au peuple, du moment qu'ils ne devaient pas en être les messies ; les autres n'étaient que des ambitieux vulgaires, arrivés trop tard à l'immense curée des places qui eut lieu en 1830, et qui désiraient ardemment une nouvelle révolution afin de retirer de la bagarre quelques os à ronger.

Ces derniers se remuèrent tant et si bien, ils fouillèrent si avant dans tous les égouts de la civilisation, leur faconde intarissable sut si bien aviver toutes les haines, surexciter tous les appétits brutaux, que des débris de la Société des Amis du Peuple sortit un jour la Société des Droits de l'Homme et du Citoyen.

De ce que nous venons d'avancer, nos lecteurs peuvent conclure, sans craindre de se tromper, que les véritables organisateurs de l'ancienne Société des Droits de l'Homme et du Citoyen furent les mêmes hommes que ceux qui ont signé les manifestes de cette même Société en 1848; mais ils auraient tort de penser que tous les noms que nous allons citer doivent être placés sur la même ligne. Parmi ces noms, il en est quelques-uns qui appartiennent à des hommes véritablement honorables, à des hommes que l'on peut combattre, mais que l'on ne peut s'empêcher d'estimer.

Charles Teste, qui à l'heure qu'il est (pour nous servir d'une expression assez pittoresque empruntée au citoyen abbé de Lamennais) repose dans le charnier mortuaire où gisent les héros de 1793, était l'âme de la Société des Droits de l'Homme. Intime ami de Buonarotti et de Voyer d'Argenson, avec le premier il représentait la tradition de Babœuf, le communisme égalitaire et la théorie du *bonheur commun*; avec le second il professait le culte de la guillotine et l'athéisme des bandits de notre première révolution. C'était sous l'inspiration de cet homme qu'étaient rédigés les manifestes de la Société et les ordres du jour destinés à être lus dans les sections; mais dans ces manifestes et ces ordres du jour, la pensée dernière des meneurs de la Société était cachée avec soin: il existait alors dans les sections, même dans le sein du comité central, des susceptibilités qu'il fallait absolument ménager.

Les mauvaises institutions sont assez semblables à ces herbes parasites qui, si le laboureur n'y prend garde, envahissent un champ avec la plus effrayante rapidité et étouffent toutes les plantes utiles. La Société des Droits de l'Homme, faible d'abord, prit rapidement dans Paris et dans quelques grandes villes des départements, à Lyon, à Marseille par exemple, une assez grande extension. En 1833, sa puissance à Paris était fondée sur environ trois mille sectionnaires recrutés pour la plupart parmi cette foule d'individus si nombreux dans les grands centres de population, dont l'existence paraît un problème insoluble, et qui cependant vivent, qui se lèvent le matin sans savoir comment ils dîneront le soir, et qui cependant dînent et dînent bien; des ouvriers fatalement destinés à devenir les dupes de leurs compagnons; quelques étudiants, composaient la partie honnête de la Société des Droits de l'Homme.

La Société des Droits de l'Homme obéissait, à cette époque, ou plutôt devait obéir à un comité central composé des citoyens Voyer d'Argenson, Guinard, Berrier-Fontaine, Napoléon Lebon, Vignerte, Godefroy Cavaignac, Kersausie, Audry de Puiraveau, Beaumont, Desjardins et Titot. Les citoyens Charles Teste et Buonarrotti, dont les noms rappelaient des souvenirs qui épouvantaient encore la population, se tenaient derrière la toile, mais leur influence sur la Société, bien qu'occulte, n'en était pas moins réelle.

Les membres du comité dont nous venons de parler, comité composé d'éléments si divers qu'il devait nécessairement se dissoudre le lendemain d'une victoire, les membres de ce comité qui s'étaient eux-mêmes nommés (ainsi du reste que cela se pratique toujours dans les associations révolutionnaires), décidèrent alors qu'une solennelle déclaration de principes serait adressée à tous les journaux radicaux, à toutes les associations démocratiques, à tous les réfugiés politiques.

La rédaction de ce document fut confiée au citoyen Audry de Puiraveau : il n'est peut-être pas inutile de faire remarquer ici que le citoyen Audry de Puyraveau, membre du comité central de la Société des Droits de l'Homme, alors entrepreneur de roulage, venait de recevoir du roi Louis–Philippe une somme de deux cent mille francs, afin de remettre son commerce à flots.

Le programme de la Société des Droits de l'Homme, demandait : un pouvoir central, électif, temporaire, responsable, en possession d'une grande force et agissant avec unité ;—la souveraineté du peuple mise en action par le suffrage universel ;—la liberté des communes, restreinte par le droit accordé au gouvernement de surveiller, au moyen de ses délégués, les votes et la compétence des corps municipaux ,—un système d'éducation publique tendant à élever les générations dans une communauté d'idées avec le progrès ; — l'organisation du crédit par l'Etat ;—l'institution du jury généralisée ;—l'émancipation de la classe ouvrière, par une meilleure division du travail, une répartition plus équitable des produits de l'association ;—une fédération de l'Europe, fondée sur les principes d'où découle la souveraineté du peuple, sur la liberté absolue du commerce et sur une entière égalité de rapports.

Ces vues étaient développées et justifiées dans un exposé ; puis venait ensuite la fameuse Déclaration des Droits de l'homme et du citoyen telle que l'avait présentée Maximilien Robespierre ; les tendances communistes et matérialistes de ce document sont suffisamment indiquées par ces deux articles :

« 6. La propriété est le droit qu'a chaque citoyen de jouir et de disposer à son gré de la *portion de bien qui lui est garantie par la loi.* »

« 38. Les aristocrates, les tyrans, quels qu'ils soient, sont des esclaves révoltés contre le souverain de la terre, qui est le genre humain, et contre le législateur de l'univers, *qui est la nature.* »

Il est à remarquer que le manifeste de la Société des Droits de l'Homme qui ne se prononçait qu'avec une extrême réserve sur la liberté de la presse et sur la liberté individuelle, fut attaqué par tous les hommes du parti républicain ayant une certaine valeur, notamment par MM. Armand Carrel du *National*, Anselme Petetin, du *Précurseur* (de Lyon), Martin Maillefer, du *Peuple Souverain* (de Marseille). La *Tribune* elle-même, qui cependant ne se faisait pas remarquer par une extrême modération, crut devoir refuser son approbation à cette déclaration de guerre faite à l'ordre social.

Cependant le manifeste dont nous parlons n'indiquait que d'une manière très-imparfaite la pensée à laquelle obéissaient les principaux membres du comité central de la Société des Droits de l'Homme; pour connaître cette pensée tout entière, il fallait lire un opuscule que venait de publier Ch. Teste, opuscule dans lequel elle se trouve exposée de la manière la plus complète.

Un journal des départements, le *Mémorial bordelais*, a publié, il y a près d'un an, des extraits étendus de cette charte révolutionnaire, en les accompagnant de réflexions qui sont encore de circonstance aujourd'hui; ces extraits et ces réflexions trouvent ici une place toute naturelle.

« Le document que nous allons analyser,» dit le journal que nous citons, « est un *projet de Constitution* qui a été publié en 1833 par Ch. Teste, après avoir été discuté, délibéré dans les sociétés ténébreuses de cette époque. Ce n'est donc point une œuvre individuelle, dépouillée de tout caractère politique; c'est au contraire un programme officiel des doctrines révolutionnaires, dont les sieurs Barbès et Blanqui ont dû épouser plus tard la responsabilité, en continuant, dans la Société des Saisons, l'œuvre de destruction si bien commencée par la Société des Droits de l'Homme.»

« Quelques-uns de nos amis, dit Ch. Teste dans son Introduction, avaient pensé d'abord que le mot *République* pourrait effaroucher ceux de nos concitoyens qui ont vécu et vivent encore sous l'influence des calomnies lancées depuis tant d'années contre cette forme de gouvernement. On avait alternativement proposé d'adopter, pour la désigner, la dénomination de *isocratie*, du mot grec *isos* (égalité), ou celle de *nomarchie*, de *nomos* (loi), qui aurait signifié, selon l'adoption de l'un ou de l'autre de ces deux mots, *règne de l'égalité* ou *règne des lois.*

« Remarquons en passant que le mot *nomarchie* est emprunté du citoyen Boulanger, l'auteur des *Recherches sur le Despotisme*, qui a publié jadis une utopie sociale dans laquelle on remarque les sentences suivantes : *Les plaisirs du corps sont préférables à ceux de l'esprit. Plus un homme prend de plaisir à boire et à manger, plus il est sage. L'homme sage doit toujours se tenir dans une chambre où il y a lit, etc.* [1]. »

---

[1] Une grossièreté semblable à celle-ci a été proférée publiquement

« Charles Teste, et avec lui l'école révolutionnaire, descend donc en ligne directe des souteneurs de l'athéisme du dernier siècle. Mais en rapportant le passage que nous venons de citer, nous avons surtout voulu faire voir aux incrédules la ruse, la fourberie, la mauvaise foi insigne du parti républicain de la veille ; nous avons voulu leur montrer comment le mot *Réforme* est devenu subitement le drapeau des démocrates en Février 1848, et comment aujourd'hui ils poursuivent les mêmes projets de désordre et de ruine avec le mot *Socialisme*. Le pavillon couvre la marchandise. Ils tiennent peu aux épithètes, et pourvu qu'ils arrivent, qu'importent les moyens ! Encore une fois, quand les niais parlent de *bon socialisme*, c'est comme s'ils parlaient d'un *bon poison :* cela n'a point de sens. »

« Malgré les calomnies lancées contre le mot *République*, les conspirateurs n'abandonnèrent point cette dénomination ; car dit Charles Teste : »

« La République est le seul ordre social qui puisse amener les peuples modernes à la jouissance des bienfaits de la société et assurer le BONHEUR COMMUN par l'établissement *définitif* et complet du grand principe de l'ÉGALITÉ RÉELLE entre tous les hommes. Ce principe, ajoute l'auteur, fut la base de ma première éducation ; il me fut inspiré dès l'enfance, et je n'ai cessé d'y être fidèle. »

« Voilà donc le but avoué des conspirations. La République n'est qu'un moyen pour arriver au *bonheur commun*, tant réclamé par Babœuf, et à l'*égalité réelle* que poursuivent, *per fas et nefas*, les révolutionnaires. Aujourd'hui comme hier, comme toujours, les démocrates, les mécontents des sociétés secrètes, les rouges de toutes les nuances, ne sont donc rien autres que des COMMUNISTES déguisés. »

« Sans doute, si Messieurs de Girardin et Hugo sont quelque chose, on ne peut pas dire qu'ils sont communistes. Mais leur faute n'en est que plus grande, et, quoi qu'il arrive, vainqueurs ou vaincus, ils expieront chèrement tôt ou tard leur vanité populaire[1]. Car en politique, science et conscience sont tout un, et l'ignorance, aussi bien que la peur, est un crime. »

« Voyons maintenant par quelles voies les conspirateurs des droits de l'homme prétendent réaliser le *bonheur commun*.

« La majorité, dit Charles Teste, se prononça pour l'abolition absolue de la peine de mort ; mais la minorité désirait que la peine de mort fût conservée uniquement pour ces grands crimes *politiques* qui

---

par un clubiste célèbre dont nous avons déjà parlé, le citoyen Bernard (séance du club Bonne-Nouvelle du 8 décembre 1848). *Tout homme qui fait l'amour*, s'est écrié le citoyen Bernard, *a droit à une maison qui ait plus d'une porte, plus d'une fenêtre, plus d'une chambre à lit.*

1 Messieurs de Girardin et Hugo ne nous paraissent devoir redouter que le triomphe du parti auquel ils appartiennent.

mettent en danger la liberté et la souveraineté du peuple. (Avis aux représentants qui ont voté en faveur de la nouvelle loi électorale.) »

« Le rétablissement du jury d'accusation (tribunaux révolutionnaires) fut aussi regardé par tous comme la garantie la plus importante de la liberté individuelle [1].

« Quant à la propriété, on en a défini le droit et *posé les limites*. On a consacré en principe que *le peuple pouvait toujours*, A SON GRÉ, *en modifier la répartition.*

« A l'imitation de Maximilien Robespierre, on a reconnu comme imprescriptible le droit de pourvoir à l'existence ; mais aussi on a déclaré le travail un devoir, et l'oisiveté un larcin. »

« L'impôt a été converti en *instrument d'égalité*.

« *Les directeurs des insurrections* populaires contre la tyrannie *sont mis au rang des bienfaiteurs de l'humanité.*

« La République aura pour bases l'égalité, la liberté et la souveraineté du peuple.

« On y proscrira tout d'abord toute idée de fédéralisme, ne donnant à la République que le caractère de l'unité et de l'indivisibilité, parce qu'au moment où le peuple français aura besoin de toutes ses forces pour repousser les agressions étrangères, pour déjouer les factions de l'intérieur, POUR PROMENER PARTOUT LE NIVEAU DE L'ÉGALITÉ, il y aurait le plus grand danger de permettre la *moindre discussion* sur un objet d'une aussi haute importance.

« La justice du suffrage universel a été pleinement reconnue ; mais les interdictions et suspensions qui avaient été établies par la législation antérieure ont été maintenues. L'on a cru devoir y ajouter quelques cas exceptionnels de suspension dont la détermination et l'application seraient confiées à une *magistrature toute nouvelle*, chargée de maintenir *l'opinion* et les mœurs publiques dans toute leur pureté et dans *toute leur force.*

« On s'est hâté de proclamer d'une manière formelle qu'il ne peut y avoir dans la République *qu'un seul pouvoir source de toutes les autorités.*

« Les *Comices* (assemblées primaires) adoptent ou rejettent les lois et nomment les magistrats dans l'ordre déterminé de la Constitution.

« Il importe que le vœu des consciences soit véritablement celui de l'universalité des citoyens qui ont droit d'y voter. Ce qu'il faut éviter, c'est que les plus *aisés* et les plus intrigants n'emportent les délibérations. C'est à quoi on a cru obvier : 1° en investissant la *magistrature nouvelle*, non-seulement du droit d'intervenir et d'éclairer les votants, *mais encore d'écarter de ce vote tous ceux dont les disposi-*

---

[1] Cela ressemble beaucoup à une mauvaise plaisanterie, à une facétie révolutionnaire, mais la citation est exacte.

tions notoires pourraient être malveillantes et opposées aux intérêts populaires; 2⁰ en indemnisant, aux frais du Trésor public, les citoyens dont la présence aux comices interrompt les travaux nécessaires à leur subsistance. »

« En lisant ce paragraphe on peut juger de la bonne foi des révolutionnaires de la *Presse*, du *National* ou des autres bouges démocratiques dans la question de loi électorale et de liberté de la presse. Plus on connaît ces gens, plus on s'étonne qu'ils puissent encore aujourd'hui ajouter le scandale de leur mauvaise foi insigne à celui de leur incapacité notoire. Mais reprenons notre programme.»

« On a voulu que les députés fussent nommés directement par les comices, en raison d'un député *pour chaque 40,000 âmes.* (Voir le décret du Gouvernement provisoire après Février.)

« Une indemnité suffisante est accordée aux députés.

« Le Conseil exécutif est composé de trois membres.

« On a posé les bases d'une éducation gratuite et commune donnée dans des maisons nationales.

« *Un seul et unique impôt* personnel, assis sur le *superflu* et réparti *progressivement*, remplacera les anciens.

« A ce produit viendra se joindre celui d'un immense domaine public, *inaliénable*, soit en terre, soit en capitaux, et dont la juste répartition à titre de bail ou de prêt couvrira en peu de temps le sol de la République d'agriculteurs intéressés à en défendre les institutions et l'intégrité.

« La République se réserve le droit de changer la disposition de ce vaste domaine, et de lui donner la destination qui présenterait par la suite plus d'utilité et plus de justice.

« La République ne salariera aucun culte.

« Nous devons engager les peuples libres à assister, *autant que possible*, ceux qui se soulèvent contre la tyrannie. On dit autant que possible, par ce qu'il serait fort imprudent de les provoquer par la promesse *positive* d'un concours.

« Toute loi contraire à la précédente déclaration de principes est tyrannique et nulle. »

« Telle est en peu de mots la charte révolutionnaire. Or, si l'on veut bien se rappeler les actes du Gouvernement provisoire, les déclamations des journaux de février en juin 1848, la conduite des principaux montagnards de la Constituante, de l'Assemblée législative et des clubs, enfin la marche du socialisme depuis deux ans, on verra qu'il n'a été rien fait ni rien dit qui ne soit entièrement conforme au programme de Charles Teste. Tout avait été prévu et préparé à l'avance. L'abolition de la peine mort, la limitation ou la négation du droit de propriété, le droit au travail, le droit à l'insurrection, la suspension du suffrage des suspects, l'impôt unique et progressif, l'éducation commune et gratuite, la suppression des cultes publics, la propagande à l'étranger, telles sont encore aujourd'hui les questions qui servent de prétexte aux agitateurs montagnards. Il n'est pas jusqu'au communisme de Louis Blanc, de Cabet ou de Pierre Leroux qui ne puisse s'accommoder fort bien de la constitution de Charles Teste. Or, quel est le but de cette constitution, les révolutionnaires le déclarent: c'est le *bonheur commun*, *l'égalité réelle*, le COMMUNISME! Les incrédules diront-ils encore que nous nous effrayons mal à propos; nieront-ils le rapprochement, la conformité exacte des doctrines de 1833 avec celles d'aujourd'hui? Prétendront-ils que ce rapprochement est fortuit? Non : il faut se rendre à l'évidence. Il y aurait plus que de la niaiserie, plus que de la sottise à vouloir contester ces faits; et ceux qui, maintenant encore, tendent la main au socialisme sont des hommes frappés d'imbécillité ou privés de toute espèce de conscience du juste, du vrai et du bien. »

Nous avons indiqué plus haut de quels éléments était composé le personnel de la Société des Droits de l'Homme; les diverses sections avaient adopté des noms tout-à-fait dignes des individus dont elles étaient formées; ainsi il y avait, parmi une infinité d'autres, les sections : *du 21 Janvier, des 2 et 3 Septembre, du 10 Août, de Prairial, Guerre aux châteaux, paix aux chaumières, Babœuf, Marat, des Piques, des Bras nus, des Gracques*, etc. Ces noms n'étaient rien moins qu'une sorte de justification du régicide, des massacres, de l'incendie, de l'assassinat, de l'insurrection, du pillage, de la loi agraire, de toutes les folies sanglantes de notre première Révolution; ils indiquaient de la manière la plus claire que les sinistres héros de 1793 avaient laissé dans les égouts de la civilisation des héritiers disposés à renouveler leurs funèbres saturnales.

Des cabarets borgnes servaient de lieu de réunion. Les sectionnaires arrivaient un à un dans une arrière-salle enfumée; ils s'asseyaient les uns près des autres, autour d'une table couverte d'une nappe maculée; lorsque l'assemblée était à peu près complète, le chef de la section faisait l'appel et lisait les derniers ordres du jour du comité central. Les séances était ordinairement terminées par la lecture de la *Déclaration des Droits de l'homme*, que commentaient les plus érudits de la bande, et par une quête destinée à subvenir aux frais des publications de la Société et à secourir ceux des frères et amis qui se trouvaient en prison.

Tous ne prenaient pas part à ces quêtes auxquelles paraissaient beaucoup tenir la plupart des commissaires d'arrondissement et des inspecteurs de quartier (nous dirons plus loin ce qu'étaient ces fonctionnaires). Les anciens savaient parfaitement où allait l'argent; mais grâce à la bonne volonté des nouveaux enrôlés la récolte était souvent très-abondante. Lorsque survenaient de semblables bonnes fortunes, une part très-légère était réservée pour être versée dans la caisse du comité central; le reste servait à solder la carte d'un repas consommé par les citoyens commissaires d'arrondissement et inspecteurs de quartier.

La caisse du comité central était alimentée non-seulement par la portion des quêtes faites dans les sections que voulaient bien y verser les collecteurs, mais encore par les nombreuses souscriptions provoquées par les journaux du parti, à Paris et dans les départements. Tout cela réuni ne laissait pas que de constituer des ressources considérables destinées en partie, ainsi que nous venons de le dire, à secourir les détenus politiques. Mais il faut le dire, ces fonds étaient répartis avec une si haute intelligence, un sentiment si profond de l'égalité fraternelle présidait à leur distribution, que ce n'étaient pas les plus pauvres qui étaient secourus, mais bien ceux que le hasard avait placés sur les premiers degrés de l'échelle démocratique.

Il y avait, nous l'avons déjà dit, parmi les membres de l'ancienne Société des Droits de l'Homme, un certain nombre d'honnêtes travailleurs, qui, s'étant laissé séduire par les promesses dorées des prétendus amis du peuple, croyaient accomplir une œuvre très-louable en conspirant le renversement de toutes les institutions sociales. La plupart de ces hommes composaient le personnel de ce qu'on appelait la Société d'Action. La Société d'Action adoptait les principes de la Société des Droits de l'Homme, mais elle ne reconnaissait pas l'autorité du comité central; elle avait déclaré par l'organe de son chef qu'elle n'entendait prendre conseil que de son courage et des circonstances.

Le chef de la Société d'Action n'était rien moins que M. Théophile Guillard de Kersausie de La Tour d'Auvergne. Cet homme, qui depuis vingt ans s'est mêlé à tous les troubles qui ont affligé notre patrie, est un ancien capitaine de cavalerie légère, décoré en 1823 de la main de M. le duc d'Angoulême pour sa belle conduite en Espagne, et qui, malgré le puritanisme de ses principes républicains, serait très-fâché que l'on ignorât qu'il a l'insigne honneur de descendre du grand Turenne. M. Kersausie ressemble quelque peu à l'*il bondo cani* du *Calife de Bagdad*. Partout où l'on se bat on le voit apparaître; le combat terminé, il disparaît sans qu'on puisse savoir ce qu'il est devenu. Somme toute, M. Kersausie est un très-valeureux soldat qui met son courage au service de toutes les mauvaises causes, ce qui nous paraît prouver surabondamment que son esprit n'est pas très-sain. Beaucoup de républicains de la veille, parmi ceux qui savent si bien pousser le peuple aux barricades, tout en professant pour leur peau le plus profond respect, prétendent que M. Kersausie n'a jamais existé, que cet ancien capitaine de cavalerie légère n'est qu'un mythe inventé par M. Raspail.

Le comité central de la Société des Droits de l'Homme transmettait ses ordres à des commissaires d'arrondissement, lesquels avaient sous eux des inspecteurs chargés de communiquer avec les chefs de section. Aux chefs de section nommés à l'élection obéissaient cinquante hommes commandés en sous-ordre par des décurions ou chefs de dix hommes. Les sections devaient se dédoubler chaque fois que le nombre de cinquante se trouvait dépassé, de sorte qu'elles n'étaient, en réalité, composées que de trente à trente-cinq hommes. Au premier ordre du comité central hiérarchiquement transmis, les sections devaient se réunir au lieu ordinaire de leurs séances et s'y tenir en permanence, prêtes à obéir au premier signal. Il y avait deux sortes de permanences, sans armes et avec armes. Les orateurs, les conspirateurs de profession, se montraient très-assidus aux premières. Quant aux permanences avec armes, elles étaient très-peu nombreuses. Les braillards, les ivrognes, et surtout les meneurs, disparaissaient au moment du danger et laissaient très-bien le combat s'engager sans eux; les uns et les autres se tenaient, bien entendu, tout prêts à reparaître, si par hasard une victoire couronnait les efforts de leurs dupes : les uns pour incendier, saccager, piller; les autres pour courir à la curée des places; première et inévitable conséquence de toutes les révolutions. Nous savons tous ce qui s'est passé en février 1848.

Nous ne raconterons pas les nombreux hauts faits de l'ancienne Société des Droits de l'Homme, nous avons voulu seulement faire connaître l'esprit et l'organisation de cette association. Nous aurons achevé notre tâche lorsque nous aurons ajouté que l'éducation politique des citoyens Fieschi, Pépin, Morey, Boireau, Champion, Meunier, Quénisset, Darmès, Marc Dufraisse, Joigneaux, Vignerte, Napoléon Lebon, Minor-Lecointe, Louis Guéret et *tutti quanti,* s'est faite dans les sections de cette Société.

L'organisation des *Saisons* et des *Familles,* sociétés secrètes sur lesquelles le rapport attribué au citoyen Blanqui par la *Revue rétrospective* de M. Taschereau donne de suffisants détails, porta un coup fatal à la Société des Droits de l'Homme. Du reste, cette association, au moment où les citoyens Blanqui, Barbès et Martin Bernard organisèrent les *Saisons,* était déjà à peu près éteinte par suite de l'application sévère de la loi sur les associations et surtout des nombreuses condamnations prononcées contre ses membres les plus actifs, non-seulement pour leur coopération aux événements d'avril 1834, mais encore par suite des diverses tentatives d'assassinat contre le roi Louis-Philippe et les princes de sa famille. En février 1848, il n'en restait plus qu'un souvenir presque effacé; quelques-uns de ses anciens membres se réunissaient les uns dans les bureaux de *la Réforme,* les autres chez le citoyen Cabet; la police tenue par ses agents, au courant des menées de ces infimes conspirateurs, ne s'en inquiétait guère.

L'expérience a prouvé qu'elle avait tort, mais ce n'est point de cela qu'il s'agit.

Les motifs qui déterminaient le citoyen Ledru-Rollin et quelques-uns de ses collègues du Gouvernement provisoire à donner au citoyen Villain la mission d'organiser sous le même nom une association semblable à l'ancienne Société des Droits de l'Homme, sont facilement appréciables; ces motifs, nous les ferons connaître en peu de mots.

Il ne faut pas se le dissimuler, une grande partie de la population parisienne accueillit sans éprouver une trop vive peine la proclamation de la République. (Les gens qui ne jugent des choses que sur l'étiquette du sac, pour lesquels tout ce qui est nouveau est magnifique, sont nombreux ici-bas.) Mais l'enthousiasme des premiers jours ne trompa point la partie ultra-démocratique du Gouvernement provisoire. Les citoyens Ledru-Rollin, Louis Blanc, Flocon, Albert, savaient bien que lorsque l'ivresse qui devait nécessairement accompagner un succès inespéré serait dissipée, le peuple (et lorsque nous disons le peuple, nous entendons parler de l'universalité des citoyens), tout étonné de se trouver Gros-Jean comme devant, demanderait à ses nouveaux gouvernants le bien-être depuis si longtemps promis, et dont il attendait la réalisation de la révolution qu'il avait laissée s'accomplir. Donc ces citoyens, qui ne pouvaient jeter en pâture à des affamés que la viande la plus creuse qui se puisse imaginer, c'est-à-dire des phrases sonores et des théories irréalisables, ces citoyens, qui tenaient aux agréments de leur place, sentaient bien que le meilleur moyen de conserver ce dont ils venaient de s'emparer était de faire pénétrer l'esprit révolutionnaire dans les derniers rangs de la société. Si l'on ajoute à cette nécessité celle de contre-balancer l'influence du citoyen Blanqui, la réorganisation de la Société des Droits de l'Homme, sous les auspices de certains membres du Gouvernement provisoire, se trouvera expliquée.

Pour s'acquitter de sa mission, voici en peu de mots ce que devait faire le citoyen Villain : Réunir autour d'un comité central le plus d'adhérents à la déclaration de Robespierre qu'il pourrait en trouver. Faire ouvrir dans tous les arrondissements de Paris, et dans les principales communes de la banlieue, des clubs qui seraient les succursales du club central. Organiser les sections, veiller à ce que les sectionnaires fussent armés et pourvus de munitions de guerre. Préparer ces mêmes sectionnaires à s'opposer à tout ce qui pourrait être tenté par Blanqui, et à soutenir, le cas échéant, les efforts qui seraient faits en faveur de la démocratie socialiste. Les noms des hommes qui se considéraient comme la seule expression possible de cette sorte de démocratie n'étaient pas prononcés, mais on se comprenait à demi-mot.

Tous les faits qui se sont accomplis depuis la proclamation de la République dans l'intérieur des clubs et des comités électoraux appartenant à l'opinion démocratique et sociale sont de nature à prouver le profond mépris des républicains de la veille pour le suffrage universel : la constitution du comité central de la nouvelle Société des Droits de l'Homme donna une fois de plus la mesure de la manière assez bizarre dont ces citoyens comprennent le principe de la souveraineté du peuple. Personne, en effet, ne fut appelé à concourir à l'élection des individus qui devaient composer ce comité. « La Société des Droits de l'Homme, » avait dit le citoyen Villain, « sera un régiment dont je veux être le colonel. »

Le premier acte ostensible du comité central fut la publication du manifeste suivant, qui peut être regardé comme une déclaration de principes :

SOCIÉTÉ DES DROITS DE L'HOMME ET DU CITOYEN.

La Société a pour but :

1° De défendre les droits du peuple dans l'exercice desquels la Révolution de février l'a réintégré ;

2° De tirer de cette révolution toutes ses conséquences sociales ;

Comme point de départ elle pose la DÉCLARATION DES DROITS DE L'HOMME formulée en 1793, par Maximilien Robespierre.

Il s'en suit, qu'au point de vue politique, elle comprend la République UNE ET INDIVISIBLE, et les droits du peuple souverain inaliénables.

Au point de vue social, selon elle, l'ancienne constitution est brisée, et celle qui est appelée à la remplacer devra reposer sur l'égalité, la solidarité et la fraternité, comme principes fondamentaux du pacte social [1].

En conséquence, dans la révolution sociale qui commence, la *Société des Droits de l'Homme* se place dès à présent entre les PARIAS et les PRIVILÉGIÉS de la vieille société; aux premiers elle vient dire : Restez unis mais calmes; là est votre force; votre nombre est tel aussi que vous ne pourrez désirer que ce qui est juste; votre voix et votre volonté sont la voix et la volonté de Dieu.

Aux autres elle dit: L'ancienne forme sociale est disparue, le règne du privilége et de l'exploitation est passé; si, au point de vue de la forme sociale ancienne, les priviléges dont vous étiez investis ont été acquis par vous d'une manière légale, ne vous en prévalez pas, car les lois étaient votre ouvrage, l'immense majorité de vos frères y est restée étrangère, par conséquent elle n'est point obligée de les respecter. Ralliez-vous donc, car vous avez besoin de ceux que vous avez trop longtemps sacrifiés. Si maintenant, malgré cette promesse de pardon, vous persistez à vous isoler pour défendre l'ancienne forme sociale, vous trouverez à l'avant-garde nos SECTIONS ARMÉES ET ORGANISÉES et ce ne sera plus de PARDON que vos frères vous parleront, mais de JUSTICE !...

Les membres du Comité central,

J. L. Villain, Napoléon Lebon, A. Huber,
V. Chipron, A. Barbès.

Le comité central avait fait précéder cette déclaration de principes de l'avis suivant:

AU PEUPLE FRANÇAIS.

Les citoyens soussignés délégués par les patriotes qui ont combattu depuis 1830 le gouvernement tyrannique qui pesait sur la France, ont pris la résolution de porter à la connaissance de leurs concitoyens la déclaration suivante, qu'ils invitent le Gouvernement provisoire à présenter au peuple comme base de la *Constitution de la République.*
(*Ici la déclaration des Droits de l'Homme.*)

Nous prévenons nos concitoyens que nous avons formé une *société populaire* professant ces principes, qui tiendra sa première séance le

---

[1] De la liberté il n'en est pas question. Nous prions nos lecteurs de remarquer que ce premier terme de la devise républicaine est celui dont les républicains s'inquiètent le moins.

mardi 29 février, à sept heures du soir, dans une des salles du Conservatoire des Arts et Métiers, et invitons les citoyens qui voudront en faire partie à se rendre à la réunion à l'heure indiquée.

Paris, 27 février 1848.

GUYON, BAILLET, MAISONS.

Si les membres du comité central de la nouvelle Société des Droits de l'Homme osaient écrire de pareilles choses et leur donner en les faisant afficher sur toutes les murailles une immense publicité, il fallait qu'ils se sentissent forts de l'appui de l'autorité. Jamais, en effet, plus impudent appel à la guerre civile ne fut adressé à des citoyens, jamais on ne tenta, avec plus d'audace, d'exciter les pauvres contre les riches. Nos lecteurs se rappellent sans doute l'immense cri d'indignation qui s'éleva dans Paris, à la lecture des affiches que nous venons de reproduire; ce cri fut un des premiers et des plus consolants symptômes de l'heureuse réaction qui devait s'opérer dans les esprits.

Le concours bienveillant de l'autorité étant donc acquis à la nouvelle Société des Droits de l'Homme, le comité central, composé des citoyens Villain, Lebon, Huber, V. Chipron, Barbès, Guyon, Maisons, Baillet et Francart, s'empressa de mettre à la disposition de ses délégués les diverses salles des établissements publics, afin qu'ils y établissent des clubs annexes du club principal.

Dans ces clubs, les orateurs ordinaires de la Société des Droits de l'Homme (pour la plupart nouveaux fonctionnaires publics) ne se montraient pas sobres de discours anarchiques et de maximes détestables. Le bureau, du reste, ne laissait la disposition de la tribune qu'à ceux qui venaient y prêcher les plus exécrables doctrines, y souffler dans les cœurs la haine, l'envie, toutes les mauvaises passions. Ceux qui essayaient de faire entendre quelques paroles raisonnables ou conciliatrices étaient honnis, conspués, vilipendés. Si quelques-uns ne se laissaient pas intimider par les clameurs furibondes d'un auditoire en délire, sur un signal parti du bureau ils étaient jetés à la porte par les commissaires d'ordre, espèces de sicaires à brassards rouges, puant l'ail et le vin, qui gagnaient trois francs par soirée au joli métier qu'on leur faisait faire.

Ces clubs annexes étaient pour l'association autant de bureaux de recrutement. Après chaque discours des orateurs ordinaires, qui ne manquaient pas de promettre à leurs auditeurs le prochain anéantissement des riches, des propriétaires, des *infâmes exploiteurs du pauvre peuple*, tout ce qu'il y avait dans la salle de gens ne possédant rien, n'ayant pas même l'espérance d'acquérir quelque chose, s'empressaient d'aller solliciter au bureau la faveur insigne d'augmenter les rangs des futurs défenseurs de la République nouvelle.

Le bureau de chaque club exigeait de tous les enrôlés la possession d'un fusil et d'une certaine quantité de cartouches. Ces enrôlés devaient signer sur un registre matricule une adhésion complète et sans réserve à la Déclaration des Droits, la promesse de se soumettre au règlement de la Société et d'obéir sans hésitation aux ordres transmis par le comité central.

Lors de son admission dans la Société, chaque individu recevait une petite médaille en cuivre représentant sur une de ses faces deux mains se serrant, entourées de ces mots : *Société des Droits de l'Homme*, et sur le revers, le triangle égalitaire avec cette légende : *Égalité, solidarité, fraternité.* Les sectionnaires devaient, le jour du combat, porter cette médaille, suspendue à leur boutonnière par un ruban rouge.

Une collecte était faite à la fin des séances de chaque club. La destinée des collectes était toujours la même, elles allaient on ne sait où; elles devaient disaient-on servir à payer des frais d'impression d'affiches et de circulaires, de fabrication de médailles, etc.

Le club central, qui tenait ses séances dans une des salles du Conservatoire des Arts et Métiers, était présidé par le citoyen Villain, près duquel prenaient ordinairement place les citoyens Baillet, Francart, Guyon et J.-J. Danduran. Les orateurs ordinaires étaient les citoyens Chilman, ouvrier bottier, nommé par le

10.

citoyen Marrast chef du bureau des élections à l'Hôtel-de-Ville; Bouchereau, rédacteur d'un journal mort-né, le *Réformateur des abus*; Napoléon Lebon, depuis représentant du peuple; Hostein, Marx, Frédérich, Denier et plusieurs autres.

Ces citoyens, nos lecteurs en sont convaincus d'avance, ne se faisaient pas remarquer par une extrême modération. Nous donnons ici, en suivant l'ordre des dates, quelques échantillons de leurs discours et de leurs propositions.

Le citoyen Marx (séance du 4 mars) s'exprime ainsi: « Je suis révolutionnaire; je veux marcher à l'ombre du grand Robespierre! Eh bien! voici ce que vous dirait ce vertueux citoyen, s'il était encore de ce monde : Lorsqu'un vaisseau trop plein est surpris en mer par une violente tempête, on jette par-dessus le bord une partie de l'équipage, afin de sauver le reste. »

Il demeurait sous-entendu pour l'auditoire que les riches et les propriétaires composaient le trop-plein qu'il fallait jeter à l'eau.

Le docteur Bressi-Benoît, chirurgien-major de la garde républicaine (séance du 19 mars), ayant fait quelques observations assez justes sur la répartition des impôts, et ayant prononcé le mot de banqueroute, le citoyen Villain, loin de s'effrayer de ce mot, répond en ces termes : « A qui la République doit-elle en définitive? A ses ennemis, aux sangsues de la Restauration, aux corrompus du dernier règne. Eh bien! quand bien même la République ne paierait pas ces gens-là, où serait le mal? Et ne serait-il pas plus simple de ne pas leur donner que de leur reprendre? On a dit qu'il fallait prendre où il y a trop, pour remettre où il n'y a pas assez. Si le Gouvernement provisoire était assez fort, il aurait certainement fait déjà de grandes choses; mais il craint de prendre des mesures révolutionnaires, il a peur de toucher à la propriété. Que va-t-il arriver? Les élections de la Garde nationale sont mauvaises; celles de la Constituante ne vaudront pas mieux; au contraire, peut-être seront-elles pires. Il faudra donc faire nos affaires nous-mêmes. Mais pour cela nous devons nous organiser, nous unir. Quand le peuple est fort, il peut descendre dans la rue les mains dans ses poches. En 1834, en 1839, nous étions faibles, il a fallu prendre nos fusils. Le 17 mars, notre manifestation a été calme, majestueuse; plus nous serons forts, moins nous aurons à craindre. Qui pourrait résister à cette immense pression de tout un peuple? Nous supprimerons les contre-révolutionnaires sans secousse et sans danger. »

Il y a dans ce discours des vulgarités dignes de feu M. de Lapalisse, mais il indique d'une manière assez claire la pensée intime des révolutionnaires.

Le citoyen Bonnefond (séance du 20 mars) veut que l'on destitue tous les officiers supérieurs de l'armée; ces officiers, suivant lui, ne doivent leurs grades qu'à des bassesses. La proposition du citoyen Bonnefond, qui n'a jamais servi que dans les compagnies de discipline, est adoptée à l'unanimité.

Le citoyen Taxil (séance du 22 mars) propose la mise hors la loi des deux cent vingt-cinq députés satisfaits. Chacun doit pouvoir leur courir sus comme sur des bêtes fauves. La proposition n'est pas adoptée dans les termes proposés; la Société des Droits de l'Homme veut bien ne mettre hors la loi que ceux de ces députés qui auraient l'audace de vouloir faire partie de l'Assemblée nationale.

Le citoyen Garat (séance du 2 avril) veut que l'on entoure d'une sorte de cordon sanitaire les maisons habitées par des riches, et qu'on en laisse les habitants mourir de faim. La proposition est mise aux voix et rejetée par une faible majorité.

Le citoyen Napoléon Lebon, depuis représentant du peuple, (séance du 3 avril) termine un long discours par ces mots significatifs : « Nous avons des besoins impérieux à satisfaire, eh bien! qu'on prenne où il y a, n'importe où. »

Le citoyen Denier (séance du 6 avril) fait la proposition suivante : « Attendu que les maisons ne sont que des tas de pierres plus ou moins bien disposées; que les pierres ne peuvent se manger, et qu'elles n'ont de valeur que par leur produit, les locataires devront dorénavant verser leurs loyers au Trésor public. » Adopté.

Le citoyen Brusselles, courtier d'assurances, (séance du 7 avril) se propose comme candidat à la représentation nationale ; il invoque comme un titre à la confiance de ses concitoyens ses liaisons intimes avec l'assassin Alibaud. La candidature du citoyen Brusselles est prise en considération.

Le citoyen Frédérich (séance du 11 avril) propose d'ÉCRASER tous ceux qui ne partagent pas les principes de la Société des Droits de l'Homme.

Très-souvent au club central de la Société des Droits de l'Homme, le ridicule venait faire oublier l'atroce. Deux exemples seulement : Un maître cordonnier de la rue Saint-Louis, au Marais, le citoyen Hubert (séance du 10 mars) vient se plaindre de l'ex-préfet de police M. Gabriel Delessert, qui, à ce qu'il assure, le fait continuellement tourmenter par des lutins et des farfadets.

Le citoyen Duvivier (séance du 4 mars) expose sur le communisme des idées qui sont très-applaudies, et termine un long discours par cette conclusion inattendue : « Pour mettre nos doctrines en pratique et accepter franchement leurs conséquences, les hommes parvenus à l'âge de trente ans sont trop corrompus par les anciennes mœurs, trop endurcis, trop encroûtés dans l'ancien système, on ne saurait déraciner chez eux des habitudes invétérées et qui sont passées à l'état de seconde nature. Il faut que ces hommes disparaissent de la société pour qu'elle soit régénérée. Il est indispensable, en un mot, de supprimer les hommes de trente ans et au-dessus. Ceux qui sont dévoués à nos principes, qui en veulent sérieusement le triomphe, doivent donc prendre une généreuse initiative en sortant volontairement de la vie et s'immoler en philosophes pour assurer la régénération du monde et le bonheur de l'humanité. »

Nous n'inventons rien, que nos lecteurs daignent en être persuadés; les procès-verbaux des séances de la Société des Droits de l'Homme sont insérés dans le journal du citoyen Sobrier *la Commune de Paris*, dont la collection peut être consultée par tout le monde. Lorsque les démagogues, les révolutionnaires, les désorganisateurs, les fous, comme il plaira à nos lecteurs de nommer les hommes dont nous parlons, se croient sûrs d'une prochaine victoire, ils laissent dans un coin les nébulosités de leur langage ordinaire, et se servent pour exprimer leurs pensées de termes que les moins clairvoyants peuvent facilement comprendre.

Si le citoyen Villain était doué de la moitié seulement des qualités que lui supposaient ses patrons, la Société des Droits de l'Homme serait devenue, en peu de temps, à l'aide des moyens dont il pouvait disposer, quelque chose de formidable; mais le citoyen Villain ne pensait, en mars et avril, qu'à donner carrière à toutes les inspirations d'un caractère sensuel et éminemment dominateur. Il traitait avec une hauteur si aristocratique les individus qui bénévolement étaient venus se ranger sous ses ordres, il passait à table et *ailleurs* de si longues heures, que plus d'une fois des symptômes d'insurrection se manifestèrent au sein même du comité central. A la fin d'avril, plusieurs des clubs annexes déclarèrent que, tout en demeurant fidèles aux principes de la société-mère, ils entendaient ne plus reconnaître l'autorité du comité central.

Quoi qu'il en soit, les honnêtes gens d'une part, et de l'autre part le citoyen Ledru-Rollin, furent les dupes du président de la Société des Droits de l'Homme.

On a souvent dit dans les sections que lorsque le citoyen Ledru-Rollin avait chargé Villain d'organiser militairement la Société des Droits de l'Homme, il lui avait recommandé de ne choisir pour commissaires d'arrondissement, inspecteurs de quartier et chefs de section, que des hommes doués d'une certaine capacité et de mettre à leur disposition des sommes destinées à être réparties entre ceux des sectionnaires sur lesquels on croirait pouvoir compter. Cet *on dit* était-il fondé? C'est-là une question à laquelle nous ne pouvons répondre. Quelques commissaires d'arrondissement (des intimes) reçurent, il faut bien le croire, des sommes plus ou moins fortes; car ces *laborieux travailleurs*, cordonniers, argenteurs, ébénistes ou tailleurs passaient au club ou dans les bureaux du comité central tout le temps qui devait être consacré à l'atelier; mais nous pouvons assurer que jamais on ne répandit d'argent dans les sections. Bien au contraire, des quêtes, ainsi que nous l'avons dit plus haut, étaient faites à la fin des séances de chaque club, et le produit de ces quêtes allait augmenter, ce que, sans crainte de nous tromper, nous pouvons nommer la masse noire. Il y a entre l'or et les doigts de certains démocrates, une telle affinité, que ces citoyens ne peuvent se séparer de ce qu'ils ont une fois touché. Le citoyen Ledru-Rollin, qui croyait, avec toute la population parisienne, que la Société des Droits de l'Homme était composée d'au moins trente mille hommes, le citoyen Ledru-Rollin, auquel des états nominatifs s'élevant à ce chiffre avaient été soumis, devait voir s'évanouir cette nombreuse armée au premier souffle de l'orage.

La Société des Droits de l'Homme ne compta jamais à son effectif plus de trois mille individus.

Et c'était ce petit nombre d'hommes, en somme plus braillards que véritablement dangereux, qui était devenu pour la capitale de la France une menace perpétuelle, une sorte d'épée de Damoclès continuellement suspendue sur toutes les têtes honnêtes!

Au citoyen Villain, général en chef d'une armée, à la fois si nombreuse et animée de sentiments aussi nobles que ceux exprimés dans la fameuse affiche des *sections armées*, ainsi qu'à ses aimables aides-de-camp, il fallait un logement dans lequel se trouvassent réunies toutes les commodités d'une existence confortable. Un des plus somptueux appartements de l'ex Palais-Royal fut donc mis à la disposition de l'honorable état-major de la Société des Droits de l'Homme.

Le citoyen Villain et ses dignes acolytes les citoyens Chipron, Lebon et *tutti quanti* menaient là la plus joyeuse vie qui se puisse imaginer. Eh! pourquoi s'en étonner? nos lecteurs le savent : « *Le véritable républicain ne jouit du luxe que pour le mépriser et le faire contraster avec l'austérité de ses principes.* [1] »

De nouvelles noces de Gamache se célébraient continuellement dans les appartements de l'ex-Palais-Royal occupé par le citoyen Villain; à toutes les heures du jour et de la nuit les frères et amis pouvaient y prendre place à une table somptueusement servie; des mains libérales y versaient à tous les gosiers altérés les vins des meilleurs crus, ces vins provenaient des caves de l'ex-roi. Pour plus de commodité, une barrique à laquelle on avait fixé par une chaînette un gobelet d'étain avait été montée dans les appartements. Ces faits sont constatés par le rapport de la commission d'enquête instituée après les événements de Juin, et par les dépositions faites par plusieurs témoins devant la Haute Cour de Bourges.

Comme il ne pouvait être permis à des démocrates *purs* de passer tout leur temps à table, les citoyens membres du comité central s'occupaient après boire à fondre des balles, confectionner des cartouches, des pétards, des bombes incendiaires d'un nouveau système. On sait qu'une des cours intérieures de la Préfecture avait été mise, par Caussidière, à la disposition de ces modernes Erostrates, afin qu'ils pussent en toute sécurité procéder à leurs essais.

Les membres du comité central se faisaient garder militairement par des hommes à leur dévotion; ces hommes étaient armés de fusils de chasse et de pistolets de luxe. Il fallait pour arriver près des citoyens Villain, Chipron, Lebon, etc., échanger, avec les trois sentinelles échelonnées sur l'escalier, des mots de passe et des signes de reconnaissance. Une salle des gardes précédait les appartements dans lesquels se tenaient ordinairement les individus que nous venons de nommer.

[1] Dartygoite, député à la Convention nationale.

Un plan de Paris, divisé par arrondissements stratégiques, distingués chacun par une des lettres de l'alpha-
bet (ainsi le cinquième arrondissement, commissaire
Gariaud, était désigné par la lettre C), avait été dressé
par les soins du comité central, et était visible à tous
les yeux dans les appartements de l'ex-Palais-Royal.
Chacun pouvait se renseigner là sur la situation des
lieux propres à élever des barricades, et si l'on veut bien
se rappeler avec quel art étaient construites celles de
juin 1848, il sera permis de croire que les professeurs
de la Société des Droits de l'Homme, s'ils n'ont pas pris
part aux luttes sanglantes de ces tristes journées, ont
du moins fait en peu de temps de très-excellents élèves.

La Société des Droits de l'Homme a envoyé dans les
départements un très-grand nombre de ces gracieux délégués, que les habitants de la plupart des provinces sur
lesquelles ils s'abattirent eurent le bon esprit de chasser
à coups de fourche. Nous donnons les noms et adresses
de ces singuliers apôtres de la République nouvelle,
parmi lesquels il n'est pas impossible de rencontrer
quelques hommes honorables et dont le républicanisme
est un peu douteux.

La pièce suivante dont l'authenticité ne saurait être
contestée est la justification complète de tout ce
que nous avons avancé à propos de la Société des Droits
de l'Homme.

*Instruction pratique concernant l'affiliation dans la Société des Droits
de l'Homme.*

Ne doit être enrôlé dans la Société des Droits de l'Homme que tout
citoyen qui présente les garanties suivantes :

4° Il faut qu'il ait fait abnégation de son individualité d'une manière
absolue pour le service de la Société. La Société, en retour, s'engage
vis-à-vis de lui à se mettre tout entière sur pied, s'il en est temps,
pour le défendre ; s'il ne l'est plus, pour le venger. C'est ainsi qu'elle
comprend le principe de la solidarité.

2° L'organisation de la Société étant toute militaire, il sera à sa
disposition toutes les fois que le comité central aura décidé une permanence; soit sans armes, soit armée. Il ne pourra arguer pour sa défense, s'il manquait à l'appel, ni de ses liens de famille, ni de ses

affaires personnelles. Dans le cas seulement où il y aurait conflit entre l'accomplissement de ses devoirs de citoyen et ceux de sociétaire, il serait tenu de produire pour sa défense une décharge du commissaire d'arrondissement.

3° Il adhérera au règlement de la Société et à la Déclaration des Droits de l'homme et du citoyen, sans restriction aucune.

4° Il devra assister aux réunions soit du club central, soit des clubs affiliés *qui lui seront* indiqués par son chef de section, afin de parfaire son éducation politique, si elle ne l'est pas, ou de répandre les principes de la Déclaration des Droits, s'il les possède à fond

5° Lorsqu'un candidat aura été reconnu, par un sectionnaire, apte à entrer dans le sein de la Société, il devra le présenter au chef de section le plus près du domicile du candidat. Le chef de section fera l'examen du candidat, et le présentera à la réunion la plus prochaine de la section. Son inscription comme candidat fera mention : 1° de son nom de *famille* et de ses *prénoms* ; 2° de sa profession ; 3° de sa demeure ; 4° de son état d'armement.

Délégués de la Société des Droits de l'Homme, les citoyens : Guy-d'Amour, dentiste, rue du Faubourg-Montmartre, 4, arrêté après l'insurrection de Juin ; Beuvron, dessinateur, rue Neuve-Saint-Eustache, 4 ; Brodin, peintre, rue Phelippeaux ; Chertier, maître d'hôtel garni, rue Grande, à Batignolles ; Bedave, marchand de verres, rue Quincampoix ; Lafond, confiseur, rue Saint-Germain-l'Auxerrois ; Veilloy, représentant du commerce, rue Neuve-Saint-Jean, 3 ; Marie, peintre en décors, rue Saint-Honoré, 22 ; Decaux, professeur de littérature, rue de l'Ancienne-Comédie, 34 ; Lesnard, ingénieur-mécanicien, rue des Fossés-Monsieur-le-Prince, 10 ; Guichard, avocat, rue Meslay ; Monlun, journaliste, passage de l'industrie ; Meunier, cordonnier, rue Poissonnière ; Raimond, rue Neuve-Saint-Martin, 10 ; Bruhan, agent d'affaires, rue du Cygne ; Lennuyeux, fabricant de nécessaires, rue du Faubourg-Saint-Martin, délégué central ; Godard, homme de lettres (cet homme de lettres d'une nouvelle espèce, probablement l'espèce démocratique et sociale, écrivait ainsi son adresse : *rut de Lencrit*, 5) ; Guichard, compositeur-typographe, rue Jeannisson, 15 ; Renaud, perruquier, rue de l'Arbre-Sec, 22 ; Cabeau, chapelier, rue Phelippeaux, 7; Trousseau, cordonnier, rue de Calais, 9; Huillery, correcteur à l'imprimerie Lacrampe, rue Neuve-Saint-Nicolas, 28.

L'assassinat de quelques malheureux gardes nationaux de la banlieue, dans la salle du bal Molière, dans la nuit du 15 au 16 mai 1848 (Voir *Club Patriotique du septième Arrondissement*), est le dernier exploit connu de la Société des Droits de l'Homme : *Belle conclusion et digne de l'exorde.*

DROITS DES TRAVAILLEURS (*Club des*), rue de la Chaussée-d'Antin, 49, fondé en mars 1848. Président, Flache.

Ce club, de l'aveu même de ses principaux membres, se trouvait placé dans un arrondissement incapable d'apprécier ses doctrines. Il fut peu fréquenté, ses quelques habitués s'en furent puiser des enseignements dans les réunions démocratiques des quartiers plus avancés.

Le citoyen Flache, qui n'avait organisé le *club des Droits des Travailleurs* qu'afin d'arriver à l'Assemblée nationale, quitta la lice politique « honteux comme un renard qu'une poule aurait pris. » Il n'est pas donné à tout le monde d'aller à Corinthe.

ÉCOLE DE DROIT (*Club de l'*), à l'Ecole de Droit, fondé en mars 1848. C'est de ce club, organisé par un citoyen Monin, qu'est sorti le Comité central des écoles.

ECOLE DE MÉDECINE (*Club de l'*), à l'Ecole-de-Médecine, fondé en mars 1848, paraît s'être fondu avec le premier pour former le même comité.

ECOLES (*Comité central des*), place Sorbonne, 3 *bis*, fondé en mars 1848.

Les étudiants qui étudient ne se mêlent guère de politique; mais il y a dans le quartier Latin une quantité considérable d'ex-jeunes gens, connus sous le nom d'étudiants de dix-septième année, qui se croient très-capables de gouverner l'Etat, probablement parce qu'ils n'ont pas eu la force d'achever leurs études. Ces individus, reconnaissables à des barbes incultes, des vêtements négligés, des coiffures excentriques, on ne les rencontre que très-rarement aux cours des écoles de droit et de médecine; mais en revanche, ils se montrent assidus aux leçons des citoyens Michelet et Edgard Quinet, aux séances du club, et ils quittent presque sans regret les tabagies, dans lesquelles ils traînent leur incapacité paresseuse, lorsqu'il s'agit de prendre part à une manifestation quelconque.

C'est d'individus de cette espèce qu'était composé le personnel des clubs rouges qui empoisonnaient, en mars, avril et mai 1848, les 11e et 12e arrondissements. Les clubs étant un moyen d'action à la portée de tous ceux qui, n'ayant rien à perdre, se sentaient disposés à tout risquer pour acquérir quelque chose, ils devaient nécessairement être très-fréquentés par les étudiants de dix-septième année et par tous ceux de leurs jeunes condisciples qui se sentaient disposés à suivre leurs traces.

Le Comité central des écoles s'était posé en Mentor, en régulateur de toutes les réunions d'étudiants. Voici sa déclaration de principes :

RÉPUBLIQUE FRANÇAISE.
Liberté, Egalité, Fraternité

LE COMITÉ CENTRAL DES ÉCOLES ,
Aux étudiants de Paris.

Frères !

Il y a un mois à peine, deux forces se trouvaient en présence: d'un côté le gouvernement, de l'autre la nation. La lutte s'engagea ; la royauté fut brisée dans les mains du peuple (*sic*), la République proclamée, et l'Europe entière tressaillit en voyant la France au moment de se régénérer.

Quelle a été la part des Écoles dans cette résurrection de la France ? Que leur reste-t-il à faire ? C'est ce que nous allons tracer en quelques mots.

Mais d'abord quel est ce comité central qui vient en ce moment s'adresser aux Écoles ? Où puise-t-il le droit d'une telle initiative ? Le voici :

Quelques jours avant le banquet projeté pour le 22 février, le concours des Ecoles fut demandé, et aussitôt soixante commissaires, tous depuis plusieurs années compagnons d'armes, acceptèrent la mission d'organiser la manifestation. Jusque-là leur tâche fut facile ; mais au moment de la désertion tout changea : et en présence de la lâcheté de ceux qui les avaient appelés, les commissaires organisateurs n'hésitèrent point à se déclarer en permanence. Une protestation fut adressée au journal la *Réforme* ; et durant les journées du 22 et du 23, on se prépara à la résistance ; le 24, il n'y eut plus qu'à combattre, et le lendemain chacun de nous posait ses armes.

Oui, l'on put croire un instant que la révolution n'avait plus d'ennemis ; tout le monde criait : Vive la République ! Eh bien ! ce ne fut qu'une illusion, et aujourd'hui, en écrivant ces lignes, au lieu d'un ennemi, nous en voyons deux : d'un côté, les vaincus de 1830, de l'autre, les poltrons de Février.

Et cependant tous ont crié : Vive la République ! Oui, mais en poussant ce cri, ils ont commencé par douter, puis est venue l'intrigue, et aujourd'hui c'est l'attaque.

De leur côté, les bons citoyens n'ont pas manqué à leurs devoirs, et pour maintenir les conquêtes du 24 février, pour faire triompher la sainte devise de nos pères : Liberté, Egalité, Fraternité, ils se sont adressés à tous les républicains sincères et dévoués ; les Ecoles ne pouvaient être oubliées. C'est alors que les commissaires organisateurs de la manifestation du 22 février ont constitué, par voie d'élection, un comité central des Ecoles. Voilà quelle a été la part prise jusqu'ici par les Ecoles à la révolution de 1848. Examinons maintenant ce qui leur reste à faire.

Eclairer l'opinion publique, démasquer les traîtres, grouper ensemble les bons citoyens, préparer les élections de la garde nationale, des municipalités et de l'Assemblée constituante, tels sont les devoirs des vrais républicains.

La tâche n'est point difficile, elle ne demande que du dévoument.

Pour éclairer l'opinion publique, nous avons les clubs ; pour démasquer les traîtres et grouper ensemble les bons citoyens, nous avons la Société centrale démocratique ; enfin pour préparer les élections, nous avons le Comité central des élections générales. Eh bien, frères ! le comité que nous venons de constituer sera l'intermédiaire des écoles : 1º avec le club central qui va s'organiser, et qui sera composé des délégués de tous les clubs de Paris ; 2º avec la Société centrale démocratique ; 3º avec le Comité central des élections générales.

A vous de répondre à notre appel ; à vous de réfléchir qu'il s'agit en ce moment du salut ou de la ruine de la France ; à vous de rester fermement convaincus que ceux qui osent aujourd'hui douter de la République n'amèneront que le désordre et l'anarchie.

Frères ! un dernier mot ; car il ne s'agit pas seulement de Paris, mais encore des départements. Que ceux d'entre nous qui peuvent être utiles hors de Paris partent sans plus tarder; que les autres restent toujours fermes pour écraser toute réaction si des insensés osaient donner le signal de la guerre civile.

Vive la République!

Le Comité central des écoles recevra tous les jours les communications, de 1 heure à 4, place Sorbonne, 3 *bis*, au siége du comité.

Les membres du comité.

Signé : N. BOURJON, Arthur MANGIN, Prosper VERNET, E. DAUZON (*Président* du club du Deux-Mars), E. VAISSE, F.-C. MOINS, Alex. CHARVET, MELVIL-BLONCOURT, DANICOURT, Alex. JAMBERT.

Le Comité central des écoles a pris une part active à tous les événements qui se sont succédé de mars 1848 à juin 1849. A la suite de la fameuse journée des Semelles, plusieurs de ses membres, les citoyens Songeon, Servient, Pardigeon, ont été forcés de s'expatrier pour échapper aux condamnations prononcées contre eux par la Haute Cour de Versailles.

Délégué dans les départements, le citoyen Monin, étudiant en droit (déjà nommé), rue Saint-Jacques, 225.

EDUCATION MUTUELLE DES FEMMES (*Société de l'*), rue Richelieu, 58, fondée en août 1848. Présidente-déléguée, Désirée Gay, directrice de l'association des lingères associées; *moniteuses* principales, les citoyennes Esquiros (Adèle Battanchon), Eugénie Niboyet, Jeanne Deroin, Anaïs Ségalas, Amable Tastu, etc.

Le but de cette Société était d'inculquer aux femmes les principes de la démocratie socialiste. Les cours devaient être imprimés et former de petites brochures in-12. L'école fut d'abord très-fréquentée, toutes les femmes fortes des quarante-huit quartiers de Paris s'y donnaient rendez-vous; seulement, toutes ces dames voulant être *professeuses*, les portes de l'école furent fermées faute d'écolières.

EGALITE (*Club de l'*), rue du Bac (salon de Mars), fondé en mars 1848. Président, Buchet de Cublize.

Suivant ce club, tous les hommes, bon gré malgré, devaient entre eux être égaux, et le véritable niveau de cette égalité devait être une potence. Une médaille frappée aux frais de ce club représente le niveau démocratique, et social, vu dans un sens qui lui fait figurer cette potence, avec ces mots en légende : *Locataires et propriétaires*, FRATERNISONS, *de force* ou LIBREMENT ! *Niveau de l'ÉGALITÉ à l'usage des propriétaires. Terme d'avril* 1848.

Le rapport de la Commission d'enquête traite d'intrigant politique le président de ce club, et ajoute qu'il est bien connu de l'administration de la police.

EGALITÉ ET DE LA FRATERNITÉ (*Club de l'*), rue de l'Arbalète et rue des Fossés-Saint-Victor, 45, (à l'Ecole de pharmacie), fondé en mars 1848. Président, Mangin ; vice-président, Duquesnoy ; secrétaire, Alfred Montbrial, se disant de Bassignac.

Ce club était un des plus violents de Paris. Il a été fermé en juillet 1848 par arrêté du général Cavaignac. Le citoyen Montbrial a publié divers journaux charabias, socialistes et révolutionnaires, entre autres : *la Bouche d'acier, pamphlet démocratique ; la Queue de Robespierre, journal mensuel ; la Casquette du père Duchêne, pamphlet socialiste.* Ces feuilles immondes ont à peine vécu ce que vivent les roses...

ÉLECTORAL-RÉPUBLICAIN (*Club*), à Batignolles, rue des Dames, fondé en avril 1848. Président, Edmond Frossard, délégué du Gouvernement provisoire près l'atelier social de Clichy.

Rouge vif.

ÉMANCIPATION DES FEMMES (*Club de l'*), rue de Provence, 61, fondé en mars 1848.

C'est sous ce titre que fut organisée pour la première fois, par les soins des citoyennes Désirée Gay, Jeanne Deroin et du citoyen docteur Malatier, la *Société d'éducation mutuelle des femmes*, dont nous avons plus haut raconté l'enfance et les premiers pas.

Ce club a publié le prospectus d'un journal qui devait paraître sous ce titre : *La Tribune des Femmes, journal des besoins, des droits et des devoirs de tous et de toutes.*

ÉMANCIPATION DES PEUPLES (*Club de l'*), cité

d'Antin, 29, fondé en mars 1848. Président, Suan, dit de Varennes; membres du bureau : le général de Montholon, représentant du peuple, Castelnau, Ern. Gervaise, Jeannin, commis d'assurances, Lieutaud, Grellet, Etienne, Romieu, Liban, Gourlay, Barbançon, colonel de Laborde, représentant du peuple, Madoulo, Allais. Après les événements du 15 mai 1848, les citoyens Paulmier et Ern. Gervaise sont président et vice-président du club, et le lieu des séances est transporté rue du Faubourg-Poissonnière, 11.

Club de grimaciers politiques, de plagiaires de 1793, de joueurs de gobelets révolutionnaires, de terroristes d'occasion, d'absolutistes en disponibilité. De ces gens dont toute la personne est à vendre, qui sautent pour tout le monde, qui ne reculent devant rien de ce qui peut leur rapporter de l'argent, et qui ne voient dans chaque révolution qu'une occasion de ramasser dans le sang et la boue, qui des places grassement rétribuées, qui des fonctions honorables, qui des distinctions honorifiques.

Au *club de l'Émancipation* qui devait devenir plus tard une pépinière de représentants du peuple, d'agents diplomatiques, d'hommes d'Etat en expectative et d'écrivains politiques, on rencontrait tout ce que Paris renferme de chevaliers d'industrie, de *grecs*, de souteneurs de lorettes, de commerçants tarés, d'hommes d'affaires marrons; ces gens-là, pour obtenir n'importe quoi, se poussaient les uns les autres, montaient sur les épaules de tous ceux qu'ils trouvaient devant eux, ils se pressaient dans toutes les antichambres, bloquaient toutes les issues; ils parlaient sans rougir de leurs vertus civiques, de leur probité, de leur désintéressement.

Afin de justifier le nom qu'ils s'étaient donné, les émancipateurs des peuples s'occupaient beaucoup de politique étrangère; chaque soir les citoyens Sully-Léris et Dreyfus refaisaient, dans la salle du bal d'Antin, une nouvelle carte de l'Europe. Il fallait, suivant eux, que la France envoyât ses armées en Italie, en Allemagne, en Pologne, partout où la démagogie essayait de lever la tête; il le fallait absolument pour qu'à l'intérieur les agitateurs de la démocratie militante eussent leurs coudées franches.

M. de Lamartine accordait une grande confiance au *club de l'Emancipation des Peuples*. Dans le courant du mois de mars, le bruit se répandit dans Paris que les clubs anarchiques avaient pris la résolution de faire assassiner ce membre du Gouvernement provisoire : une garde armée fournie par ce club fut chargée de veiller le jour et la nuit sur l'hôtel des Affaires Etrangères.

Malgré ses allures du rouge le plus vif, le club de l'Emancipation des Peuples était signalé comme réactionnaire par les autres grands clubs de la capitale. C'était bien de la bonté, la réunion de la salle d'Antin n'était rien du tout; seulement le citoyen Suau dit de Varennes avait groupé autour de lui une foule d'individus besogneux ou compromis, bien déterminés à prendre part à la curée républicaine.

M. de Lamartine a rendu à la patrie, nous ne voulons pas le nier, des services incontestables; mais on peut lui reprocher de singulières faiblesses: le citoyen Suau fut nommé par lui consul général à Smyrne; cette nomination, attaquée par tout le monde, n'eut pas de suite; depuis, le citoyen Suau s'est fait agent électoral, puis fondateur d'une compagnie *Californienne*, le *Sacramento*. Il vient d'être, en cette qualité, condamné à une année de prison par le tribunal correctionnel de la Seine.

Le 25 mars, le club décide que les deux cent vingt-cinq députés dits *les satisfaits* ne pourront faire partie de l'Assemblée constituante; il les met hors le suffrage universel.

La bannière du club de l'Émancipation des Peuples, figurait à la manifestation du 15 mai 1848.

Délégués du club dans les départements: les citoyens Clément, inspecteur d'assurances, rue Neuve-des-Petits-Champs, 15, envoyé à Nancy; Dargy, commis-voyageur, rue des Bons-Enfants; Mosset, ancien négociant, rue Geoffroy-Marie, 7; Schuss de Courtavon, inspecteur d'assurances, envoyé à Caen et Falaise; Jeannin, commis d'assurances, rue Bourtibourg, 10, envoyé à Ceret; Tronche, négociant, rue Coquenard, 39, envoyé à Libourne; Lebossé, instituteur, rue de Provence, 60; Clodomir Taste, ancien commissaire-priseur, passage Saulnier, candidat dans le département de la Loire-Inférieure; Deschamps, ex-capitaine, délégué spécialement pour républicaniser les garnisons des Basses-Pyrénées; Prosper Maubert, inspecteur d'assurances, rue Caumartin, 10, envoyé à Toulon; Etienne, professeur de musique, rue des Trois-Frères, 7, envoyé dans le département de la Mayenne; de Laborde, ex-colonel, rue Vintimille, 11, envoyé à Carcassonne.

Nous avons eu entre les mains les lettres adressées par le représentant du peuple de Laborde au comité révolutionnaire en sa qualité de délégué; il se vante de la part qu'il a prise à la glorieuse révolution de Février; si Barbès n'est pas nommé représentant du peuple, ce ne sera pas sa faute; puis, il demande de l'argent au trésorier du comité (le citoyen Laugier). Après avoir lu ces lettres, on ne peut s'empêcher de s'adresser cette question à laquelle on ne sait quoi répondre. Pourquoi donc le citoyen colonel de Laborde ne siége-t-il pas à la montagne?

ÉMANCIPATION DES PEUPLES (*Comité central de l'*), commission instituée par le club de l'Emancipation des peuples, à l'occasion des premières élections.

Délégué dans les départements : le citoyen Genty, homme de lettres, rue d'Angoulême, 14, envoyé à Limoges, et depuis condamné à la déportation pour sa participation à l'insurrection dont cette ville a été le théâtre en avril 1848.

ÉMANCIPATION DES PEUPLES SLAVES (*Société pour l'*), passage du Commerce, 7, fondée en juin 1848. Président, Cyprien Robert, professeur des littératures slaves au Collége de France, secrétaire de la Société Slave de Paris.

Le but que voulait atteindre ce club est suffisamment indiqué par le nom qu'il avait adopté.

ÉMEUTE RÉVOLUTIONNAIRE (*Club de l'*), rue Mouffetard, 69, fondé en mai 1848. Présid. Palanchon.

Voici ce qu'écrivait Robespierre au bon temps des fusillades, des noyades, de la guillotine et des assignats :

« D'où viennent les dangers ? Des *bourgeois*. Quels sont nos enne-
« mis ? Les *riches*. — Quand l'intérêt des *riches* sera-t-il confondu
« avec celui du peuple ? JAMAIS.

« Qui retarde l'instruction du peuple ? les *écrivains*, qu'on doit
« proscrire comme les plus dangereux *ennemis* de la patrie.

« Que faut-il ?

« Il faut que l'*insurrection continue.*

« Il faut que le peuple *s'allie* à la Convention, et que la Convention
« *se serve* du peuple. Il faut que les Sans-Culottes *soient payés et res-*
« *tent dans les villes.*

« Il faut leur *procurer des armes*, les COLÉRER et les *éclairer.*

« Il faut *exalter* l'enthousiasme républicain par *tous les moyens*
« *possibles.* »

Partant de ce point que tous les maux dont souffre la société viennent des bourgeois, des riches, des propriétaires, comme on voudra nommer tous ceux qui possèdent ou qui ont l'espérance d'acquérir quelque chose, le club de l'Emeute révolutionnaire, un des plus ridiculement atroces de la capitale, avait pris pour évangile ces paroles du grand Lama des révolutionnaires ; mais heureusement, tout en désirant beaucoup, il ne pouvait guère.

Le bureau de ce club était composé d'un président émeutier (le docteur Palanchon, compromis en 1836 avec Blanqui, Sobrier et autres grands hommes de la démocratie militante, dans l'affaire dite *des poudres*), de deux vice-présidents vice-émeutiers, de deux secrétaires-révolutionnaires, d'un trésorier-insurgé et d'un archiviste professeur de barricades. Ces citoyens se coiffaient, pour siéger, de bonnets écarlates.

A la fin de chaque séance, les Emeutiers révolutionnaires entonnaient en chœur la fameuse chanson dont voici le refrain :

Chapeau bas devant ma casquette,
A genoux devant l'ouvrier.

Délégué dans les départements, le citoyen Palanchon, docteur en médecine, président du club.

EMIGRATION POLONAISE (*Club de l'*), rue de l'Arbalète, 12, fondé en mars 1848.

Ce club s'était donné pour mission spéciale d'expédier vingt-quatre bataillons de Parisiens sur les bords de la Vistule; le 24 mars, il fit placarder à Paris et dans quelques départements, l'affiche suivante :

AU PEUPLE FRANÇAIS LES ÉMIGRÉS POLONAIS.

« Frères,

« L'ordre règne aux bords de la Seine, il faut qu'il règne aussi aux bords de la Vistule !

« L'heure de la résurrection des peuples a sonné ; à vous, Français, l'honneur d'avoir commencé cette grande œuvre ; à nous, Polonais, le devoir de la terminer.

« Peuple français, la Pologne, ta sœur, te remercie par notre organe de l'hospitalité que tu as accordée à ses enfants pendant les dix-sept ans de leur exil ; mais elle te réclame ses fils, car pour elle aussi l'ère de la liberté renaît.

« La France a proclamé à la face de l'Europe le grand principe de la liberté, de l'égalité et de la fraternité des peuples.—Frères, appliquez-le dans ce moment suprême.

« Deux bras de notre nation sont libres : l'Autriche ne marchera pas contre la Galicie, ni la Prusse contre le grand-duché de Posen. Le centre seul gémit sous le joug des Russes ; il va tenter le dernier effort.

« Nous y marchons.

« Mais, frères, il nous faut des ARMES. Donnez-les-nous.

« DES ARMES ! au nom de la fraternité des peuples.

« DES ARMES ! Au nom du sang que nous avons versé sur vos champs de bataille.

« Le passage, aujourd'hui libre, peut nous être fermé dans un mois par des congrès.

« Frères, nous partons en vous confiant nos femmes, nos enfants et nos vieillards.

« Adieu, frères, nous allons combattre pour la liberté de notre patrie, et si nous périssons, Dieu nous vengera, car Dieu nous conduit.

« *Paris, le 24 mars 1848.*

« Nous recevrons vos armes au conseil de la première colonne de l'émigration polonaise, au 12e arrondissement, rue de l'Arbalète, 26. »

Cet appel des enfants de la patrie polonaise fut adressé à tous les clubs, dans lesquels il n'obtint qu'un très-médiocre succès : les clubistes ne voulaient pas donner des armes dont trois mois plus tard ils devaient faire un si déplorable usage!...

Le club de l'émigration Polonaise était une émanation de la Société démocratique polonaise. Cette Société se faisait représenter dans les conclaves du parti démocratique et social par une commission exécutive composée des citoyens Stanislas Worcell, Teclaw, Wroblewski, Stacherski, E. Korabiewicz, Albert Darasz, Vincent Mazurkiewiez, général Sznayadz, Victor Steltmann.

Les citoyens Stanislas Worcell et Albert Darasz font actuellement partie, avec les citoyens Ruge et Ledru-Rollin, du comité démagogique de Londres dit *des Proscrits.*

EMIGRÉS ITALIENS (*Club des*). Ce club sans importance fut organisé par la rédaction du journal l'*Ausonio*, une des feuilles maintenant introuvables auxquelles a donné naissance la révolution de Février.

Le club des Emigrés Italiens, comme celui de l'Emigration polonaise, servait d'enseigne à un comité démagogique connu sous le nom d'association nationale italienne, établi rue de la Chaussée-d'Antin, 49 bis, qui n'était autre chose qu'une agence de recrutement où l'on enrôlait les aventuriers qui devaient plus tard servir de gardes-du-corps aux membres du triumvirat de la République romaine.

Les citoyens J. Mazzini, J. Sirtori, Mathias Montecchi, A. Saffi, A. Salicetti, Sturbini, Garibaldi, Zambianchi, G. Cappana et plusieurs autres qui se sont acquis une bien triste célébrité dans les événements dont l'Italie centrale a été le théâtre, faisaient partie de ce club. Zambianchi s'est fait à Rome l'exécuteur privilégié des assassinats ordonnés par Mazzini.

Cette phrase extraite d'une lettre adressée de Londres par Mazzini au rédacteur en chef du journal *la République* (le 23 août 1850) fait suffisamment connaître les principes des réunions italiennes fondées à Paris après la proclamation de la République :

« Si je croyais que la Terreur pût produire l'émancipation de ma patrie, je n'hésiterais pas un seul instant à *organiser la terreur.* »

L'histoire démontre heureusement que les terroristes ne se maintiennent pas longtemps au pouvoir. Certes les bandits de 1793 organisèrent une terreur telle, qu'il serait difficile au citoyen Mazzini, et à ceux qui chez nous lui ressemblent, d'imaginer quelque chose de mieux. Les Robespierre, les Danton, les Carrier, les Lebon et autres bons b..... (comme dit l'ex-constituant Barthélemy Hauréau), étaient des organisateurs passablement énergiques. Nos lecteurs savent quelle fut leur fin après une domination assez courte. ...

EMPLOYÉS COMPTABLES DU COMMERCE ET DE L'INDUSTRIE DU DÉPARTEMENT DE LA SEINE (*Club des*), rue Montorgueil, 71, fondé en mars 1848. Président, James

Innocent.

ÉPICIERS (*Club des*), rue de la Douane, fondé en avril 1848. Président, A. de Bonnard.

Les dogmes de ce club peuvent se formuler ainsi :

Salut du peuple par la mélasse.

Épicerie véridique, café sincère et chicorée-vérité.

Chocolat sans farine et patriotisme sans mélange.

Le cachet de ce club représente la Vérité sortant nue du fond d'un puits et chargée de diverses denrées coloniales.

Le journal le *Salut Public, moniteur des droits de l'homme, publié par les opprimés,* dont nous avons déjà parlé, était l'organe officiel de ce club, dont sont sorties une infinité d'associations industrielles.

Le club des Épiciers est devenu plus tard le club du Salut Public (voir à cette rubrique).

ÉQUITÉ (*Club démocratique de l'*), rue du Faubourg-Saint-Martin, 42, fondé en mars 1848. Président, Leroi; secrétaire, Prestat.

Insignifiant.

ESPÉRANCE (*Club de l'*), passage du Bras-d'Or, fondé en mars 1848. Président, Gustave Robert.

Club d'un républicanisme modéré, fondé par les rédacteurs du journal le *Drapeau National*, journal des gardes nationales de France.

M. Gustave Robert est actuellement rédacteur en chef du *Courrier français*, journal légitimiste. (Voir *Société Républicaine centrale*.)

Délégué dans les départements, M. Edmond Seyert, homme de lettres.

ÉTOILE (*Club de l'*), au jardin de Provence, près la porte Maillot (banlieue), fondé en mars 1848. Président, Monistron.

Les blanchisseurs démocrates de Neuilly, de Boulogne et de Chaillot, se donnaient rendez-vous à ce club, un des plus ardents de la banlieue de Paris.

Délégué dans les départements, le citoyen Monistron, peintre de portraits, rue des Montagnes (à Passy); président du club, envoyé dans le département de la Vendée.

ÉVANGÉLIQUE (*Club*), rue de l'Arbalète, fondé en juin 1848. Président, Léon Pilatte.

Dans ce club, qui n'a eu qu'une très-courte existence, le citoyen Léon Pilatte, sous prétexte de traiter des matières religieuses, se livrait à des déclamations politiques de nature à exciter la haine des citoyens les uns contre les autres, et à des attaques contre la religion catholique.

FAUBOURG DU TEMPLE (*Club du*), fondé en décembre 1848. Président, E. Courtois.

Ce club était un des plus violents de la capitale.

Le citoyen E. Courtois (se disant de Gressac), démocrate et agent d'affaires, socialiste et courtier marron, n'avait fondé ce club que pour acquérir une certaine notoriété politique, et peut-être pour arriver à la représentation nationale.

Le citoyen Courtois, qui, chaque soir, déblatérait

dans son club contre les loups cerviers de la finance, les tyrannies de l'infâme capital, n'est cependant rien autre chose qu'un entrepreneur de tripotages boursicotiers ; il publiait, en 1848, divers journaux *lyriques*, la *Presse industrielle*, la *Réforme judiciaire*, les *Mystères de la Bourse*, à l'aide desquels il réalisait certains bénéfices. Les compagnies d'assurances et de chemins de fer obtenaient dans ces journaux, moyennant finance, des articles louangeurs le plus souvent rédigés par un abbé très-connu dans la presse industrielle ; malheur à celles des entreprises industrielles qui se montraient dures à la détente, le citoyen Courtois ne l'était guère envers elles.

Le club du *Faubourg du Temple* avait une succursale à Vaugirard.

FAUBOURG SAINT-ANTOINE (*Club du*), rue Traversière-Saint-Antoine, 1, fondé en mai 1848. Président, Borain.

Ce club rouge a perdu en Juin presque tout son personnel sur les barricades du Faubourg Saint-Antoine.

FEMMES (*Club des*), secrétariat, rue de Trévise, 8; salle des séances, boulevard Bonne-Nouvelle (salle des Concerts); fondé en avril 1848.

Nous nous sommes procuré, non sans peine, les noms des illustres citoyennes qui composaient le club des Femmes; nous nous empressons de les écrire ici : il ne faut pas que ces noms soient oubliés. Le club des Femmes était donc composé des citoyennes Eugénie Niboyet, présidente ; Anaïs Ségalas, Casamayor, Eugénie Foa, Joséphine de Besnier, Julia Hémal, Clara J***, Henriette D***, Cécile ***, Mathilde Payre, Marie Noémi (Mme Constant), Marie Pauline, Gabrielle d'Altenheym, née Soumet; Hermance Lesguillon, née Sandrin ; Anna Marie, Zélima Martinot, Amélie Praï, Jeanne-Marie, Suzanne Voitelain, Jeanne Deroin (femme Desroches); Désirée Gay, H. Sénéchal, Augustine Genoux, Henriette, Marie Delmay, Pauline Roland, Rosa David, Adèle Esquiros (née Battanchon); Arthémise Candelos, Fossoyeux.

La plus vilaine moitié du genre humain était représentée au *Club des Femmes* par les citoyens : Paulin Niboyet, Malatier, Moïse Alcan, J. Bachellery, Em. Cambrolle, abbé Constant, Joseph Dejaque, Emile Deschamps, P. Hawke, Junius Hamel (dit *Brutus fer rouge, Robespierre pacifique*), Th. Labourieu, Pierre Lachambeaudie, Chatel, primat des Gaules; V. Boussy, Emile Souvestre, Hippolyte Bonnelier, Olinde Rodriguez. Ceux d'entre ces citoyens qui n'étaient pas forcés de rester à la maison afin d'y soigner les enfants et d'y préparer le souper, tandis que leurs mères, leurs femmes ou leurs sœurs clubaient, devaient garder les socques, les cabas et les tartans des citoyennes clubistes.

Nous l'avouons, non sans honte, nous avons conservé du *Club des Femmes* un très-agréable souvenir, nous y avons passé les plus délicieuses soirées qui se puissent imaginer, et ce n'est pas sans éprouver un vif sentiment de regret que nous avons vu la police du citoyen Caussidière prendre un certain soir la résolution de fermer le gynécée émancipateur du boulevard Bonne-Nouvelle.

Le citoyen Caussidière, puisqu'il faisait, comme chacun sait, de l'ordre avec le désordre, aurait dû, ce nous semble, accorder une protection toute spéciale au *Club des Femmes*, qui lui aurait fourni une somme raisonnable d'éléments à sa convenance : il est difficile, en effet, de se faire une idée du tapage effroyable, des cris incohérents qui accompagnaient les prédications des citoyennes clubistes. Les motions de ces dames provoquaient des interpellations d'une joyeuseté inimaginable. Un certain soir, les becs de gaz furent subitement éteints, et il se passa dans la salle du club des choses passablement excentriques. Une autre fois, les dames clubistes furent attendues sur le boulevard par une bande d'individus discourtois qui administrèrent à la citoyenne Niboyet et à quelques-unes de ses acolytes, une correction redoutée des très-petits enfants.

Une dame de Saint-Marc quelconque (la dame de

Saint-Marc exerce à Paris la profession d'agent matri-
monial) engageait dernièrement un jeune célibataire
très-raisonnable à épouser un bas-bleu inscrit depuis
longtemps déjà sur sa liste des demoiselles à marier.

— C'est une nature d'élite, disait l'émule de la dame
Saint-Marc; de l'esprit jusqu'au bout des doigts! elle
est femme de lettres!!! — Diable! répondit le jeune
homme à marier, j'aimerais mieux qu'elle fût femme de
ménage!... — Elle fait admirablement les vers. — J'aimerais mieux qu'elle les rinçât... — Mais, Monsieur,
c'est une femme qui ira à la postérité!... — J'aimerais
mieux qu'elle allât au marché!

Ce n'est, certes, pas au *Club des Femmes* que le jeune
célibataire dont nous venons de parler serait allé chercher une épouse à sa convenance, il aurait trouvé là
sans doute beaucoup de femmes aux doigts tachés d'en-
cre, une infinité d'Egérie, quelques Sapho; mais il est
certain qu'il y aurait vainement cherché ce qu'il paraît
estimer par-dessus tout, une femme de ménage, une de
ces femmes *qui gardent la maison et filent de la laine.*

Disons quelques mots de celles de ces citoyennes dont
les noms, à coup sûr, seront écrits dans les Annales démocratiques et sociales : et d'abord commençons par la
présidente du club, la citoyenne Eugénie Niboyet.

Les femmes *très-fortes* de la *Démocratie militante*, les
Jeanne Deroin, les Désirée Gay et autres Pauline Roland, trouvent la citoyenne Niboyet assez avancée en
âge, mais très-arriérée au point de vue politique; cependant, il y a longtemps déjà qu'elle prêche l'éducation
démocratique et sociale du beau sexe. Un des spirituels
réactionnaires de notre époque, M. de Lavarenne, s'exprime ainsi sur le compte de la citoyenne Niboyet :

« Quelques beaux esprits sans emploi ouvrirent dans les salons du
ministère de l'intérieur des cours de propagande politique, qui se
changèrent plus d'une fois en mêlées furibondes. Les femmes fortes
de l'école de Georges Sand venaient y faire leur partie, et j'ai entendu ces anges femelles du socialisme développer les théories qu'elles
portèrent plus tard dans les banquets au rabais. Une certaine madame

Niboyet était la plus enragée clubiste de ces réunions ministérielles. Cette Jeanne d'Arc aux bas bleus, qui a depuis longtemps renversé sa marmite, poursuivait dans tous les coins l'infortuné Ledru-Rollin, pour lui prêcher l'éducation démocratique et sociale du beau sexe. Elle voulait que le ministre fît les frais d'un journal intitulé le *Bonnet rouge*, dont elle espérait un immense succès, attendu qu'elle y mêlerait l'agréable à l'utile, l'art de faire des cornichons à celui d'élever les enfants, suivi d'un nouveau moyen de regarder les feuilles à l'envers, que Ledru-Rollin ne voulait pas vérifier.

« Cette excellente Mme Niboyet datait de fort loin sa première apparition dans la république des femmes libres. Il y avait un temps infini qu'elle s'était écriée que le moule du vieux monde était brisé, et qu'elle s'efforçait inutilement de faire accepter le sien. On cite, parmi ses œuvres incomprises, une comedie de ménage intitulée le *Protecteur*, qu'elle mit jadis au jour avec la collaboration d'un certain M. Lurine.... la pièce tomba sous les sifflets.

La citoyenne Jeanne Deroin, lorsqu'elle n'est pas détenue à Saint-Lazare, est visible tous les jours, de cinq à sept heures de relevée, à l'Association fraternelle des garçons limonadiers, rue du Roule-Saint-Honoré. Elle n'est pas belle, elle n'est plus jeune ; ses allures sont celles d'une virago ; elle est quelquefois flanquée d'un mari dont elle ne porte pas le nom, qui l'admire sur parole et qui se croit très-honoré lorsque dans ses bons jours elle veut bien lui donner un *canard*. Elle exerce à la fois les professions de journaliste, de lingère et d'institutrice ; elle a fondé en 1848 une infinité de journaux rouges qui n'ont jamais paru plusieurs jours de suite. Elle a prononcé dans les banquets *démocs-socs* des discours échevelés dont les *frères et amis* eux-mêmes ont pris la liberté grande de se moquer. Elle s'est posée elle-même comme *candidate,* et elle n'a jamais obtenu qu'une seule voix, celle de son infortuné mari. En définitive, elle s'est fait dernièrement condamner à plusieurs mois de prison pour avoir conspiraillé, rue Michel-le-Comte, avec des blanchisseuses et un architecte.

A côté de Jeanne Deroin, et sur la même ligne, brille la citoyenne Pauline Roland, une des adeptes les plus enthousiastes du citoyen Pierre Leroux ; ce grand homme que ses disciples eux-mêmes ne comprennent pas. La citoyenne Pauline Roland manie la plume la plus infatigable qui jamais ait pris place entre les doigts d'une républicaine; c'est par quintaux qu'elle envoie aux journaux rouges des manuscrits qu'on n'imprime pas toujours, et que le public s'obstine à ne jamais lire. La citoyenne Pauline Roland se donne la qualité d'institutrice, mais nous croyons que peu de mères approuveraient les leçons qu'elle est capable de donner à de jeunes filles. Lors d'un procès récent dans lequel elle se trouvait compromise, elle s'est empressée de déclarer au tribunal qu'elle avait été saint-simonienne, qu'elle était aujourd'hui socialiste, et qu'en conséquence elle réprouvait complétement l'héritage et le mariage; que, fidèle à ses principes, elle n'avait jamais voulu avoir d'époux, mais qu'elle était la mère de trois bâtards.

La demoiselle Henriette est une des notabilités du temps du Gouvernement provisoire. Qui ne se rappelle ce nom : Henriette, *artiste*, placé au bas d'articles destinés à populariser les doctrines du citoyen Olinde Rodriguez!

Le citoyen P.-J. Proudhon écrivait en ce temps-là à la citoyenne Henriette : « Eh! citoyenne, allez ravauder vos bas et écumer le pot. » Deux années se sont écoulées depuis lors, et voici que l'artiste Henriette reparaît sur l'horizon.

Elle est visible chaque soir sur le boulevard Poissonnière, tenant une cage à filets, et dans cette cage, de pauvres hirondelles se pressent les unes contre les autres.

De temps en temps, elle crie aux passants : « Rendez la liberté aux hirondelles,—pour deux sous! »

La citoyenne Constant est l'*épouse* d'un prêtre défroqué, le citoyen abbé Constant; elle écrit à l'heure qu'il est pour le *Moniteur du soir*, sous le pseudonyme de Claude Vignon, des feuilletons artistiques.

Nous ne voulons rien dire des autres citoyennes qui composaient le club des Femmes; nous sommes convaincus que ces dames, à l'heure qu'il est, regrettent beaucoup les scandales qu'elles ont provoqués.

Pour être admis aux séances du club des Femmes, il fallait débourser un franc.

Le club des femmes avait pour organe la *Voix des Femmes, journal socialiste et politique, organe des intérêts de tous et de toutes ;* il se criait dans les rues avec la *Canaille,* le *Père Duchêne,* la *Guillotine,* et autres carrés de papier, mais il ne se vendait pas.

FÉVRIER (*Club du* 27), ainsi nommé en 1848, à cause de la date de sa fondation. On a peu parlé de ce club ; il est à présumer qu'il se sera transformé ou fondu dans quelque club plus important.

FONTAINE-SAINT-GEORGES (*Club de la*), rue de la Fontaine-Saint-Georges, fondé en mars 1848. Nous ne connaissons de ce club que ce titre. Son existence nous paraît douteuse.

FRANÇAIS NON NATURALISÉS (*Comité central des*), rue Neuve-Saint-Jean, 17 (salle du bal), fondé le 26 mars 1848. Président, Rebstock.

Ce club s'occupait de procurer aux fils d'étrangers nés en France les droits de citoyens français. Il était rouge et affilié à la *Société des Droits de l'Homme.*

FRANKLIN (*Club*), rue des Tournelles, 3, fondé en avril 1848. Président, Larroque.

Ce club a pris une part active à tous les événements qui ont signalé les premiers jours de la République; sa bannière brillait aux premiers rangs à la manifestation du 15 mai; le 23 juin, ses principaux membres combattaient dans les rangs de l'insurrection. Son président, le citoyen Larroque, qui passa à tort pour le rédacteur principal du journal le *Père Duchêne,* fut tué à Montmartre le 26 juin.

Le *Club Franklin* se réunissait dans une salle décorée de piques surmontées chacune d'un bonnet rouge. Le président et ses assesseurs étaient aussi coiffés d'un bonnet semblable, et pour se caractériser encore davantage, ces citoyens portaient des cravates et des écharpes écarlates. Un soir, le citoyen Larroque prononça un discours qui, assez bénévole d'abord, finit par attaquer le principe d'hérédité en matière de succession.

Des ouvriers entrés comme curieux dans la salle du club ne tardèrent pas à froncer le sourcil.

L'orateur continua son discours malgré les sourds murmures qui se faisaient entendre, et pour gagner sa cause il s'avisa d'avancer que personne n'était sûr d'être le fils de son père. « Qui donc parmi vous, s'écria-t-il, pourrait affirmer qu'il a à cet égard la moindre certitude ? » A ces mots, un des auditeurs, un ouvrier, s'élance sur l'orateur qu'il saisit à la gorge et s'écrie à son tour : « Misérable ! Tu ne vois donc pas « que tu insultes nos mères! Est-ce là la morale que tu « veux enseigner au peuple? Oui, nous sommes sûrs « d'être les fils de ceux dont nous portons les noms ; « tu peux ne pas en être sûr, toi, mais cela te regarde.

« Quant à nous, nous ne souffrirons pas qu'on dise « publiquement de pareilles choses. Qu'est-ce que c'est « que ces insignes, que ces emblèmes? Tout cela n'est « pas de notre temps! Allons! qu'on déguerpisse et « *Vive la République!* » Bravo, Martelet ! s'écrièrent les ouvriers, et ils chassèrent toute la mascarade d'individus qui composaient le bureau du *Club Franklin,* en les arrosant du suif des chandelles qui éclairaient la salle.

Si, après Février comme maintenant, il existait des imbéciles ou des misérables qui désirent le renouvellement des sanglantes horreurs de 1793, il y avait aussi de très-braves gens qui n'hésitaient pas à faire justice des ignobles parodistes d'une époque néfaste.

Délégués dans les départements, les citoyens Bailly, commis-architecte, rue Saint-François, 16, envoyé à Sémur (Côte-d'Or) ; Doubey, marchand de vins, rue Saint-Louis, au Marais, 16, envoyé à Besançon ; Hébert, sculpteur, rue Vieille-du-Temple, 17 ; Thibault, horloger, rue Neuve-Ménilmontant, 4, envoyé à Clamecy ; Godin, courtier d'annonces, rue Ménilmontant, 6, envoyé à Beauvais et à Breteuil ; Terray, sculpteur, boulevard des Filles-du-Calvaire, 11.

FRANCHISE (*Club de la*), rue des Ecluses-Saint-Martin, fondé en mars 1848. Président, A. de Bonnard.

Encore un club organisé par l'infatigable citoyen Arthur de Bonnard. Le *Club de la Franchise* aurait été, à ce qu'on nous assure, le berceau du *Club des Épiciers.*

FRANCS RÉPUBLICAINS (*Club des*), à Puteaux, fondé en mars 1848. Président, Ch. Depouilly.

Lorsque les serviteurs du roi Louis-Philippe laissaient lâchement leurs coudées franches à des misérables que la plus simple démonstration aurait fait reculer, tandis que les gardes nationaux de Neuilly, des braves qui avaient osé la veille crier *vive la réforme!* devant des soldats sans ordres ni direction, se tenaient cois ou prenaient part à la fête, M. Ch. Depouilly, un républicain de la veille, averti trop tard malheureusement de ce qui se passait au château de Neuilly, rassemblait à la hâte les ouvriers de sa fabrique, et accourait sur le lieu du sinistre à la tête de ces braves gens. Ses efforts empêchaient les incendiaires de poursuivre, ainsi qu'ils en avaient l'intention, le cours de leurs dévastations.

M. Ch. Depouilly a rendu, le 25 février, un véritable service au pays; aussi n'est-ce pas sans éprouver un vif sentiment de peine que nous nous voyons forcé de le noter ici en qualité de président d'un club signalé parmi les plus rouges et les plus influents de la banlieue de Paris.

Délégués dans les départements, les citoyens : Barruel, commis-voyageur chez le citoyen Fanselgon, à Puteaux; Davroust, imprimeur, rue Saint-Denis, 21, envoyé à Nîmes; Deparsio, teinturier, rue Saint-Denis, 17, envoyé à Valence; Porché, ébéniste, Allée des Veuves, 21; Roger, teinturier, à Puteaux, envoyé à Brioude.

FRATERNEL (*Club*), à l'Hospice des Quinze-Vingts, fondé en mars 1848. Président, Borin.

Ce club, raisonnablement républicain, était traité de réactionnaire par ses voisins du faubourg Saint-Antoine.

FRATERNELLE CENTRALE (*Société*), siége principal, rue Saint-Honoré (Salle Valentino); succursale, rue de Salle Montesquieu; fondée en février 1848. Président, Cabet ; vice-président , Robillard; secrétaire, Krolikowski.

Voici sa déclaration de principes.

LE POPULAIRE.

AUX COMMUNISTES ICARIENS.

Travailleurs, nos frères,

Nous avons toujours dit que nous étions, avant tout, Français, Patriotes, Démocrates aussi intrépides qu'humains et modérés : vous venez de le prouver. L'horrible trahison qui a fait couler le sang des citoyens mercredi soir 23 février, devant l'hôtel du ministère des affaires étrangères, a dû vous faire prendre les armes pour la commune défense ; et dans l'immortelle journée du 24, vous avez partagé l'héroïque dévouement de la brave et généreuse population de Paris.

Aujourd'hui c'est *l'union seule, l'ordre et la discipline,* qui peuvent assurer au peuple le fruit de sa victoire , en garantissant ses droits et ses intérêts.

Rallions-nous donc autour du Gouvernement provisoire présidé par Dupont (de l'Eure), remplaçant l'odieux gouvernement qui vient de se rougir du sang des citoyens.

Appuyons ce *Gouvernement provisoire* qui se déclare républicain et démocratique, qui proclame la souveraineté nationale et l'unité de la nation ; qui adopte la *Fraternité,* l'Égalité et la Liberté pour principes, et le *Peuple* pour devise et mot d'ordre; et qui dissout les chambres pour convoquer l'*Assemblée nationale* qui donnera à la France la *Constitution* qu'elle demande.

Mais sachons nous-mêmes réclamer constamment *toutes les conséquences* de ces principes.

Demandons que tous les Français soient déclarés FRÈRES, égaux en devoirs et droits sans aucune espèce de privilége, tous membres de la garde nationale, tous électeurs et éligibles à toutes les fonctions publiques sans aucune vile condition d'argent.

Demandons le droit naturel et imprescriptible *d'association,* de *réunion* et de discussion ; la liberté individuelle, sans arbitraire d'aucun homme ; la liberté de la presse sans entrave, sans *cautionnement* ni *timbre.*

Demandons surtout la garantie de tous les droits et de tous les intérêts des travailleurs; la reconnaissance formelle du droit de vivre en travaillant, afin que le père de famille ne soit plus réduit à l'affreuse nécessité d'abandonner sa femme et ses enfants pour aller mourir en combattant.

Demandons l'organisation du travail et l'assurance du bien-être par le travail.

Demandons la suppression de tous les IMPÔTS sur les objets de première nécessité.

Demandons l'abolition des humiliantes vexations et iniques institutions de la douane et de l'octroi.

Demandons, pour le peuple, l'instruction générale, commune, gratuite, réelle et complète.

Demandons des institutions et des garanties pour le bonheur des FEMMES et des ENFANTS, pour que chacun ait la possibilité de se *marier* avec la certitude de pouvoir élever sa famille et la rendre heureuse.

Fidèles à nos principes de fraternité, d'humanité et de modération, de justice et de raison, crions toujours et partout: *Point de vengeance !* Point de désordre, point de violences, point d'oppression pour personne ! mais fermeté clairvoyance et prudence, afin d'obtenir justice partout.

Point d'atteinte à la propriété ! mais inébranlable persévérance à demander tous les moyens que peut accepter la justice pour supprimer la MISÈRE : notamment en adoptant un système démocratique d'inégalité successivement décroissante et d'égalité successivement croissante.

Gardons-nous de demander l'application immédiate de nos doctrines communistes. Nous avons toujours dit que nous ne voulions leur triomphe que par la discussion, par la conviction, par la puissance de l'opinion publique, par le consentement individuel et par la volonté nationale. Restons fidèles à nos paroles.

Mais beaucoup d'entre nous ont conquis de leur sang le droit d'association, de réunion et de discussion publique ; ayons donc aussi l'inébranlable constance de réclamer ces droits; et l'expérience, jointe à la discussion, suffira pour persuader et pour convaincre que notre système d'organisation sociale et politique est le seul remède à la misère, le seul qui puisse assurer le bonheur et le salut de l'humanité.

Encore un mot : Le Gouvernement provisoire annonce l'armement de tous les citoyens et l'organisation générale de la garde nationale, tout en assurant l'existence du peuple : ne déposez donc pas les armes; ne quittez pas vos glorieuses et immortelles barricades ! Laissez au contraire toutes vos affaires pour vous organiser et vous enrégimenter. Achevez, complétez, régularisez votre armement ; demandez que les bastilles soient désarmées, que tous les canons, toutes les armes et toutes les munitions soient livrés au peuple ; et que le peuple parisien soit tout entier sous les armes, organisé, discipliné sous des chefs de son choix : c'est alors qu'on aura la garantie de l'Ordre comme de la Liberté, et de la Liberté comme de l'Ordre, de même que, quand toute la Garde nationale de France sera armée et organisée démocratiquement, c'est alors qu'on aura la garantie réelle de la paix universelle, de l'indépendance des nations et de la fraternité des peuples.

Paris, 25 février 1848.   CABET.

LE POPULAIRE *paraîtra demain et après-demain.*

La discussion n'était pas permise au club du citoyen Cabet, cet ancien procureur-général de la monarchie y professait.

Tout ce que nous pourrions dire de plus de la Société Fraternelle centrale est connu depuis longtemps. Le citoyen Cabet est actuellement à Nauvoo (États-Unis d'Amérique), avec ses principaux disciples. Nous souhaitons bien sincèrement, sans cependant l'espérer, qu'il puisse fonder sur les bords de la rivière Rouge la société si parfaite que les socialistes nous promettent.

FRATERNITÉ (*Club de la*), rue du Cherche-Midi, 65, fondé en mars 1848. Président fondateur, Mallarmet.

Les doctrines professées dans ce club étaient inspirées par le citoyen Mallarmet, cet ouvrier monteur en bronze, dont les socialistes veulent absolument faire un représentant du peuple, et qui voit après chaque élection les portes de l'Assemblée nationale se fermer devant lui.

Les doctrines du citoyen Mallarmet sont connues. Ce gracieux personnage est communiste, mais communiste dans toute l'acception du mot; il n'admet ni termes moyens, ni demi-mesures ; il veut réaliser du premier coup le *bonheur commun.* Quant à ceux qui seraient assez mal avisés pour ne point vouloir s'accommoder du genre de bonheur qu'il veut bien promettre à la pauvre humanité, le citoyen Mallarmet connaît le moyen de leur imposer silence. De tien et de mien le citoyen Mallarmet ne veut pas en entendre parler. Donne-moi de ce que tu as, je suis prêt à te donner de ce que j'ai. — Mais j'ai quelque chose et tu n'as rien.— Qu'importe, ne sommes-nous pas des citoyens, des frères? Lorsqu'il ne restera rien de ce que tu possèdes, nous travaillerons ensemble. — Très-bien, mais je suis fort, intelligent, et de plus laborieux. Toi, tu es fort, je le suppose; je ne veux pas nier ton intelligence, mais je sais que tu es paresseux; on te voit plus souvent au club et au cabaret qu'à l'atelier. — Qu'importe, la NATURE m'a créé tel que je suis, je n'en suis pas moins ton frère; à ce titre j'ai des drois incontestables à tout ce que tu considères à tort comme ta propriété; si même ta femme me convient, il m'est permis de m'en accommoder. — Quoi! ma femme? — Oui, ta femme, etc., etc.

Si nos lecteurs trouvent de l'exagération dans ce que nous venons d'écrire, qu'ils lisent attentivement une lettre adressée de Sainte-Pélagie au citoyen Mallarmet, par le citoyen Duchêne (n° du 31 décembre 1849), du journal le *Peuple*.

Délégué dans les départements, le citoyen Blondeau, ancien caissier, rue Simon-le-Franc, 11, envoyé à Vannes.

FRATERNITÉ (*Société de la*), rue des Deux-Boules, 2, fondée en mars 1848. Président, Savary.

On serait grandement dans l'erreur si l'on s'avisait de croire que le communisme, dont depuis si longtemps on nous rebat les oreilles, forme un seul corps de doctrines. Il y a, sans compter les partisans des citoyens Raspail, Blanqui et Proudhon, les communistes égalitaires, fraternitaires, humanitaires, unitaires, les communistes icariens, les communistes purs, les matérialistes, les communionistes, les communautistes, les rationalistes, les babouvistes. Les fondateurs du club de la rue des Deux-Boules, appartenaient à la secte des communistes matérialistes.

En 1845, des ouvriers publicistes, la plupart cordonniers et plumassiers, fondèrent, sous ce titre : *la Fraternité*, un journal destiné à propager les principes communautaires; nous extrayons de la profession de foi de ce journal les propositions suivantes :

« Le *matérialisme* doit être *proclamé* puisque c'est la loi invariable de la nature sur laquelle tout est basé, et que l'on ne peut la violer sans tomber dans l'erreur.

« La *famille individuelle* doit être *abolie*, parce qu'elle établit le morcellement des affections, rompt l'harmonie de la fraternité qui, seule, doit unir les hommes, et devient la cause de tous les maux qui peuvent les perdre.

« Le *mariage* doit être *aboli*, parce que c'est une loi inique, qui rend esclave ce que la nature a fait libre, et constitue la chair propriété individuelle; rend par ce moyen la communauté et le honheur impossibles, puisqu'il est constant que la communauté n'admet aucune espèce de propriété. »

Le Société de la Fraternité, comme celle de l'Atelier, existait avant février 1848, à l'état de société secrète. Cette Société publiait, le 25 février, l'affiche suivante :

MANIFESTATION DU JOURNAL LA FRATERNITÉ.

Liberté, Egalité, Fraternité, Unité.

La France est libre ! Grâce à l'héroïsme du Peuple de Paris, un avenir immense s'ouvre pour toutes les Nations ; leurs destinées vont s'accomplir désormais sans entraves : les tyrannies ont fait leur temps. A l'avénement du Gouvernement républicain qu'ils appelaient de tous leurs vœux comme de tous leurs efforts, et qu'ils saluent de leurs acclamations, les citoyens fondateurs de la *Fraternité*, sans abdiquer l'idéal qui fait leur force, éprouvent le besoin, en apportant leur franche et énergique adhésion au Gouvernement provisoire de la République Française, d'énoncer sommairement, au point de vue pratique, les principes qu'ils ont toujours professés, principes qui, dans leur conviction, doivent servir de base à la Constitution future de la France. Se rencontrant d'accord sur les points fondamentaux avec les actes du nouveau Gouvernement qui contiennent en germe tout ce qu'ils réclament ici au nom de leurs frères les ouvriers, ils sont heureux de proclamer que, par cette manifestation qu'ils soumettent au jugement de leurs concitoyens, ils entendent appuyer de toutes leurs forces l'autorité populaire qui tient en ses mains l'avenir de la France et du monde, assurés qu'ils sont qu'elle ne faillira pas *à la tâche.*

Plus de monarchie désormais en France, sous quelque titre ou dénomination qu'elle se déguise ; tombée dans le sang des citoyens, la royauté, par une cruelle et dernière expérience, a trop fait voir combien elle est antipathique à la volonté, aux droits et aux intérêts du peuple.

Souveraineté réelle du Peuple par la République une, indivisible et démocratique.

Que tout citoyen jouissant de ses droits civils soit électeur et éligible.

Rétribution des députés du peuple.

Plus de Chambres de pairs et de députés ; une assemblée unique directement élue par tous les citoyens.

Convocation des assemblées primaires.

Plus de troupes réglées dans la capitale ; Paris remis à la garde de tous les citoyens.

Que tout citoyen valide soit garde national.

Réorganisation de la garde nationale et élection directe aux différents grades par tous les citoyens.

Liberté de la presse.

Plus de timbre, de cautionnement et de frais de poste pour les journaux et les écrits périodiques.

Révision de la législation sur la presse, notamment de la loi relative à la diffamation en matière de publicité.

Liberté de discussion et d'association, et surtout assemblées populaires immédiates dans l'intérêt de l'éducation politique des citoyens, et afin de faciliter le complet et intelligent exercice du droit et de la souveraineté qu'ils sont appelés à mettre en pratique.

Plus d'esclavage pour nos frères de la race noire.

Abolition de la peine de mort et révision des lois pénales.

Application du jury aux délits correctionnels.

Institution d'un jury d'accusation complétant le jury de jugement.

Nomination des juges et des jurés par le peuple.

Renouvellement de toutes les administrations publiques.

Responsabilité sérieuse et réelle de tous les fonctionnaires publics.

Principe électif appliqué à l'armée.

Abolition du remplacement militaire.

Election directe des maires et conseillers municipaux par tous les citoyens.

Education publique et gratuite obligatoire pour tous.

Reconnaissance du droit de vivre et garantie de ce droit par l'Etat organisant le travail.

Secours efficaces aux vieillards, aux enfants, aux infirmes, à tous ceux qui ne peuvent pas encore ou qui ne peuvent plus travailler.

Ouverture prochaine d'ateliers nationaux.

Abolition immédiate des lois relatives aux coalitions d'ouvriers.

Transactions libres entre les ouvriers et les chefs d'industrie, ou liberté réciproque entre les uns et les autres dans la fixation des conditions de travail et de salaire.

Abolition de l'octroi et de tous les impôts indirects frappant les objets de consommation.

Respect aux propriétés nationales et particulières telles que monuments publics, chemins de fer, machines.

Union et fraternité entre les citoyens.

Paix et fraternité entre les peuples. Tous sont solidaires.

Appui de tous les bons citoyens au Gouvernement provisoire de la France libre et régénérée.

Gloire et respect au peuple souverain ! Vive la République Française, une et indivisible ! ! !

Fait et délibéré au bureau du journal en assemblée des fondateurs, le 25 février, deuxième jour de l'ère républicaine.

Les ouvriers fondateurs de la FRATERNITÉ.

Cette déclaration de principes est déjà passablement excentrique, mais elle n'approche pas, il faut en convenir, des extraits du journal *la Fraternité* auxquels nous avons donné place plus haut. Cela s'explique : le journal tiré à un très-petit nombre d'exemplaires n'était destiné qu'aux adeptes, l'affiche devait être lue par tout le monde...

Le citoyen Savary, ouvrier cordonnier, employé au gaz, qui écrivait, en 1832, dans le *Bon sens* quelques-uns des articles qui paraissaient sous le titre de *Tribune des Prolétaires*, était, en 1845, un des principaux rédacteurs du journal la *Fraternité*. La *Société de la Fraternité*, dans le courant du mois d'avril, devint le club suivant :

FRATERNITÉ (*Club de la*), rue des Deux-Boules, 2, fondé en avril 1848. Président, Mallarmet ; vice-président, Adam (cambreur) ; secrétaire, Hizay.

Les communistes de la Société de la Fraternité n'avaient constitué ce club qu'afin de se porter candidats à la représentation nationale. Grâce à la qualité de clubistes, ils obtinrent de Longepied les fonds nécessaires à l'expédition, dans les provinces, d'agents électoraux qui partirent de Paris sous la dénomination de délégués spéciaux du *Club du journal la Fraternité*.

Délégués dans les départements, les citoyens : Fontan, cordonnier, rue des Deux-Boules, 2, envoyé à Fenouillet ; Doloux, cordonnier, rue des Deux-Boules, 2, Stevenot, plumassier, rue Grenelle-Saint-Honoré, 7, envoyés au Mans ; Voinier, teneur de livres, rue de Bondy, 70, envoyé à Tours.

FRATERNITÉ (*Club de la*), à Meudon, fondé en avril 1848. Président, Lubin.

Insignifiant.

FRATERNITÉ (*Club de la*). Nous donnons *in extenso* le règlement de ce club. La plupart des règlements des clubs organisés à Paris après Février ressemblent à celui-ci, qui, à très-peu de chose près, a été copié sur celui de la Société des Droits de l'Homme. Il est bon que le lecteur connaisse les règles qui étaient imposées par les meneurs de l'époque à ceux qui se fourvoyaient dans les sociétés populaires. On voulait de l'ensemble de toutes ces sociétés faire une armée organisée et toujours prête, et ceux qui s'étaient improvisés les chefs de cette armée tenaient surtout à ce que leurs soldats ne raisonnassent pas, à ce que jamais ils ne s'avisassent de chercher les raisons pour lesquelles on voulait les faire agir. Les preuves de cette allégation sont surabondantes, elles résultent de toutes les pièces originales que nous soumettons à l'appréciation de nos lecteurs.

CLUB DE LA FRATERNITÉ.

Ce club, dont l'organisation a été consciencieusement méditée et sérieusement discutée, est destiné à rallier les diverses conférences historiques, littéraires et autres, qui existaient, avant la glorieuse révolution de Février, dans le quartier des Écoles.

Pourtant ce club n'est pas *spécialement* celui du quartier Latin. Il est ouvert à tout le monde, au peuple, aux ouvriers, comme aux étudiants.

Pourra en faire partie tout citoyen qui, adhérant à la *Déclaration des Droits de l'homme et du citoyen*, et aux conséquences pratiques indiquées dans le résumé qui accompagnera cette déclaration, voudra bien se conformer aux dispositions ci-après :

RÈGLEMENT.

CHAPITRE Ier. — *Dispositions préliminaires.* — Art. 1er Un club est formé par les citoyens patriotes pour la propagation des principes qui peuvent améliorer la condition morale, politique et matérielle de tous.

Art. 2. Il prend le titre de club de la Fraternité.

CHAPITRE II.—Art. 3.—Le club se compose d'un comité central et de sections divisées ainsi qu'il est dit dans le chapitre suivant.

CHAPITRE III.—*Du comité central.*—Art. 4. Ce comité central se compose d'un président, d'un vice-président, de deux secrétaires et d'un trésorier.

Art. 5. Les membres du comité central sont nommés en assemblée générale, à la majorité absolue des voix. Ils sont soumis à la réélection tous les trois mois.

CHAPITRE IV. — *De la formation des sections.* — Art. 6. Une section se compose de dix membres au moins et de vingt membres au plus.

Art. 7. Quand la section se trouve composée de vingt citoyens inscrits, il s'en détache dix qui vont former une nouvelle section. Lorsque la section est complétée, les dix premiers membres rentrent dans leur section primitive et les dix autres vont former une autre section.

Art. 8. Les sectionnaires doivent composer, autant que possible, la nouvelle section d'après leurs rapports d'intimité.

Art. 9. Chaque section reçoit un numéro d'ordre.

Art. 10. Les sectionnaires, sur le rapport de leur président, conviennent entre eux du lieu, du jour et de l'heure de la réunion de leur section, quand ils le jugent convenable.

Art. 11. Les citoyens qui veulent faire partie du club sont présentés à la section par deux sectionnaires ; des renseignements sont pris sur la moralité et les opinions politiques des candidats ; trois voix de la section suffisent pour les faire écarter.

CHAPITRE V. — *De l'organisation intérieure des sections.* — Art. 12. Il y a dans chaque section un président, un vice-président et un secrétaire. Ces fonctionnaires sont nommés pour trois mois, à la majorité absolue des voix, et par bulletin secret. Ils sont rééligibles.

Art. 13. Lorsqu'on procède au partage d'une section en vertu de l'article 7, la nouvelle section se constitue, séance tenante, par l'élection de ses fonctionnaires.

Art. 14. Les fonctions de président, de vice-président et de secrétaire, exigent du dévouement. Le premier préside la section : il veille à ce que l'on n'y discute aucune question étrangère au but du club et à l'ordre du jour ; il tient exactement la liste des membres qui composent la section et il prend note des absents.

Le secrétaire est chargé du recouvrement des cotisations, ainsi que de toutes les obligations d'agent comptable envers les sectionnaires ; il rend ses comptes à la fin de chaque mois à la section. Il a dans ses attributions de faire toutes les convocations extraordinaires, d'après l'invitation du président de la section. Il remet au trésorier du club le montant de la cotisation mensuelle de sa section.

Art. 15. Le président remet les registres, écrits et pièces qui concernent le club et la section au vice-président, lorsqu'il ne peut remplir ses fonctions, et à son successeur lorsqu'il cesse.

Art. 16. Les vice-présidents du club remplacent le président dans tous les cas d'absence ou d'empêchement ; ils doivent avoir un duplicata de la liste des membres du club.

CHAPITRE VI.—*Ordre des séances du club.*—Art. 17. La séance du club s'ouvre par la lecture du procès-verbal de la dernière réunion.

Art. 18 Après la lecture du procès-verbal, on procède à la réception des candidats déjà présentés. Le rapport du président de la section est fait en leur absence. Si, d'après ce rapport, leur admission est acceptée sans opposition, ils sont introduits à la séance. S'ils adhèrent aux dispositions du règlement et aux principes énoncés dans la déclaration, ils sont immédiatement proclamés membres du club. Ils reçoivent aussitôt un exemplaire du réglement. S'ils refusent leur adhésion, ils ne peuvent rester à la séance.

Art. 19. Les noms des candidats présentés par les présidents des sections seront lus en assemblée générale. Tous les membres qui connaîtraient le candidat présenté feront leur rapport à leur président; il ne sera admis ou rejeté qu'à l'assemblée suivante.

Art. 20. Tout candidat devra être présenté à l'assemblée générale par le président d'une section. Il ne pourra être admis qu'à la réunion générale suivante, pour donner le temps à ceux des membres du club qui le connaîtraient de transmettre au président de ladite section tous les renseignements nécessaires à son admission.

Art. 21. Les séances sont consacrées à l'examen des droits de l'homme et du citoyen, à la lecture d'écrits patriotiques et aux commentaires que cette lecture peut provoquer, ainsi qu'aux questions soulevées par les actes du gouvernement ou par l'opinion publique.

Art. 22. Chaque sectionnaire a le droit de demander la parole pour exprimer son opinion sur le contenu des écrits mis en lecture et sur les doctrines émises pendant la séance. Le président la lui accorde à son tour.

Art. 23. Chaque membre du club a le droit de faire une proposition qui, pour être adoptée, devra réunir le dixième des voix après la discussion.

Art. 24. La séance se termine par les demandes en admission des candidats. Ces présentations sont faites à haute voix, et l'admission est renvoyée à la séance suivante. Tous les membres qui connaîtront le candidat devront fournir leurs renseignements sur sa moralité et ses antécédents, ainsi que sur ses opinions politiques.

Art. 25. A la fin de chaque séance du club, le comité central, après avoir consulté l'assemblée, arrête l'ordre du jour de la semaine suivante, dont il ne pourra s'écarter qu'en cas d'urgence.

Art. 26. A la première séance de chaque mois, il sera donné publiquement lecture de *la Déclaration des Droits de l'homme et du citoyen.*

CHAPITRE VII.—*Des séances et assemblées générales extraordinaires.*—Art. 27. En cas d'urgence, le président du club pourra convoquer en séance extraordinaire soit le comité, soit tous les membres du club, mais dans ce cas avec l'assentiment du comité.

Art. 28. De même, les présidents de section pourront convoquer leurs sections extraordinairement après avoir informé le président du club de la cause, des jour, lieu et heure de la séance.

CHAPITRE VIII. — *Des peines.* — Art. 29. Tout membre qui, sans excuse valable, aura manqué à une séance, sera, pour la première fois, passible d'une amende de vingt-cinq centimes, et en cas de récidive dans le mois, d'une amende de soixante et quinze centimes pour la troisième fois. La quatrième absence pendant le même mois emportera l'exclusion,

Art. 30. Les amendes dont il vient d'être parlé seront doubles pour tous les fonctionnaires, et dans les mêmes circonstances.

Art. 31. Une exception est faite quant au président du club ; ce fonctionnaire sera considéré comme démissionnaire par le seul fait d'une absence de sa part, à moins d'une excuse valable, que toutefois il ne pourra invoquer qu'autant qu'il aura prévenu le vice-président du club de son absence ou empêchement.

Art. 32. Tout citoyen se refusant à l'acquit d'une amende par lui encourue est passible d'exclusion, un mois après la prononciation de l'amende.

Art. 33. Tout fonctionnaire qui aura violé le règlement ou forfait à l'honneur, même dans ses relations particulières, sera mis à l'ordre du jour, sans préjudice des dispositions ci-après.

Art. 34. Tout membre qui connaîtrait contre un autre membre, quel qu'il fût, des faits que la morale réprouve, est tenu de les révéler à sa section ou à son chef immédiat ; des renseignements seront pris sur-le-champ, et si l'inculpé est convaincu des faits à lui imputés, il sera dénoncé à tous ses collègues et chassé du club.

Art. 35. La peine de l'exclusion sera prononcée par le comité et les autres peines par les sections.

Art. 36. Le recouvrement des amendes sera opéré par le trésorier du club, ou par les secrétaires des sections, suivant qu'elles seront dues par un membre du comité ou d'une section.

CHAPITRE IX. — *Dispositions générales.* — Art. 37. Le vœu de la majorité est la loi du club ; il est constaté et connu des sections.

Art. 38. Tout sectionnaire est éligible à tout emploi sans pouvoir cumuler. Tous les chefs du club peuvent être révoqués individuellement ou collectivement ; sur la demande d'un tiers des membres ayant le droit de les élire, ils sont soumis à de nouvelles élections.

Art. 39. Les fonctionnaires ne peuvent se considérer que comme les agents du club ; il ne peut y avoir entre eux et les sectionnaires que des rapports d'égalité et de fraternité.

Art. 40. Aucune personne étrangère au club ne pourra assister à une séance des sections ou du comité ; aucun sectionnaire étranger à une section ou au comité ne pourra s'y présenter, hors les cas déterminés par le règlement.

Art. 41. La demande en révision devra être formée par un tiers des membres au moins, et présentée au comité qui la renverra aux sections.

Art. 42. Il y a solidarité entre les sociétaires pour tout ce qui est relatif au club, ou à l'exécution des mesures par lui adoptées.

Art. 43. La cotisation mensuelle de chaque membre est fixée à un franc en minimum, payable tous les mois et d'avance.

Art. 44. Il sera distribué à chaque membre du club un exemplaire du règlement adopté et de la Déclaration des Droits de l'homme et du citoyen.

CHAPITRE X. — *Des clubs affiliés.* — Art. 45. L'organisation des clubs affiliés de Paris des départements ou de l'étranger est la même que celle du club central de Paris, indiquée dans le présent règlement.

Art. 46. Le président de chaque club de Paris, des départements et de l'étranger est de droit le membre correspondant du club central de Paris.

Art. 47. Les correspondants des clubs de département doivent envoyer au secrétaire du comité central de Paris, une fois par mois au moins, un rapport détaillé de tout ce qui s'est passé au sein du club et de son influence sur l'opinion publique.

Art. 48. Le comité central de Paris pourra, s'il le juge à propos, publier dans le *Moniteur du club* le compte-rendu des discussions des clubs des départements ou les rapports des correspondants.

Art. 49. Le président de chaque club recevra le journal chargé de publier les séances du *Club de la Fraternité*.

Le local du club sera ultérieurement indiqué.

Se faire inscrire en attendant :

Au bureau de *la Lanterne du Quartier-Latin*, Moniteur du club de la Fraternité, 98, rue Saint-Jacques, en face le Collège de France ;

Et chez les citoyens ARTHUR MANGIN, 16, rue du Petit-Bourbon ; CHARLES FILLIEN, rue Servandoni, hôtel Condorcet, et ANTONIO WATRIPON, 26, rue des Grands-Augustins.

FRATERNITÉ DES PEUPLES (*Club de la*), rue de Grenelle-Saint-Honoré (salle de la Redoute), fondé en mars 1848. Président, Rebstock.

Des Allemands, des Italiens, des Hongrois composaient ce club qui comptait parmi ses membres des représentants rouges de toutes les contrées de l'Europe, même un citoyen socialiste de la principauté de Monaco.

FRATERNITÉ DU FAUBOURG SAINT-ANTOINE (*Club de la*), rue de Charonne, 1, fondé en mars 1848. Président, Jourdain.

En mai 1848 les grands clubs accusaient celui-ci d'être réactionnaire. C'était un tort, le *Club de la Fraternité* était aussi rouge que possible, et il devait en Juin perdre la moitié au moins de son personnel sur les barricades du Faubourg-Saint-Antoine.

Le citoyen Mortera, ex-président du comité des Serruriers de Lyon, rédacteur de la *Révolution Démocratique et Sociale*, de plusieurs autres journaux rouges, et membre de ce club, a été dernièrement condamné, par le tribunal correctionnel de la Seine, à deux ans de prison pour escroquerie

FRATERNITÉ UNIVERSELLE (*Club de la*), rue du

Bac, 75, fondé en avril 1848. Président, abbé Bouix; secrétaire, Dobigny.

Organe des opinions du clergé. Peu d'influence.

Délégué dans les départements, le citoyen Bourges, rentier, rue Racine, 1, envoyé à Messac.

GARDE NATIONALE (*Cercle-club de la*), passage Jouffroy, 16, fondé le 17 mars 1848. Président, Chambaud, avocat à la Cour de Cassation; membres du bureau : Deligny, ouvrier tôlier, Enne, avoué, Gaillard, dessinateur en broderies, Justrade, ouvrier ajusteur, Marc-Aurel, imprimeur, Moreau, étudiant en droit, Reynaud, ancien capitaine au long-cours, Rolland, ouvrier typographe, Henri Usquin, ancien élève de l'Ecole Polytecnique.

Le *Portefeuille*, feuille ministérielle à laquelle M. Guizot donnait souvent des articles remarquables, ayant cessé de paraître par suite de la révolution de Février, ses ex-patrons et rédacteurs, MM. de Brignola, Hennet de Kessler, Texier d'Aumont et G. d'Alaux, fondèrent le *Cercle-club de la Garde Nationale*, qui devait, selon leurs prévisions, devenir par la suite une excellente spéculation.

Le 17 mars les fondateurs du Cercle-club firent placarder dans Paris et la banlieue l'affiche suivante :

RÉPUBLIQUE FRANÇAISE.
Liberté, Égalité, Fraternité.

LE CLUB DE LA GARDE NATIONALE A LA GARDE NATIONALE.

« Citoyens,

« Tous les citoyens font aujourd'hui partie de la garde nationale ; en nous adressant à la garde nationale, nous parlons donc à vous tous.

« Nous vous disons:

« La mémorable révolution qui en trois jours nous a donné la République a fait cesser nos divisions ; tous nous voulons la République, mais la République libre, généreuse et pure comme à son berceau.

« Le peuple de Paris a donné au monde un grand spectacle. Ce peuple si héroïque dans le combat a su être calme, modéré après la victoire; il n'a proféré ni cris de haine ni cris de mort; il a dit : *Liberté, égalité, fraternité.* Ce sera son éternel honneur.

« Ce n'est pas tout de détruire, il faut réédifier. Tous les citoyens n'ont pas le même labeur dans l'œuvre immense de la fondation de la République.

« Ceux que la confiance du peuple appellera aux honneurs et aux périls de la représentation nationale auront à décréter la Constitution; les autres, plus obscurs, auront une tâche *glorieuse, sainte,* celle de protéger la liberté de *tous,* l'égalité de *tous,* la fraternité de *tous,* en assurant l'ordre, la liberté des élections, la liberté de l'Assemblée constituante.

« Cette tâche est celle de la garde nationale, qui aujourd'hui est véritablement le peuple armé.

« Pour que la garde nationale puisse accomplir sa mission, il faut qu'elle nomme des chefs qui aient sa confiance, il faut qu'elle se connaisse, qu'un même esprit l'anime, que son union et sa force apparaissent à tous; hors de là elle serait frappée d'impuissance, et les plus grands malheurs menaceraient la patrie.

« Le *Club de la Garde nationale* a pour but de concentrer, d'entretenir, de vivifier cet esprit commun.

« Nous vous faisons donc un appel, gardes nationaux, réunissez-vous aux nombreux citoyens qui nous entourent déjà, venez partager nos travaux, apportez votre concours; dans vos mains repose le salut de la République que des excès perdraient; de cette République que nous sommes tous appelés à servir à la frontière ou dans nos cités.

« Nous devons notre appui au Gouvernement provisoire qui a eu le courage de prendre le pouvoir, qui l'a exercé avec tant d'humanité, de sagesse et de vigueur; il faut qu'il puisse le remettre intact dans les mains de l'Assemblée nationale; il faut que l'Assemblée nationale puisse le confier aux citoyens les plus dignes : notre salut en dépend.

« *Réunis,* nous assurons l'ordre, la liberté des élections, la liberté de l'Assemblée nationale, nous aurons sauvé la République.

« *Divisés,* tout peut être perdu, la République peut périr, la liberté peut disparaître.

« Vous ne le voudrez pas, gardes nationaux, vous ne vous abandonnerez pas vous-mêmes, vous ne laisserez pas peser une telle responsabilité sur vos têtes.

« Le salut de la Patrie est dans vos mains, sachez conserver ce que vous avez conquis.

« Mars 1848, les membres du bureau provisoire.
(*Suivent les noms tels que nous les avons donnés ci-dessus*).

« Les réunions ordinaires du club auront lieu les lundi, mercredi et vendredi de chaque semaine à sept heures et demie précises du soir, boulevard Montmartre, 10, et passage Jouffroy, 16. On n'est admis que sur la présentation des cartes personnelles. »

Pour se réunir aux *nombreux citoyens qui entouraient déjà*, le 17 mars 1848, les fondateurs du *Cercle-club de la Garde Nationale*, partager les travaux de ces citoyens et sauver de compte à demi avec eux la patrie en danger, il n'en coûtait que cinq francs par mois; ce n'était vraiment pas la peine de se priver du plaisir de cluber dans des salons *décorés avec goût*, si surtout on voulait bien considérer que seulement deux mille clubistes, sauveurs de la patrie à cinq francs, pouvaient constituer aux ex-rédacteurs du *Portefeuille* une liste civile très-raisonnable surtout en temps de République.

Le *Cercle club de la Garde Nationale* a publié divers journaux plus ou moins avancés, plus ou moins réactionnaires, selon l'esprit plus ou moins révolutionnaire de l'époque à laquelle ils paraissaient, *L'Ordre*, *Le Garde National*, *L'Avant-Garde*, etc.

GARDE NATIONALE DE PARIS (*Club démocratique central de la*), rue de la Chaussée-d'Antin (manége Fitte), fondé en avril 1848.

Les citoyens composant le bureau du cercle-club de la Garde nationale n'ayant pas voulu s'associer à la spéculation imaginée par MM. de Brignola et consorts, ils transportèrent leurs pénates dans la salle du manége Fitte.

Ce club, bien que modéré, ne manquait pas de résolution. Il a souvent mérité les outrages des clubs rouges affiliés à la Société des Droits de l'Homme ou au club Blanqui.

Après les événements du 15 mai 1848, Caussidière y vint un soir soutenir sa candidature à la représentation nationale. Un compte-rendu succinct de cette séance nous paraît donner une idée assez juste du cas que font de leurs amis les républicains de la veille lorsque leur intérêt est en jeu.

De tous les coins de la salle des interpellations étaient adressées au citoyen Caussidière; il répondait avec la finesse et l'audace qui lui sont propres.

« Pourquoi ne vous êtes-vous pas rendu le 15 mai au Gouvernement provisoire? — J'étais dans mon lit, j'étais malade. Voulez-vous des témoins? en voilà ; voulez-vous des certificats? en voilà.—Mais aviez-vous pris des mesures énergiques? — Toutes mes mesures étaient prises; j'ai fait tout ce qu'il était humainement possible de faire : les ordres se sont contre-carrés ; il y a eu malentendu, mais aucune intention mauvaise, l'enquête le prouvera (l'enquête a prouvé le contraire).— Mais Sobrier ? vous étiez l'ami de Sobrier.—J'ai été son ami : depuis deux mois je ne l'étais plus ; je le voyais rarement, et en dernier lieu je ne le voyais plus.— Mais une lettre trouvée au domicile de Sobrier indique que deux abonnements à la *Commune de Paris* ont été pris et donnés, et que la Préfecture de police s'est chargée d'acquitter ces abonnements? — C'est une calomnie.—Mais la lettre est signée *Corrée?*—Corrée était employé à la Préfecture. Depuis longtemps il m'ennuyait, il me tourmentait pour avoir une place supérieure. Je l'ai rencontré plusieurs fois; je lui ai reproché son obséquiosité. De là son ressentiment. Ou il a voulu avoir pour lui deux abonnements gratuits, ou il a voulu me compromettre.]

Ce Corrée (ancien détenu politique) ne savait pas deux mots de français. Je lui ai dit :

—Mon ami, mettez-vous là, écrivez. Si vous ne faites pas une faute d'orthographe, je vous prends. Il refusa. Je l'aurais plutôt envoyé dans un magasin de cordonnerie (faire des cuirs) que de le prendre avec moi. Son orthographe m'eût compromis. Un mot peut faire pendre un homme!

Mais les prisonniers? Blanqui, Flotte et les amis de Sobrier?—Je jure que je n'ai jamais eu Blanqui en ma possession ; si je l'avais eu, je l'aurais si bien gardé qu'il ne m'aurait plus quitté. Quant à Flotte, il n'a pas été pris ce jour-là; quant aux gens de Sobrier, je ne puis pas dire que quelques-uns ne se soient sauvés. Il y avait arrestations sur arrestations, sans ordre, sans nom, sans écrou. La Préfecture était remplie de gardes nationaux, d'officiers, de gardes républicains. A chaque instant on relâchait des gens inoffensifs : des coupables ont bien pu profiter du désordre et se sauver, mais je ne l'ai ni ordonné ni su à temps.

La candidature du citoyen Caussidière est adoptée à une immense majorité. O Athéniens!

A la même séance le citoyen d'Alton-Shée succède à la tribune à M. Caussidière. On lui demande quelles sont ses opinions religieuses : il répond qu'il n'éprouve aucun embarras à répéter ce que précédemment il a dit à la tribune de la chambre des pairs; il n'est ni catholique, ni chrétien, il est athée.

La candidature de l'ex-pair de France est repoussée à l'unanimité.

Le club démocratique central de la Garde nationale voulait que le commandant supérieur de la garde nationale et tous les officiers de l'état-major fussent soumis à l'élection ainsi que les autres officiers. Il a fait signer une pétition en ce sens. Il a fait parvenir une adresse à la garde nationale de Rouen pour la féliciter du courage montré par elle lors de la répression des troubles dont le chef-lieu de la Seine-Inférieure fut le théâtre en avril 1848. Il a un des premiers élevé une voix courageuse contre l'espèce de comité de salut public organisé par Sobrier. rue de Rivoli, 16.

GARDE NATIONALE MOBILE (*Club de la*), à l'Ecole Militaire, fondé en mars 1848. Président, Gibès; vice-président, Reynard; secrétaire, Grinfeld.

Club rouge, affilié à la Société des Droits de l'Homme, fondé en opposition de celui des Intérêts populaires et de la Garde mobile.

GARDES NATIONAUX (*Club des*), boulevard Montmartre, 10.

Ce club est le même que le *cercle club de la Garde nationale*, connu sous ce nom, lors de la fondation de *l'Ordre, journal des Gardes nationales*.

GENS DE LETTRES (*Société Républicaine des*), place du Carrousel (état-major de la Garde nationale), fondée en mars 1848. Président, L. Kentzinger, candidat à l'Assemblée nationale, adopté par ladite Société, lors des premières élections; membres du bureau : Franz de Lienhart, T. Thoré, Alfred de Menciaux, Ernest de Calonne.

Les hommes de lettres qui faisaient de la République *avancée* dans ce club ne se rappelaient pas, sans doute, cette maxime du divin Robespierre. « *Il faut proscrire les écrivains comme les plus dangereux ennemis de la patrie.*»

Il doit être bien entendu que ce que nous venons de dire ne peut s'appliquer à quelques-uns des hommes que nous venons de nommer, hommes que nous n'avons pas l'honneur de connaître, mais dont nous estimons autant le talent que nous honorons le caractère.

GENTILLY (*Club de*), chaussée du Maine, hors barrière, fondé en mars 1848. Président, Kœnig ; vice-président, Lerouge ; secrétaire, Lasalcette.

Rouge.

GOBELINS (*Club des*), barrière des Gobelins, fondé en mars 1848. Président, T. Dézamy.

Le nom de son président dit ce qu'était le club des Gobelins ; le citoyen Dézamy est, en effet, un des communistes les plus actifs, formés dans les sociétés secrètes du règne de Louis-Philippe.

Un des premiers, il révéla les tendances des égalitaires ; il s'est mêlé à toutes les tentatives révolutionnaires qui ont précédé la proclamation de la République ; le 24 février il excitait les masses qui devaient quelques heures plus tard exiger du Gouvernement provisoire l'adoption du drapeau rouge.

D'extraits de Hobbes, d'Helvétius, de Mably, de Rousseau, de d'Holbach, de Babœuf, de Campanella, de Thomas Morus, il a composé un gros volume in-8º intitulé : *Code de la Communauté*, dans lequel il se montre partisan effréné de la communauté immédiate, mais de la communauté la plus radicale, même de celle des femmes, qui doivent, suivant lui, appartenir à tous, et des enfants, qui ne doivent appartenir à personne.

Le citoyen Dézamy est aussi l'auteur d'un écrit intitulé : *Almanach de l'Organisation sociale ;* ce petit livre est plein d'outrages à la morale publique, d'attaques contre la religion, la famille et la propriété : il valut à son auteur une condamnation à deux ans de prison, prononcée le 22 mars 1844 par la cour d'assises de la Seine.

Le *Club des Gobelins* avait pour organe le journal les *Droits de l'Homme*, dans lequel le citoyen Dézamy et les communistes de sa bande, voulant bien composer avec le vieux monde, proposaient, *comme moyens transitoires*, l'adoption des mesures suivantes : la création d'une banque nationale hypothécaire, l'établissement d'un impôt progressif sur les créanciers hypothécaires, sur les rentiers et sur les capitalistes, sur les donations et sur tous les héritages; les successions collatérales devaient aussi, suivant les législateurs du journal les *Droits de l'Homme*, être frappées immédiatement d'un impôt de cinquante pour cent, avec réserve de les déclarer toutes ultérieurement héritage de l'État, rien que cela! Le citoyen Dézamy et ses acolytes n'y allaient pas de main morte.

GRANDE-FAMILLE (*Société agricole et industrielle de la*), rue du Vert-Bois, 16 *bis*, fondée en juin 1848.

Cette Société, espèce de club secret qui s'occupait exclusivement, malgré son titre, de propagande démocratique et sociale, fut fondée par le citoyen Raginel, commissaire-général de Ledru-Rollin dans le département de l'Aveyron. Elle avait pour organe le *But social*, journal communiste dont il a paru deux numéros en juin 1848.

Le citoyen Raginel a publié une grande famille de petits livres rouges et de canards socialistes dont les titres seuls sont des outrages à la morale publique.

GRAVILLIERS (*Club des*), rue du Vert-Bois, 10, fondé en mars 1848. Président, Roizard.

Rouge.

Délégués dans les départements, les citoyens : Delort, fabricant de peignes, rue du Vert-Bois, 16 ; Viricel, rue des Gravilliers, 7; Roizard, vérificateur en bâtiments, faubourg Saint-Martin, 11, envoyé à Lyon.

GRUTTLY (*Société suisse de*), rue Quincampoix, 8, fondée en mars 1848. Président, Jeanrenaud.

Réunion de démagogues helvétiens qui recevaient des inspirations et de l'argent du citoyen James Fazy, chef du parti démocratique à Genève, et qui avaient adopté cette devise significative : « *Point de sang, point de Suisses.* »

Délégué dans les départements, le citoyen Muller, professeur de langues, rue Sainte-Apolline, 14.

GUILLOTINE (*Club de la*). Les événements ont empêché l'ouverture d'un club sous ce nom qui devait avoir lieu fin juin 1848, et qui aurait eu pour président honoraire le citoyen Blanqui.

HALLES (*Club des*), rue de la Poterie (à la halle aux draps), fondé en mars 1848. Président honoraire, Blanquart ; président, Poirson jeune ; vice-présidents, Paton, Charpentier, Delarue ; secrétaires, Vasse, Pujol, Lesage, Bressevin, Soudry ; rapporteur, Baudon ; trésorier, Teissier.

Ce club avait adopté la Déclaration des Droits de l'homme, mais avec cette modification à l'article 38, au lieu de : *Souverain de la terre qui est la nature; Souverain de la terre qui est Dieu.*

HERMITAGE (*Club de l'*), salle de l'Hermitage, boulevard extérieur, à Montmartre, fondé en décembre 1849. Président, Biget.

Ce club, fondé à l'occasion de l'élection du président de la République, soutenait avec le plus grand zèle la candidature du citoyen Ledru-Rollin. Son président, surnommé par les Montmartrois *Biget le beau parleur,* vient d'être condamné par le tribunal correctionnel de la Seine à un an de prison, pour abus de confiance.

HOMME ARMÉ (*Club de l'*), rue de l'Homme-Armé (salle de l'École communale), fondé en avril 1848. Président, Delbrouck.

Club rouge et socialiste, affilié à la Société des Droits de l'Homme. Après les événements de mai 1848, il transporte ses tréteaux rue Saint-Merry, et ses fondateurs se font poursuivre plusieurs fois, pour excitation à la haine et au mépris du gouvernement de la République, outrage à la morale publique, etc.

HIPPODROME (*Club de l'*). Nous croyons que c'est seulement parce que très-souvent l'Hippodrome a servi de lieu de réunion aux corporations ouvrières, à des assemblées électorales, qu'un club de ce nom est mentionné dans plusieurs journaux et dans le rapport Beauchart.

HOMMES LETTRÉS (*Club des*), à l'Ecole de Médecine, fondé en avril 1848. Président, P.-E. Laviron, tué à Rome en combattant contre l'armée française; vice-présidents, Vigroux, Lachambeaudie le fabuliste; secrétaires, L.-C. Grillet, Gustave Bonnin.

Réunion rouge d'hommes de lettres sans ouvrage.

HOMMES LIBRES (*Club des*), rue Saint-Honoré, 219, fondé en mars 1848. Président, Lefebvre; vice-président, Gadon; secrétaire, Colfavru, représentant du peuple. En avril, le club tient ses séances dans une des salles de l'Institut et a pour président le citoyen Gadon.

Tout ce que nous avons dit du club de l'Emancipation des Peuples peut parfaitement s'appliquer à celui-ci, composé d'éléments absolument identiques. Nous ne dirons donc rien du club des Hommes libres, qui s'est du reste donné beaucoup de mouvement pour ne jouer en définitive qu'un rôle à peu près insignifiant; seulement, puisque les nécessités de la tâche que nous nous sommes imposée amènent sous notre plume les noms de deux célébrités républicaines, nous donnerons place ici (à propos de ces deux noms) à quelques réflexions qui nous paraissent de circonstance.

Nous lisions, il y a peu de temps, dans un journal de province les lignes suivantes:

« La Préfecture vient de terminer une enquête sévère sur toutes les Sociétés qui, depuis un an, se sont formées pour exploiter le sable et les pépites du Sacramento. Ces sociétés seraient au nombre de quarante et plus. Il en est d'honorables; mais plus d'une seraient de véritables chausses-trappes, cent fois plus compromettantes et compromises que les fameuses commandites contre lesquelles les tribunaux eurent à sévir en 1855 et 1856. Oserai-je ajouter que beaucoup des administrateurs de ces compagnies, au dire du rapport d'enquête soumis à M. le préfet de police, au dire même de M. Carlier, qui ne les épargne pas, seraient soit d'anciens chevaliers d'industrie ayant plus d'un chevron douteux sur la conscience, soit des socialistes sans solvabilité, qui seraient passés ainsi avec armes et bagages de l'ingrat terrain de la politique au domaine rayonnant et chatoyant de la spéculation californienne. Ce sera un chapitre de plus à ajouter à l'histoire de nos aberrations contemporaines. C'est bien digne de notre siècle ! sauter du club dans la commandite, cela peint au naturel la sincérité des convictions démagogiques.

« Cela expliquerait une chose toutefois, c'est que l'autorité ait attendu, pour sévir, le développement déjà si prononcé de ces officines aléatoires. Cette marche et cette conduite sont conformes au génie de notre moderne de Sartines. Quand il voit un rouge quelque part, il le laisse cuire dans son jus, comme le dit son pittoresque langage. Il permet à ce malheureux phrygien d'aller, de venir, de combiner des coups, de viser au but, de brûler même quelques capsules ; mais quand le démoc-soc n'a plus qu'un Rubicon à franchir, il rencontre, hélas ! le bon gendarme.

« Le gouvernement se juge néanmoins très-suffisamment édifié, et bientôt vous verrez paraître au *Moniteur* officiel un article qui dévoilera bien des intrigues et prémunira grand nombre d'honnêtes gens contre ces dangereuses entreprises. Ce sera un peu tard, mais vaut mieux tard que jamais. »

Les républicains de la veille semblent s'être imposé la tâche de justifier les prévisions du journal que nous venons de citer ; déjà les citoyens Laloubère, Laulerie, Hercule Gallard, Suau, présidents de clubs ou délégués du comité révolutionnaire ; Hoghgesangt, organisateur de la triste expédition de *Risquons-tout* ; Clavel-Doisy, fondateur du fameux journal rouge l'*Organisation du travail* ; Dampseaux et Larivière, écrivains de la presse démocratique et sociale, s'étaient vus frappés par les tribunaux de police correctionnelle, de peines plus ou moins sévères, pour escroqueries commises dans les tripotages californiens, lorsque le nom du citoyen Gadon, président du club des Hommes libres, est venu s'ajouter à cette liste déjà trop longue. Ce sont là, sans doute, des faits déplorables et qui donnent une bien triste idée du parti sur lequel les hommes que nous venons de nommer ont exercé longtemps une influence incontestable.

Il existait en Angleterre, il y a cinquante ans, un démagogue criblé de dettes et perdu de débauches; il se nommait Wilkes; il flatta si bien la canaille britannique qu'il se fit nommer membre du parlement. Le scandale fut grand, et aux applaudissements du pays entier Wilkes fut expulsé de la chambre des communes.

En France, les choses ne se passent pas ainsi; un individu entasse dans un écrit quelconque toutes les ordures imaginables, il attaque quotidiennement tout ce que les hommes sont habitués à respecter, la religion, les lois les plus saintes de la morale : la canaille rouge l'envoie comme de raison à l'Assemblée nationale; mais il y reste, et il y trouve quelques hommes qui le traitent *d'honorable collègue*.

Le secrétaire du *club des Hommes libres*, le citoyen Colfavru, est devenu, de par les électeurs de Saône-et-Loire, un des sept cent cinquante représentants de la France; il est à l'heure qu'il est l'*honorable* collègue des Berryer, des de Falloux, des Montalembert, des Changarnier, des Cavaignac, des hommes les plus considérables et les plus estimés. C'est une bien jolie chose que le suffrage universel, à le juger par ses résultats !

Délégués du Club des Hommes libres dans les départements, les citoyens : Abel, courtier d'affaires (qu'est-ce qu'un courtier d'affaires?), rue Lepelletier, 11, envoyé à Saint-Flour, Murat et Aurillac ; Estibal, avocat, rue Dauphine, 7, envoyé à Toulouse ; Bouiges, employé, rue Saint-Joseph, envoyé à Mauriac; Fort, rue Cléry, 36, envoyé à Tulle; Genty-Ducos, rentier, rue Mazarine, envoyé à Bordeaux ; Giot, ex-avoué, rue Navarin, 2, envoyé dans le département de l'Orne; Hamelin, rue Montholon, 7, Lefebvre, tailleur, président du club, rue Montmartre, envoyés à Clermont; Lefevre, rue des Bons-Enfants, envoyé à Amiens; Langlais, avocat, rue Castex, 10, envoyé à Châteauroux ; Merlet, rue Chilpéric, envoyé à Pougeance en Vendée; Prack, homme de lettres, rue de Seine, 18, envoyé à Angoulème; Savard, peintre, rue du Bac, 53, envoyé à Rochefort; Laurent Verdet, chimiste, Passage de la Treille,

4, envoyé à Forcalquier ; Perreyre, commis-voyageur, rue Montholon, 7, envoyé à Tonnerre ; Jacquin, horloger, rue Fontaine-Saint-Georges, envoyé à Montauban ; Carte, maître tailleur, rue Marivaux. chargé spécialement par le *Comité révolutionnaire* (Club des Clubs), de républicaniser les garnisons depuis les Alpes jusqu'à Toulon.

HOMMES SANS PEUR (*Club-Batterie des*), ou *Club-Lycée des Prolétaires.*

Ce Club-*batterie* ou lycée, n'a guère existé que dans l'imagination malade de ses fondateurs les citoyens E. Maillier, socialiste mystique, et Landoin, libraire-éditeur, mystico-communiste, rue de la Jussienne, 32. L'existence de ce club a été révélée en mars 1848 par une affiche placardée sur les murs de Paris, dont nous conservons précieusement un exemplaire. Nous reproduisons ici cette affiche, même autant que possible sa disposition typographique. Il est bon que l'on sache à quel point les songe-creux de la démocratie ont cru pouvoir profiter du bouleversement général qui suivit la catastrophe de Février, pour émettre au grand jour les rêveries les plus dénuées de sens commun.

Salut du Peuple par le Peuple.

ORGANISATION RATIONNELLE ET IMMÉDIATE DU LIBRE TRAVAIL.

Consolidation de la République Française Une et Universelle.

Création Nouvelle, Commerce fraternel, Travail ordonnancé, Justice bienfaisante.

Question de VIE ou de MORT dans la situation

APPEL A TOUT HOMME DE BON SENS

Et à tout Citoyen de bonne volonté.

PÉTITIONS-TRAVAIL

Voix perpétuelles et salutaires contre la

MISÈRE ET LA CONFUSION,

Pour cimenter de suite l'union des vrais Travailleurs,
Sauveurs de la Patrie.

Développement des Pétitions.—Lettres républicaines aux pouvoirs publics.—Appel au service de tous, selon une vue commune. — Gouvernement réel de la chose publique par les Citoyens.—Vrai Contrat social de toutes les classes.—Vérité de la République pour créer une force permanente destinée à la recherche des grands projets et à la réalisation des grandes choses.—Organisation des libres manifestations de la pensée française.

PREMIÈRE ORGANISATION.
CLUB-LYCEE DE LA VOIX DU PEUPLE.
Club-École, Club-Spectacle et Atelier patriotique ordonnancé par les Prolétaires.
Siége actuel : 14, *rue des Fossés-st-Germain-l'Auxerrois.*

PREMIÈRE PUBLICATION.
L'ESPRIT FRANÇAIS, LES VOIX UNIVERSELLES ET LE PROPHÈTE REPUBLICAIN, OU LA VOIX DU PEUPLE LIBRE, Journal-Bibliothèque.

PREMIER ACTE,
BATTERIE DES HOMMES SANS PEUR
Drapeau de ralliement : UNION, UNITÉ, VÉRITÉ.

Rappel contre toute liberté stérile. — *Ordre, Commandement suprême de la Liberté suprême.*

DIMANCHE 2 AVRIL, A 10 HEURES DU MATIN,

Réunion pour une Manifestation organisée et ordonnancée. — Communication patriotique depuis la place du Panthéon jusqu'au Champ-de-Mars et à la Colonne de Juillet, par la place de la Concorde et les Quais, afin de cimenter l'union des vrais travailleurs, et d'apprécier la première Pétition-Travail.

Cette affiche fut lacérée par les gardiens de Paris aussitôt qu'elle fut posée. Il est en vérité fâcheux que l'extrême susceptibilité de ces fonctionnaires ait privé la population parisienne de la *communication patriotique* à travers quais, destinée à cimenter l'union des *travailleurs sauveurs de la patrie*, et qui aurait si bien fait apprécier la première *pétition-travail*. On doit vivement regretter cette belle théorie du travail ordonnancé, qui devait créer sur la place du Panthéon « *une force permanente destinée à la recherche des grands pro-*

jets, sans oublier « l'*organisation des libres manifestations* et le *vrai contrat social de toutes les classes.* »

Les citoyens E. Mailler et Landoin, qui appartiennent à l'école démocratico-socialisco-mystique, dont M. J. B. Madrolle et le MAPAH (le *citoyen Ganeau*) font le plus bel ornement, se sont dédommagés de la contrainte apportée par l'autorité à l'ouverture du *Club Lycée des Prolétaires*, en publiant divers journaux mystico-révolutionnaires, parmi lesquels nous citerons :

L'ÉVANGILE DE PARIS, DÉDIÉ AUX CITOYENS DES DÉPARTEMENTS. *Publication démocratique.* 100 livraisons à 5 c. (une seule a paru).—Une demi-feuille in-4°, 4 pages à deux colonnes, sans date, a paru le 3 décembre 1848. chez Landoin, imprimerie Cordier.

LE PROPHÈTE RÉPUBLICAIN, ALMANACH DU PEUPLE, 16 pages in-8°, vignettes sur bois. Bureau rue Saint-Jacques, 41.

LA VOIX DU PEUPLE, LIBRE, SOUVERAIN ET PROGRESSIF, *parole de vérité salutaire, organe du Club-Lycée des Prolétaires.* Une demi-feuille in-folio, deux pages à trois colonnes, devait paraître les mercredis et samedis. n'a eu qu'un numéro daté de mars 1849 (publié le 26). Gérant, Landoin ; imprimerie, Malteste.

LES VOIX UNIVERSELLES, VOIX DES PEUPLES, VOIX DES INDIVIDUS, VOIX DES CHOSES, VOIX DES ANIMAUX, VOIX DES ESPRITS, VOIX DU CŒUR. *Pantosophie patriotique. Première opération du commerce fraternel et du travail ordonné. Collaboration de tous les citoyens,* etc., *établie à Paris depuis le 21 mars 1848, premier jour du printemps, première équinoxe de l'ère d'égalité,* etc., etc. Il n'a paru que la première livraison (fin mars 1848), quatre pages in-8° ; elle contient deux chansons : LA DÉLIVRANCE UNIVERSELLE, *Cri d'affirmation positive,* et LE ÇA IRA DE 1848, *Chant des Clubs.* Imprimerie Hiard, à Meulan.

IBÉRIQUE (*Club démocratique*), rue Saint-Jacques, 254 (salle de l'Institut national des Sourds-Muets), fondé en mars 1848. Président, Bruno Vidal.

Nous ne connaissons de ce club que les deux pièces qui suivent : la première est une convocation à un service funèbre ; la seconde est une adresse des démocrates espagnols au peuple de Paris.

SERVICE FUNÈBRE EN MÉMOIRE DES ESPAGNOLS
Morts pour la cause de la liberté.

I.

Depuis la proclamation de la constitution de Cadix en 1812, ce pacte fondamental des libertés espagnoles, jusqu'à la dernière révolution de mars, notre patrie compte de nombreux et héroïques martyrs, morts pour la sainte cause de nos libertés.

Glorifions leur mémoire ! Nous leur devons l'esprit de liberté, qui enflamme nos cœurs et qui agite notre pensée.

Réunissons-nous au pied de l'autel, prions pour eux et pour notre prochaine délivrance.

Convions à cette solennité nos frères de la Péninsule, les Portugais, nos frères des Amériques et tous les membres des différents peuples qui se trouvent à Paris.

II.
Au Peuple français.

Et toi, peuple héroïque de France, aux larges sentiments démocratiques, unis-toi à nous pour célébrer ce jour ! Naguère tu as encore une fois répudié, de la manière la plus éclatante, la politique des familles princières qui surent, dans leur intérêt personnel, soit par les armes, soit par la corruption, comprimer l'élan de notre patriotisme.

Étrange spectacle ! — L'Espagne, cette sœur aînée de la France, qui, la *première*, s'était déclarée l'alliée de la République française et avait versé son sang pour elle, l'Espagne a été le seul pays qui a eu à souffrir dans ses sentiments de fraternité pour le peuple français.

Les *intérêts dynastiques* des trois dernières couronnes des Tuileries ne pèseront plus sur l'Espagne. — Le PEUPLE FRANÇAIS est là ; il veille armé, dans sa puissance et dans sa force, au salut de la liberté du monde !

Aussi les peuples de France et d'Espagne sont-ils fraternellement unis pour toujours.

III.

Le peuple de Paris étant aujourd'hui organisé, soit dans les clubs, soit dans les légions de la garde nationale, les Espagnols seront heureux de trouver dans leurs rangs mardi prochain 11 avril, au service funèbre de la Madeleine, des députations des clubs avec leurs drapeaux, et des citoyens de la garde nationale.

IV.

La réunion aura lieu aux abords de la Madeleine, à dix heures et demie; le service sera fini à onze heures et demie.

La réunion se rendra ensuite au boulevard Bonne-Nouvelle.

Une oraison funèbre en l'honneur des martyrs de la liberté espagnole et du monde entier sera prononcée dans la salle Bonne-Nouvelle par *un membre du clergé de Paris*.

On se rendra ensuite à la colonne de juillet pour rendre hommage aux martyrs des libertés françaises.

V.

Drapeaux.

Les drapeaux de la cérémonie seront les suivants :

Drapeau de la démocratie espagnole ;

Drapeau de la démocratie portugaise ;

Drapeau de la fédération Ibérique ;

Et les drapeaux des autres nations qui se réuniront aux démocrates espagnols.

LES DÉMOCRATES ESPAGNOLS AU PEUPLE DE PARIS.

FRÈRES,

Votre cœur noble et chaleureux a répondu avec effusion et enthousiasme à la voix des démocrates espagnols.

Vous êtes venus aux pieds des autels témoigner de votre pieux souvenir pour les martyrs de la Péninsule, morts pour la sainte cause de la liberté.

Vous êtes venus avec nous entendre la parole évangélique d'un orateur sacré du clergé de Paris, qui, au nom de Dieu et de la fraternité humaine, est venu protester contre les principes de la vieille politique des castes princières, qui tendait à séparer les nations au lieu de les unir.

Vous avez, les premiers, inspirés par les sentiments les plus élevés, proposé d'acclamation et accepté en votre nom et au nom des clubs dont vous êtes les représentants, la candidature à l'Assemblée nationale de l'orateur, l'abbé CHAVÉR, qui, en défendant les droits de la Péninsule, proclamait bien haut la sainte alliance des peuples.

Vous avez, au pied de la colonne des martyrs de Juillet et de Février, protesté au nom de la France contre la politique de vos anciens rois, qui espéraient, dans leur fol orgueil dynastique, faire disparaître les Pyrénées au seul profit de leurs intérêts égoïstes.

Merci, merci, noble peuple de Paris, pour votre concours fraternel ! Merci à vous surtout, blessés de Février, qui encore convalescents vous êtes unis à nous pour célébrer la fête funèbre des martyrs de la liberté de la Péninsule.

Notre fraternelle manifestation d'hier aura du retentissement par delà les Pyrénées.

Le peuple y doit aussi tressaillir de joie et d'enthousiasme pour tout ce qui est grand et beau.

Il a encore assez de sang généreux pour conquérir toutes les libertés.

Vive la France ! Vive l'Espagne ! Vive la République !
Vive la fraternité des peuples !

INCORRUPTIBLES (*Club des*), rue Saint-Honoré, 219, fondé en mars 1848. Président, Delente ; vice-président, Parenthon ; secrétaire, Frédéric Gérard, ex-maire de Montrouge.

Le 2 avril 1848, à deux heures, par une pluie diluvienne, ce club rouge communiait sur la place du Châtelet, avec d'autres sociétés populaires qui s'étaient rendues à son invitation, bureau en tête et bannières déployées, sous les espèces du vin bleu et de la charcuterie.

Les journaux démocratiques de l'époque ont rendu un compte pompeux de cette agape patriotique à laquelle prenaient part, entre autres clubs, ceux de l'*Emancipation des Peuples, des Hommes libres, des Femmes*, etc.

INDÉPENDANTS (*Club des*), rue de Montreuil, 1, fondé en mars 1848. Président, Moutin.

Ce club, un des plus violents, a pris en Juin le nom de *Club de la Devise française.*

Délégué dans les départements, le citoyen Paul, bottier, Impasse d'Argenteuil, envoyé à Castres.

INDÉPENDANTS (*Club des*). M. Alfred Sudre, auteur d'une excellente *Histoire du Communisme*, est indiqué par le journal *la Commune de Paris* comme président d'un club de ce nom ; ce club, que nous n'avons pas connu, devait être animé d'un très-bon esprit.

INDUSTRIE ET DU COMMERCE (*Club de l'*), rue Périer (Magasin des décorations du Théâtre des Variétés), fondé en avril 1848. Président, Debrosse.

Rouge.

Délégué dans les départements, le citoyen Lacroix, rentier, Place de l'Oratoire du Louvre, 4, envoyé à Libourne.

INSTITUT (*Club de l'*), grande Salle du palais de

l'Institut; fondé en mars 1848. Président, Colfavru; vice-président, Thuillier.

Lorsque nous aurons dit que le journal *le Père Duchène* était représenté à ce club par son rédacteur en chef, son gérant, ses rédacteurs (les citoyens Jules Choux, Gauthier, Véry, Paul Rochery et autres illustrations) et ses crieurs, nous aurons indiqué d'une manière suffisante l'esprit dont il était animé.

INSTITUTEURS, INSTITUTRICES ET PROFESSEURS SOCIALISTES (*Association fraternelle des*), rue de Breda, 21, fondée en 1849. Président, Lefrançois; présidente, Pauline Roland; secrétaire, Pérot.

Cette espèce de club s'était constitué en commission exécutive; il devait faire beaucoup, il ne fit rien.

INSTITUT ORATOIRE DE PARIS (*Club de l'*), rue Duphot, 12, fondé en mars 1848. Président, Emile Lambert (pseudonyme d'Anatole Saulnier), républicain modéré.

INTÉRÊTS COMMUNS (*Club des*), rue Saint-Antoine, 169, fondé en avril 1848. Président, Coquereau. Rouge.

Délégués dans les départements; les citoyens: Massif, tailleur de pierres, rue Geoffroy-l'Anier, Bertin, compositeur d'imprimerie, rue Constantine, 7, envoyés dans le département du Gers; Blary, ancien grainetier, rue des Barres-Saint-Germain, 15, envoyé à Béthune; Coquereau, sculpteur, rue Neuve-Sainte-Catherine, envoyé à Poitiers et à Chatellerault; Laroche, compositeur d'imprimerie, rue Culture-Sainte-Catherine, 12, envoyé à Libourne.

INTÉRÊTS DU PEUPLE (*Club des*), institution des Sourds-Muets (12e arrondissement), fondé le 30 mars 1848. Président honoraire, Jorry, ex-général; président, Cartelier, avocat à la Cour d'appel; vice-présidents, F. Plée, Ansart; secrétaires, Desmaison, Parent-Aubert, docteur en médecine; archiviste, Hertemalhe.

Républicain, nuance du *National*. L'ex-général Jorry a été accusé d'avoir pris part à l'insurrection de Juin.

Délégués dans les départements; les citoyens: Duvivier, géomètre, rue d'Enfer, 66, envoyé à Bordeaux;

Vauquelin, ouvrier cordonnier, rue d'Enfer, 66, envoyé à Lisieux.

INTÉRÊTS POPULAIRES ET DE LA GARDE MOBILE (*Club des*), secrétariat permanent, rue de la Michodière, 6; les séances du club se tenaient à la Bourse (salle des Faillites); fondé en mars 1848. Président, Masselin.

Club républicain, mais cependant modéré.

JACOBINS (*Club des*), rue du Faubourg-du-Roule, (salle de l'École communale), fondé en mars 1848. Président, Buchoz-Hilton.

Ce club professait, en mars et avril, les doctrines les plus anarchiques : on ne parlait dans la salle de ses séances que des têtes qu'il fallait couper, des aristocrates qu'il fallait anéantir, etc.

Son président, le citoyen Buchoz-Hilton, est une sorte de visionnaire, plus maniaque que véritablement dangereux, que ses nombreux procès, son opposition constante au gouvernement de Louis-Philippe et surtout ses excentricités ont fait connaître.

Après la Révolution de juillet 1830, il se fit nommer *par le peuple* colonel du régiment, dit des volontaires de la Charte, composé, ainsi que la garde nationale mobile après Février 1848, des individus qui avaient pris part aux événements qui venaient de s'accomplir. Ce régiment du reste, devenu plus tard le 67ᵉ de ligne, a fait oublier sa funeste origine par sa belle conduite en Afrique.

Tant que le colonel Buchoz-Hilton put croire qu'il conserverait les épaulettes d'officier supérieur, il se montra un des plus zélés serviteurs du nouveau gouvernement, mais tout changea lorsqu'on chercha à lui faire comprendre qu'avant d'être colonel il fallait être sinon soldat, du moins officier subalterne. Le citoyen Buchoz-Hilton n'accepta pas le grade de sous-lieutenant qui lui fut offert, et, croyant faire pièce au pouvoir, il se fit successivement marchand de cannes à la poire molle, de cirage à la poire molle, etc. Nos lecteurs se rappellent qu'il était de mode, en 1832, de donner à la physionomie du souverain les apparences d'une poire ; ils n'ont pas oublié sans doute les nombreuses caricatures publiées à cette époque : poire suspendue à une potence, poire guillotinée, et autres gracieusetés du même genre. L'éditeur actuel du *Journal pour Rire*, le citoyen Philippon, un dessinateur que beaucoup de gens s'obstinent à trouver très-spirituel, est l'auteur de la plupart de ces facéties démocratiques dont du reste on lui doit l'idée-mère.

Condamné plusieurs fois pour outrages à la personne du monarque, le citoyen Buchoz-Hilton, prit enfin le parti de se tenir tranquille ; il ne sortit de sa retraite, après la catastrophe de Février, que pour fonder le club des Jacobins.

JACOBINS (*Club central des*). Rue de Seine 51, et rue de la Harpe (dans l'ancien palais des Thermes), fondé en mars 1848 ; président honoraire perpétuel, Roybin, ancien libraire de la Convention nationale, ex membre du club des Jacobins en 1793 ; président, Pitois-Christian, homme de lettres ; vice-présidents, Maximilien Chrétin, statuaire, Eugène Rabuan, docteur en médecine ; secrétaires, Jacqueline, propriétaire, Legenvre, propriétaire, Masson, docteur en droit ; commissaires, Jules Thomas, pharmacien, délégué du peuple à l'hôtel-de-ville, Chantrelle, peintre en décors, Ch. de la Varenne, étudiant en droit, aussi délégués du peuple.

Les appréciations faites sur l'esprit de ce club par la presse de l'époque sont, pour la plupart, erronées ; malgré son nom et les apparences, le club des Jacobins était dévoué à la cause de l'ordre.

Délégués dans les départements ; les citoyens : David, professeur de belles-lettres, à Batignolles, envoyé à Mont-de-Marsan ; David, frère du précédent, envoyé aussi dans le département des Landes ; Mallet, commis-voyageur, rue Boucher 12, envoyé à Montauban.

JEUNE FRANCE (*Club socialiste de la*), à Batignolles, fondé en juin 1849. Président, Victor Angelot, horloger, condamné contumace par suite des événements de Juin 1849. (Voir plus haut *Club des Batignolles*).

JEUNE-MONTAGNE (*Club de la*), ou *de la Sorbonne*, amphithéâtre de la Sorbonne, fondé en mars 1848. Président, Juin d'Allas (sous le nom de Michelot).

Ce club commençait à acquérir une importance assez considérable, lorsqu'on découvrit que son président n'était rien moins qu'un forçat contumace : on renvoya au bagne le citoyen Juin d'Allas, et il ne fut plus question du club. Ce fut une grande perte pour la démocratie socialiste : les doctrines du club de la Jeune-Montagne étaient d'une pureté et d'un radicalisme qui ne laissaient rien à désirer.

Le citoyen Juin d'Allas a publié en avril, sous ce titre : la *Souveraineté du Peuple*, un journal dont il a paru cinq numéros.

JEUNES-ETUDIANTS (*Club des*), au Palais-de-Justice, fondé en mars 1848.

Les membres de ce club rose, fondé, ainsi que son titre l'indique, par des étudiants de première année, sont devenus tout à fait rouges lorsqu'après deux ou trois seances insignifiantes le club des Jeunes-Etudiants a été absorbé par le Comité central des écoles.

LA CHAPELLE SAINT-DENIS (*Club républicain de la*), à La Chapelle Saint-Denis, boulevard des Poissonniers, 26, fondé en mars 1848. Président, Mag, ouvrier imprimeur.

Rouge.

LIBERTÉ (*Cercle-Club de la*), rue Jean-Jacques Rousseau, 19, et rue Salle-au-Comte, 14, fondé en mars 1848. Président, Désévaux ; secrétaire, E. Guichard.

Le secrétaire de ce club en écrivait ainsi l'adresse : « *Rue Salop-Comte.* » Cependant le cercle-club de la Liberté était traité de réactionnaire par d'autres réunions populaires.

LIBERTÉS POLITIQUES, CIVILES ET RELIGIEUSES (*Comité électoral des*), chez Lecoffre, libraire, rue du Vieux-Colombier, 29, fondé en avril 1848. Membres du comité : Alexandre Andryane, Arnault, capitaine en retraite ; Balandin, menuisier ; Boulingre,

marchand d'huile; Benard, Bioche, Chalumeaux, serrurier; Charlier, peintre d'histoire; Gardeche, ouvrier
tisseur, délégué au Luxembourg; Garnier, Gauthier de
Claubry, Godart, Guillot, ajusteur; Housset, Jomand,
élève de l'école Polytechnique; J. Lefebvre, ouvrier
typographe; Mouton, Léon Pages, Restou, couvreur;
J.-F. Teissier, Vellu, ouvrier charpentier, délégué au
Luxembourg.

Ce comité a fait placarder dans Paris l'affiche suivante :

Liberté, Égalité, Fraternité.

ÉLECTIONS DU DÉPARTEMENT DE LA SEINE.

COMITÉ ÉLECTORAL DES LIBERTÉS POLITIQUES, CIVILES
ET RELIGIEUSES.

« La République a remplacé un gouvernement qui sacrifiait la liberté,
a dignité et la prospérité de la France à des intérêts dynastiques.

« La République a été acceptée par nous et par tous avec sincérité,
mais elle ne peut être solidement fondée que sur une liberté réelle;
l'histoire nous apprend qu'il y a eu des républiques despotiques: elle
nous apprend aussi qu'elles ont été elles-mêmes l'instrument de leur
ruine.

« La liberté est une et indivisible; quand on n'admet pas toutes les
libertés, on n'en aime aucune; il faut donc proclamer avec une égale
ardeur toutes les libertés politiques, civiles et religieuses: la liberté
de la presse, le droit de réunion; les libertés de conscience et du culte,
les libertés de l'enseignement et de l'éducation, la liberté individuelle,
la liberté du domicile, de la propriété, de l'industrie et du travail.

« Il faut de la liberté dans la fraternité, cette vieille vertu du christianisme; sans la liberté, que deviendraient la production, l'industrie,
le travail ?

« La loi doit fonder partout des institutions démocratiques, qui du
rapprochement généreux des intérêts opposés fasse jaillir les améliorations nécessaires; tout le monde comprend aujourd'hui que les diffé-
rentes situations sociales n'ont pas été faites pour elles-mêmes, qu'elles
ne sont pas leur propre fin, et que loin de se diviser ou de s'isoler dans
un but d'oppression, elles doivent se rechercher, s'entre-aider, se
servir mutuellement, et féconder par leur union le sein de la patrie.

« Enfin il faut de la liberté dans l'égalité, car à quoi bon des
droits égaux si l'usage n'en était pas libre, et si l'exercice en était
compromis par la violence ou la mauvaise foi ?

« La liberté résume à elle seule les trois symboles de notre devise
à tous, car sans elle l'égalité et la fraternité ne seraient que de
vains mots.

« La nation doit demander à ceux qui aspirent à l'honneur de la représenter s'ils veulent sincèrement toutes les libertés.

« Dans ce moment solennel les destinées de la France vont être fixées : choisissons donc parmi tous les citoyens sans distinction, des hommes énergiques et consciencieux, qui ne transigent sur aucun des principes qu'ils auront proclamés.

« Le comité électoral des libertés politiques, civiles et religieuses invite tous les citoyens qui partagent ses convictions à lui prêter activement leur concours. Un bureau central permanent a été ouvert, pour donner et recevoir les renseignements, chez le citoyen Lecoffre, rue du Vieux-Colombier, 29. »

Suivent les noms que nous avons donnés ci-dessus.

LIBERTISTE (*Association*) *ou embrigadement de la société par lequel tout despotisme et toute anarchie deviennent impossibles*, rue du Marché-Saint-Honoré, 15, fondée en septembre 1848. Président, Pinto, espèce de songe-creux à classer avec les citoyens Ganeau (*Le Mapah*), Landouin et Mailler (voir *Club-batterie des hommes sans peur*).

LIBRES PENSEURS (*Société démocratique des*), à l'église de l'Assomption (chapelle Saint-Hyacinthe) ; fondée en mars 1848. Président, Folliot ; vice-président, Christian Lincelle ; secrétaire, Valtier.

Cette Société démocratique agissait aussi librement qu'elle pensait, et, nous devons le dire, elle pensait fort mal.

LIGUE DES PEUPLES. On nous donne l'assurance que les fondateurs de la Revue : la *Ligue des Peuples* viennent de fonder une sorte de club secret dans lequel serait prêchée l'alliance révolutionnaire des jacobins et des socialistes de tous les pays. Du reste, dans son quatrième numéro, la Revue en question donne le compte-rendu d'une assemblée générale des actionnaires de la Société dite de la *Ligue des Peuples*, qui a eu lieu le 25 juillet 1850 sous la présidence d'un certain docteur, lequel, ne pouvant se faire un nom dans la médecine, cherche à acquérir nous ne savons quelle célébrité de mauvais aloi dans la politique de la destruction universelle.

A cette séance, le *directeur-gérant* de cette compagnie

semi-industrielle et entièrement jacobine a déclaré que : *ses relations suivies avec l'Europe entière prennent chaque jour une extension plus grande;* puis on a nommé des *fonctionnaires*, des *co-gérants*, des membres du *conseil de surveillance*, le tout sur le patron du comité de *salut public* organisé par Sobrier. Tout cela nous paraît ressembler furieusement à une Société secrète.

LINGÈRES (*Club fraternel des*), rue Richelieu, 66, fondé en mars 1848. Présidente, Désirée Gay.

Cours de démocratie et de corseterie; application du socialisme à la chemiserie. (Voir plus haut *Club des Femmes.*)

LUXEMBOURG (*Club des Délégués ayant siégé au*). Président honoraire, Louis Blanc.

Après l'hégire du citoyen Louis Blanc, quelques-uns de ses séides organisèrent, sous le nom de : *Comité central des Délégués des corporations d'ouvriers ayant siégé au Luxembourg*, un club composé des citoyens dont les noms suivent : président, Lagarde; vice-présidents, Dumon, Godin; secrétaire, A. Lefaure; membres actifs, Perrot, ouvrier ébéniste, Phalène, Ch. Derosne et Cail, mécaniciens.

A chacune des séances de cette réunion, on se bornait à paraphraser les œuvres du maître.

MAÇONNIQUE (*Club central*) quai aux Fleurs (Salle du Prado), fondé en mars 1848. Président, F∴ Moutonnet; vice-président, F∴ Ollivier; secrétaire, F∴ Darragon.

Nous pourrions, à propos de ce club des Maçons rouges, dire beaucoup de choses de la Maçonnerie, qui, suivant nous, n'a jamais été appréciée comme elle doit l'être, que par l'abbé Barruel, dans son excellente *Histoire du Jacobinisme;* mais, quant à présent, cela nous entraînerait beaucoup trop loin. Nous avons réuni une foule de documents qui nous serviront peut-être à écrire une histoire des Sociétés secrètes depuis 1789 jusqu'à nos jours, dans laquelle nos lecteurs trouveront une foule de détails curieux sur l'état actuel de la Maçonnerie.

MAÇONNIQUE (*Comité central*), fondé en avril 1848.
Démembrement, ou plutôt centralisation du club précédent.

Délégués dans les départements; les citoyens : F∴Servan, négociant, rue Saint-Denis, envoyé à Montélimart et à Nyons; F∴ Dutrivaux, ex-maître-d'hôtel, rue Beautreillis, spécialement chargé de républicaniser les garnisons du département de l'Oise.

MAITRES D'ETUDES (*Association démocratique des*), Place du Panthéon, 9, fondée en mai 1848. Président, Maurin; vice-président, Rossat; secrétaires, A. Bonnefons, Calonge; trésorier, Nuéjouls; membres du bureau, F. A. Beynac, de Kytspotter, Oger, Moine, H. Joatton, Jaboene, Richard.

Ce club rouge publiait tous les quinze jours un journal athée et communiste intitulé : *l'Education républicaine.*

MAITRES DE PENSIONS (*Club des*), rue Saint-Honoré (salle du bal dit *des Chiens*); fondée en mai 1848. Président, Robert Rigaud; secrétaire, Tournemine.

Ce club, non moins rouge que le précédent, était cependant traité par lui d'*aristo*; en revanche, le *Club des Maîtres d'Études* n'était pour celui des maîtres de pension que le *Club des Pions*.

MARAIS (*Club du*), Marché des Blancs-Manteaux (Salle de l'Ecole israélite), fondé en mars 1848. Président, Turmel, transporté de Juin; secrétaire, Allix.

Rouge.

Délégués dans les départements : les citoyens Javelot, ancien employé, rue de Mesnars, envoyé à Coulommiers; Guérin, fabricant de portefeuilles, rue du Bac, envoyé à Pontoise et à Méru.

MEDECINS DU DEPARTEMENT DE LA SEINE (*Club des*), rue des Fossés-Montmartre, 15, fondé en juin 1848. Président, Bouilland.

A bas le citoyen Orfila et vive la République! Ces neuf mots résument la déclaration de principes du club des Médecins.

Ce club publiait un bulletin qui a eu trois numéros en juin 1848.

MÉDICAL (*Club*), rue du Sentier, 3, fondé en mars 1848. Président, Chariat.

Réunion rouge de médecins sans clientèle.

MONTAGNARDS (*Club des*), à Belleville, fondé en mars 1848. Président, A. Pottier ; vice-présidents, Collet, décoré de juillet, Guérineau: secrétaires, Dufaut, Talvichy, E. Bouvet ; trésorier, Delaporte.

Club rouge qui a pris une part active aux événements de juin 1848.

Délégués dans les départements; les citoyens : Asselinc, menuisier, cité Napoléon, à Belleville, envoyé à Valognes ; Bouvet, garçon maçon, rue de la Marre, à Belleville, envoyé à Rouen ; Chazotte, ouvrier argenteur, rue Saint-Laurent, à Belleville ; Guérineau, modeleur, rue des Fossés-Ménilmontant, à Belleville, envoyés à Angers.

MONTAGNARDS (*Club des*), à Suresne, fondé en avril 1848. Président, Bureau.

Rouge.

Délégué dans les départements, le citoyen Despinas, employé, à Suresne, envoyé dans le département de l'Isère.

MONTAGNE (*Réunion des représentants et des anciens constituants de la*), en janvier 1849, à Neuilly, en juin suivant, rue du Hasard, 6. Président, Ledru-Rollin ; secrétaire, Martin Laulerie.

L'esprit qui animait cette réunion dont faisaient partie les citoyens Cantagrel, Heitzmann, Suchet, Maigne, Fargin-Fayolle, Daniel Lamazières, Boch, Vautier, Deville, Gambon, Janot, Louriou, Félix Pyat, et autres représentants du peuple compromis à la suite des événements de juin 1849, est connu.

Le secrétaire de cette réunion s'est trouvé dernièrement compromis (comme du reste beaucoup d'autres démocrates avancés) dans une infinité de tripotages californiens.

MONTAGNE (*Club républicain de la*), rue Périer (magasin des décorations du théâtre des Variétés), fondé en avril 1848. Président, Duval; secrétaire, Simon Fort.—Rouge.

Délégués dans les départements; les citoyens: Duval, commis-voyageur, rue du Caire, 31, envoyé à Caen; Cérès, menuisier, passage Basfour, 11, envoyé à Auch; Leu, menuisier, rue de la Tour-d'Auvergne, 31, envoyé à Vitré; Laroche, homme de lettres, rue de la Nation, envoyé à Nantes; Laloubère, agent d'affaires (récemment directeur gérant de la compagnie Californienne *l'Eldorado*, et, en cette qualité condamné par le tribunal correctionnel de la Seine à plusieurs mois de prison pour escroquerie), envoyé à Agen; Delambre, horticulteur, envoyé à Arras; Laborne, ébéniste, rue Saint-Antoine, 195, envoyé à Strasbourg; Silbermann, préparateur de physique au Collége de France, y demeurant, envoyé à Colmar.

MONTAGNE (*Club de la*), à Passy, fondé en mars 1848. Président, Grivois.

Suivant le président de ce club, beaucoup moins grivois qu'il n'en avait l'air, il ne s'agissait, pour assurer le bonheur de la France, que de couper 6,000 têtes d'*aristos*, c'est moins du reste que n'en voulait abattre, à la même époque, le fameux citoyen Pornin, qui en exigeait 100,000.

MONTAGNE (*Club de la*), à Montmartre, au Petit-Château-Rouge, fondé en mars 1848. Président, Dulaurier; vice-présidents, Noël, Royon; secrétaires, Ch. Deshayes et Laroche. Après les événements du 15 mai il est fermé; puis ouvert de nouveau dans un local du boulevard des Poissonniers, 16, *extra muros*, sous la présidence du citoyen Larroque.

Ce club a fait placarder dans Paris et la banlieue l'affiche suivante:

« RÉPUBLIQUE FRANÇAISE.

« *Liberté, Égalité, Fraternité.*

« CLUB DE LA MONTAGNE,

« A Montmartre (Petit-Château-Rouge).

« Citoyens,

« Le club de la MONTAGNE s'est constitué dans le but de préparer les élections des chefs de la garde nationale et celles de l'Assemblée constituante, et d'étudier toutes les questions politiques et sociales qui seront soumises au vote des représentants de la nation.

« Comme il est indispensable pour le triomphe de la cause démocratique que les élus du peuple aient donné des preuves de leur dévouement, de leur énergie, de leur désintéressement et de leurs lumières, le club de la Montagne s'efforcera d'assurer, par tous les moyens légaux, l'élection du plus grand nombre possible d'hommes connus par leurs luttes contre le pouvoir déchu.

« A l'œuvre donc, citoyens! Ne perdons pas un temps précieux; que chacun de nous apporte son intelligence et ses lumières à l'édification du monument qui doit assurer le bonheur et le triomphe de l'humanité.

« VIVE LA RÉPUBLIQUE!

« On peut se faire inscrire tous les jours, de onze heures à cinq, au Petit-Château-Rouge.

« Les réunions ont lieu les mardis, mercredis, vendredis et samedis, à huit heures du soir.

« Pour les membres du club,

« Les secrétaires : DESHAYES (Charles), LAROCHE; DULAURIER, président. »

Le citoyen Deshayes était, avec les citoyens L. B. Thomassin, A. Rattier, Grossier-Baranger, M. Lunin, Bérot fils, Raquinat, J.-B. Florentin, Guérin, Rigaud et Surgi, commissaire du fameux banquet à cinq sous, fraternisation des travailleurs, plus connu sous le nom de Banquet du père Duchêne; il a été, en cette qualité, condamné à treize mois de prison par le tribunal de police correctionnelle de la Seine, pour avoir détourné à son profit une somme de plus de onze mille francs provenant des fonds déposés entre ses mains par les souscripteurs.

Les membres de ce club recevaient, lors de leur affiliation, une médaille en cuivre très-bien frappée dont nous avons eu un exemplaire entre les mains. Sur l'exergue de cette médaille on lit : « Club de la Montagne de Montmartre. Château-Rouge. » Sont figurées ensuite deux mains entrelacées et une montagne; puis au-dessous sont ces mots : « Donnant la main aux peuples du globe. 14 mars 1848. » De l'autre côté est représentée en pied, une figure de la République, avec la devise : Liberté, Egalité, Fraternité.

MONTAGNE (*Club de la*), rue Frépillon, 24, fondé en mars 1848. Président, Abbé Constant; vice-président, A. P. Legallois; secrétaire, Mme Constant; trésorier, Maurice Valette; membres du bureau : Léonard Gallois, Aug. Barzilay, Alfred Bougeart, Agathon Bougiclis, Louise Collet (née Revoil), Ganeau (dit le MAPAH), Jean Journet, Alphonse Esquiros, Adèle Esquiros (née Battanchon), Constant Hilbey, ouvrier tailleur, J.-B. Girard.

Réunion de bas-bleus crottés, de fous socialistes et de démocrates de ruisseau, qui siégeaient dans la salle enfumée d'un marchand de vin, devant des tables couvertes de nappes maculées, entre des pots de vin bleu et des pipes culottées. Dans la salle du club de la rue Frépillon, les cinq sens étaient à la fois également blessés : on y buvait du vin détestable et de l'eau-de-vie frelatée, on y respirait les odeurs les plus nauséabondes; il fallait, une fois qu'on était entré dans ce lupanar démocratique et social, se résigner à entendre des théories et des déclamations contre la société qui auraient trouvé des contradicteurs au bagne de Brest. Les assistants, à quelques rares exceptions près, étaient couverts de ces haillons sordides, qui ne sont pas la livrée de la pauvreté honnête et laborieuse, mais bien celle de la débauche ignoble.

Nous avons entendu le citoyen abbé Constant prononcer dans son club ces atroces paroles : *Nous ferons bouillir le sang des aristocrates dans les chaudières de la Révolution et nous en ferons du boudin pour rassasier les prolétaires affamés.*

Ce citoyen Constant a été condamné, le 11 mai 1841, à huit mois de prison et 300 fr. d'amende, pour outrage à la morale publique et atteinte à la propriété; le 8 février 1847, à un an de prison et 1,000 fr. d'amende pour délits semblables.

Nous connaissons de M. Auguste Pierre Legallois, dit *l'homme de la Montagne, le Représentant, le vengeur et le consolateur du peuple; auteur de l'indignation prophé-*

tique, du *Normand socialiste*, fondateur du *Représentant du Peuple*, inventeur de **P.-J. Proudhon**, fondateur du club et du journal la *Montagne*, éditeur propagandiste-vulgarisateur du *chocolat fraternel du 15 mai 1848* (tels sont les titres qu'il se donne), une foule de publications en langage apocalyptique, toutes plus excentriques les unes que les autres, dans lesquelles il fait danser les plaines et les étoiles, frémir les montagnes et parler les tempêtes. Nous regrettons que le manque d'espace nous oblige à omettre quelques extraits curieux de ces singulières élucubrations d'un cerveau malade. Mais ce qui est différé n'est peut-être pas perdu ; ces extraits trouveront place dans une histoire des Journaux et des journalistes que nous comptons publier incessamment.

Ce club avait pour organe un journal dont il a paru trois numéros et qui était rédigé par les citoyens et citoyennes dont plus haut nous avons donné les noms.

Le journal était digne du club, le club digne du journal. Quand ce carré de papier rouge n'était pas atroce il était stupide.

Le citoyen Constant Hilbey, un de ces faux ouvriers dont nous avons déjà parlé, était l'un des membres les plus influents du club de la rue Frépillon. Ce citoyen, qui se croit destiné à remplacer Marat, a publié en février 1848 l'affiche suivante, probablement écrite sur le coin d'une borne avec une plume d'oie trempée dans de la boue.

CONSTANT HILBEY AU PEUPLE FRANÇAIS.

Je sors de Sainte-Pélagie, où j'étais incarcéré pour avoir démasqué l'infâme traître de LAMARTINE, que je trouve à la tête de votre nouveau gouvernement, lui qui, l'autre hiver (dans son discours sur les subsistances), excitait le gouvernement à réprimer le peuple qui avait faim. Les traîtres seront traîtres éternellement. Si vous remettez votre sort dans de pareilles mains, vous êtes perdus, une nouvelle révolution sera inévitable, et le sang de nos frères aura coulé inutilement. Déjà la garde nationale et les écoles prennent la direction du mouvement que le peuple seul a opéré : la bourgeoisie veut vous escamoter encore cette Révolution. Au nom du ciel, restez debout, défiez-vous de la garde nationale. L'aristocratie des riches, disait Marat, est pire que l'aristocratie des nobles. Aurez-vous versé votre sang pour ces hommes qui se sont engraissés de vos sueurs et qui n'ont d'autre mérite que leurs écus ?

Vive l'égalité ! Vive la République ! mais à bas les faux républicains ! Français, point de petites réformes ! Vous avez entre vos mains votre bonheur et celui des générations à venir : il faut jeter par terre l'édifice entier de vos lois : elles ont été faites par des scélérats et ne protégent que les scélérats.

Établissez des clubs, exigez une CONVENTION NATIONALE, et que la salle soit assez vaste pour contenir au moins quatre mille spectateurs, afin que vous puissiez toujours avoir les yeux sur vos représentants ; ce point est le plus important, et celui, par conséquent, qu'on tâchera de ne vous point accorder.

Point d'amnistie ! la punition de tous les traîtres !

Février 1848.

Si le citoyen Hilbey n'est point fou, nous ne saurions trouver pour le flétrir de qualifications assez énergiques. Ce citoyen Hilbey, qui se dit ouvrier tailleur, a publié en juin 1848 un *Journal des Sans-Culottes.*

MONTMARTRE (*Club républicain de*), à Montmartre (château des Brouillards), fondé en mars 1848. Président, Chautard, rédacteur de *la Réforme ;* secrétaire, Lebears.

Rouge, mais insignifiant.

MONTROUGE (*Club populaire de*), fondé en avril 1848. Président, Roybin, ex-libraire de la Convention nationale, dernier membre existant de l'ancien club des Jacobins.

Rouge.

Délégués dans les départements ; les citoyens : Capé, ouvrier bijoutier à Montrouge, avenue de la Santé, envoyé à Vitry-le-Français ; Sajo, commis, au petit Montrouge, rue Neuve-des-Lions, 8, envoyé à Besançon.

MONTROUGE (*Société populaire de*), à Montrouge, fondée en avril 1848. Président, Boitard.

Club rouge affilié à la Société des Droits de l'Homme.

NEUILLY (*Club de*), à Neuilly, fondé en mars 1848. Président, Sanis; vice-président, Enault; secrétaire, Bethmond. Affilié à la Société des Droits de l'Homme.

Délégué dans les départements ; Döghou, tailleur, à Neuilly, envoyé à Bourges.

NEUILLY-SUR-SEINE (*Club républicain démocratique de*), fondé en mars 1848. Président Ed. Paillard.

Rouge.

ORGANISATION DU TRAVAIL (*Club central de l'*), rue et salle Montesquieu, fondé en juin 1848, fermé fin juillet, réouvert en septembre, rue de Charonne, 39. Président Jules Lechevallier.

Ce club communiste qui faisait de la propagande en faveur de la banque d'échange du citoyen Proudhon avait pour organe un journal, *l'Organisation du Travail*, dont il a paru deux numéros en avril et septembre 1848.

M. Jules Lechevallier a été tour à tour saint-simonien et fouriériste; puis il a mis sa plume au service du parti conservateur dans la *Paix* et le *Journal de Paris*. Il est revenu au socialisme sous l'influence de la Révolution de 1848 et a coopéré à la rédaction du journal de Proudhon, le *Peuple*. Compromis dans les événements du 13 juin 1849, et condamné par contumace à la déportation, il s'est réfugié à Londres, d'où il adresse à la *République* des lettres sur le socialisme.

ORGANISATION SOCIALE (*Club de l'*), rue Neuve-Coquenard (impasse de l'Ecole).

Le même que celui du *Progrès*, présidé par Huber, qui se reconstitue après les événements du 15 mai. En juin, il prend le nom de Club de la *Réunion sociale* et est présidé par le citoyen Lombard, docteur en médecine.

Communiste.

OUVRIERS ALLEMANDS (*Club des*), rue Saint-

Denis (café de la Picarde), fondé en mars 1848. Président, Ley.

Club de tailleurs et de bottiers allemands et socialistes qui affichaient la prétention d'indiquer à la France la manière dont elle devait se gouverner.

OUVRIERS DE LA FRATERNITÉ (*Club des*), rue de Fleurus, 3 (à l'ancienne Brasserie lyonnaise); fondé le 23 mars 1848.

L'ouverture de ce club a été annoncée par l'affiche suivante :

République française.—Liberté, Égalité, Fraternité.

CLUB DES OUVRIERS DE LA FRATERNITÉ
(XIe arrondissement).

« La République est proclamée.—Dévoués à la forme républicaine et franchement unis au Gouvernement provisoire, les membres du club des Ouvriers de la Fraternité veulent

« 1º *La souveraineté du peuple, agissant d'une manière permanente et régulière par le suffrage universel;*

« 2º *La consécration de tous les droits et de toutes les libertés, savoir :*

« *La liberté individuelle et l'inviolabilité du domicile;*

« *La liberté de conscience;*

« *La liberté de tous les cultes et leur complète indépendance;*

« *La liberté de l'éducation et de l'enseignement ;*

« *La liberté de la parole et de la presse ;*

« *La liberté des Associations et des Réunions;*

« 3º *L'égalité de tous les citoyens.*

« 4º *La fraternité fondée sur l'union et réalisée par le dévouement réciproque de tous les membres de la grande famille française.*

« *Ils veulent le maintien de l'ordre, le respect de la propriété, la solution prompte et sage de toutes les questions ayant pour objet le bien-être du peuple.*

« *Ils s'occupent spécialement de tout ce qui touche aux intérêts des ouvriers.*

« *En un mot, ils veulent sincèrement la* LIBERTÉ, *l'*ÉGALITÉ *et la* FRATERNITÉ.

« Les réunions du club se tiendront rue de Fleurus, nº 5, dans les bâtiments de l'ancienne Brasserie lyonnaise; la première réunion aura lieu le jeudi 23 mars 1848, et les suivantes les lundi et vendredi de chaque semaine, à sept heures du soir.

« *Pour les membres du Club, les membres du bureau :* les citoyens Carette, marchand de verdure; Chalumeau, serrurier; Chauveau, fondeur en caractères ; Cuénot, avocat à la Cour de Cassation ; Cuvinot, employé ; Galmace, cordonnier ; Lamache, avocat ; Lebocq, avocat ; Lefebure, menuisier ; Lefranc, emballeur ; Metgé, cordonnier ; Petitjean, ouvrier mécanicien ; Pinard, employé ; Prestat, chapelier ; Restout, père, couvreur ; de Riancey (H.), homme de lettres, actuellement Représentant du peuple ; Riffault, tenant hôtel garni ; Rousselle, peintre en bâtiment ; Schmit, cordonnier.

OUVRIERS DES ATELIERS NATIONAUX RÉUNIS (*Comité des*), à l'Hippodrome, fondé en avril 1848. Président, Gustave Robert (voir *Société républicaine centrale*) ; délégué, Jacquet ; secrétaire, Auguste Dehaut.
Rouge.

PANTHÉON (*Club du*), dans un des caveaux du Panthéon, fondé en avril 1848. Président, Villard.
Rouge.
Délégué dans les départements, Pomel, peintre naturaliste, rue de Beaune, 8, envoyé à Issoire.
PASSY (*Club de*), au Ranelagh, fondé en mars 1848. Président, Tard, ex-maire de Passy, compromis à la suite des événements du 15 mai 1848.
Rouge.
Délégués dans les départements ; les citoyens : Leroy, imprimeur lithographe, rue du Faubourg du Temple, 7 ; Aigeldinger, imprimeur, quai de Passy, 8, envoyé à Mulhouse.
PATRIOTES INDÉPENDANTS (*Club des*), Cour des Miracles, 7, fondé en mars 1848. Président, Davroust.
Rouge.
PEUPLE (*Club du*), boulevard Bonne-Nouvelle (salle des Spectacles-Concerts), fondé le 17 juin 1848. Président, Alphonse Esquiros, représentant du peuple ; vice-présidents, de Flotte, représentant du peuple ; Pierre Lachambeaudie (le fabuliste communiste) ; secrétaires, Feuillâtre, Béraud, Loroué, Fombertaux fils ; membres fondateurs, Toupié, Marche, Guitera, Morel, Desjobert, Javelot, Adèle Esquiros (née Battanchon), Lefebvre, docteur Thomassin, Pierre Bry aîné (éditeur

d'une collection de romans immoraux à quatre sous la livraison).

Le 22 juin 1848, on prêchait ouvertement dans la salle du Club du Peuple l'anéantissement des bourgeois et la guerre civile. Le lendemain 23, la présence dans cette même salle de trente-cinq blessés et d'une vingtaine de cadavres attestait que les enseignements des Esquiros, des de Flotte et *tutti quanti* avaient porté leurs fruits.

Un communiste icarien mommé Marche, candidat du journal *le Populaire*, lors des élections d'avril 1848, a joué un rôle que les *Frères et Amis* ont trouvé sublime. En février 1848, à la Chambre des députés, il voulait tuer madame la duchesse d'Orléans; à l'Hôtel de Ville, il mettait à chaque instant en joue ceux des membres du Gouvernement provisoire qui hésitaient à proclamer le droit au travail. Un citoyen Marche, émissaire socialiste dans le département de Seine-et-Marne, a été condamné par la Cour d'assises de Melun à quinze ans de travaux forcés pour incendie? Le Marche du Club du Peuple et ceux dont nous venons de parler ne font-ils qu'un seul et même individu?

POPINCOURT (*Club*), rue Saint-Ambroise, 4, fondé en mars 1848. Président, Maigret; secrétaire, Victor Chipron, condamné contumace par suite des événements du 13 juin 1849. Est devenu en mai la *Société Popincourt*, président, Theil.

Rouge; affilié à la Société des Droits de l'Homme.

Délégués dans les départements; les citoyens : André, ferblantier, rue Charonne, 55 ; Baptiste Delaire, mécanicien, rue Ménilmontant, 7, envoyé à la Ferté-sous-Jouarre; Lecerf, ferblantier, rue Popincourt, 14; Vernot, instituteur, rue Constantine, 13, envoyé à Beaune; Gilmer, mécanicien, rue Saint-Sébastien, 3 ; Maigrot, mécanicien, rue des Amandiers, 17, envoyés à Toulouse et à Castelnaudary ; Saunis, rentier, rue Saint-Louis, envoyé à Metz ; Barbleu, mécanicien, rue du Chemin-Vert, envoyé à Lille ; Ducastel, marchand de vin, rue Saint-Sébastien, envoyé à Abbeville ; Vasseur, ébéniste, rue de la Roquette, 12, envoyé dans le département de la Somme; Dutocq, sculpteur, rue de Ménilmontant, 17, envoyé à Toulon.

POPULAIRE (*Club*), place Cambrai, 2, fondé en mars 1848. Président, Castelli; vice-président, Thirion; secrétaire, Lombard.

Club rouge d'étudiants en droit et en médecine. Sans influence.

PORTE MONTMARTRE (*Club central démocratique de la*), rue du Faubourg-Montmartre, 60, fondé en mars 1848. Président, Cisset, docteur en médecine.

Rouge.

Délégués dans les départements; les citoyens: Barbillat, avocat, rue de Seine, envoyé à Remiremont; Salmon, rue Richer, envoyé à Brest; Corraz, marchand tailleur, passage Jouffroy, envoyé à Nancy.

PRESSE DÉMOCRATIQUE ET SOCIALISTE (*Comité de la*), fondé en décembre 1848. Ce comité était composé des citoyens Langlois, Darimon, Ribeyrolles, Coq, V. Considérant, Cantagrel, Th. Thoré, E. Bareste, Hervé, Chatard, Julvécourt, Jules Lechevalier, Vidal, Toussenel, Delescluze, Raginel (propagande), rue Cléry, Gabriel de Mortillet (propagande), rue Neuve-des-Bons-Enfants, Paya, correspondant.

PRÉVOYANCE (*Club de la*), rue du Faubourg-Montmartre (manège Leblanc), fondé en avril 1848. Président, H. Chevalier; vice-président, Valtier; secrétaire, Potier.

Rouge.

Délégué dans les départements; le citoyen: Bastier, tailleur, rue des Bourdonnais, envoyé à Lavaur.

PRÉVOYANTS (*Club des*), rue de l'Arcade, 60, fondé en mars 1848. Présidents, Ernest Grégoire, puis après Treullé.

Le 24 mars 1848 le club des Prévoyants fait placarder sur les murs de Paris l'affiche suivante:

« OUVRIERS DU DÉPARTEMENT DE LA SEINE,

« Les ouvriers déjà inscrits comme électeurs de l'Assemblée nationale ne sont pas contents de vous.

« Vous savez aller conquérir la liberté jusque sur les canons de vos ennemis; et quand vous la tenez, vous ne savez pas la conserver.

« On prépare au Luxembourg des lois pour améliorer votre sort, et par votre négligence, vous n'aurez pas de représentants à l'Assemblée nationale pour défendre ces lois et les faire accepter.

« Nous avons parmi nous QUATRE CENT MILLE électeurs : il n'y a plus que deux jours pour se faire inscrire et nous ne sommes pas encore vingt mille inscrits dans toutes les mairies de la Seine.

« Quoi ! Vous combattez sur les barricades pour être libres, et vous ne savez pas vous servir de la liberté.

« Quoi ! Vous avez voulu être électeurs, et vous ne vous faites pas inscrire pour voter.

« Quoi ! Vous avez voulu être éligibles, et vous apportez, par votre négligence, des obstacles à l'élection de vos camarades et des défenseurs de la sainte cause du travailleur.

« Qui donc défendra alors vos intérêts? Est-ce que ce seront encore ceux qui ont des intérêts opposés aux vôtres? Savez-vous ce qu'auront de meilleur à dire les organes de ces intérêts ennemis des vôtres, afin de vous faire confisquer vos droits électoraux, dans la constitution que l'on va faire ?

« Ils pourront dire : Les ouvriers ne veulent pas être électeurs, puisqu'ils ne se sont pas fait inscrire.

« Les ouvriers ne tiennent pas à être représentés, puisqu'ils n'ont pas pris de représentants dans leur sein.

« C'est que les ouvriers se sont reconnus incapables d'être électeurs et qu'ils n'ont pas trouvé parmi eux d'hommes capables de les représenter.

« Ou bien alors, c'est que les ouvriers se trouvent heureux comme ils sont et qu'il n'y a aucune réforme à faire pour améliorer leur position.

« Donc si tout était pour le mieux avant la révolution, laissons subsister les mêmes choses avec d'autres noms.

« OUVRIERS !

« Si l'on nous jette ces paroles à la face le lendemain des élections, qu'aurons-nous à répondre?

« Non, mille fois non ! Nous ne voulons pas qu'on rétablisse un cens électoral et que l'on nous reprenne nos droits de citoyens égaux; et vous, retardataires, vous allez vous servir de vos droits.

« Il nous faut vingt ouvriers à l'Assemblée nationale, vous les nommerez !

« Il nous faut dans deux jours quatre cent mille ouvriers inscrits sur les listes dans les mairies, nous les aurons !

« Vous allez retrouver votre enthousiasme et votre intelligent patriotisme; vous allez sur-le-champ quitter vos outils et courir à vos mairies, comme le 24 février vous avez couru aux barricades.

« Du calme, mais de la résolution, mais de l'unanimité.

« Pour être un bon républicain, il faut autre chose que savoir vaincre avec un fusil, il faut vouloir vaincre avec son droit.

« Frères qui n'êtes pas inscrits, nous comptons sur vous.

« 24 mars 1848.   « MORIOT.

« Ouvrier, 17 ter, rue Lafayette. »

« En faisant imprimer, selon le désir que m'a exprimé le citoyen Moriot, son appel aux électeurs retardataires, je crois accomplir l'acte d'un citoyen ami de la liberté et de l'ordre, qui, d'une part, veut que l'Assemblée constituante soit l'expression vraie de la volonté du peuple souverain, et d'autre part prévoit ce qui pourrait arriver au jour des élections, si les ouvriers électeurs, qui n'auraient pas été suffisamment informés des formalités à remplir, se voyaient frustrés de leurs droits de vote.   « ERNEST GRÉGOIRE. »

PRÉVOYANTS (*Club des*), rue de Clichy, 39 bis, fondé en avril 1848. Président, Danse ; vice-présidents, Ch. Parquin, Rodriguez ; secrétaire, Manit.

Rouge, affilié à la Société des Droits de l'Homme.

Délégués dans les départements ; les citoyens : Marchal, crémier, rue de Suresne, 23, envoyé à Bourbonne ; Thiéron, ex-colonel, rue Neuve-de-Clichy, *commissaire correspondant délégué pour républicaniser l'armée*, devait s'occuper spécialement du département de Seine-et-Oise.

PROGRÈS (*Club du*), rue Neuve-Coquenard, impasse de l'École (salle de l'école communale), fondé le 18 mars 1848. Président, Huber ; vice-présidents, Sampson, Moulin ; serétaires, Elbel, Pépin, Godart, Masson ; trésorier, Thiéry.

Communiste ; affilié à la Société des Droits de l'Homme.

Après les premières élections la plupart des membres du Club des Clubs (Comité Révolutionnaire), croyant leur mission terminée ou plutôt effrayés des reproches d'immoralité qui de toutes parts, même du sein des clubs, étaient adressés à quelques-uns de leurs collègues (accusations trop bien justifiées pour qu'il fût possible d'y répondre), prirent le parti de se disperser. Dans ces circonstances, le citoyen Huber, dont la candidature avait échoué à Tours, revint présider le club du Progrès.

Il ne faut pas confondre Huber avec les nombreux intrigants politiques du parti démocratique et social; il professe sans doute des doctrines pitoyables : ces doctrines, on peut, on doit les combattre avec toutes les armes qu'elles employaient pour s'imposer, mais on ne saurait sans injustice refuser à Huber la part d'estime qui doit être accordée à toutes les convictions sincères et désintéressées. Malheureusement Huber est doué d'un caractère susceptible de recevoir toutes les impressions, et, comme au club du Progrès il se trouvait entouré d'une foule de ces intrigants politiques dont nous parlions tout à l'heure (nous désirons qu'il soit bien constaté que ce que nous venons d'annoncer ne doit s'appliquer à aucun des citoyens nommés plus haut), il devint facile de l'engager à prendre une part indirecte à l'attentat contre l'Assemblée constituante médité depuis déjà longtemps.

Les événements du 15 mai sont connus; c'est le Comité centralisateur dernière expression du Club des Clubs, présidé par Huber et dont faisaient partie, avec les citoyens J.-J. Danduran, Debray, plusieurs délégués des clubs *avancés* de la capitale, c'est ce comité qui a pris l'initiative de la manifestation en faveur des Polonais; c'est Huber qui a prononcé à la tribune la dissolution de l'Assemblée, et cependant nous croyons à l'innocence d'Huber, nous croyons qu'ainsi qu'il l'a dit, il n'a obéi qu'à une pensée généreuse.

Les véritables auteurs du 15 mai, les vrais coupables se tenaient autant qu'ils le pouvaient derrière le rideau, et, comme toujours, ils ont été moins rudement frappés que celui qu'ils poussaient en avant, tout en le trompant de la manière la plus indigne. Huber n'était pour eux qu'un autre Raton, bon tout au plus à tirer du feu les succulents marrons dont d'habiles Bertrand voulaient se régaler.

Nous espérons que la captivité d'Huber ne sera pas éternelle.

17

Délégué dans les départements : le citoyen Pouc-Sanchon, élève du Conservatoire, rue du Faubourg-Poissonnière, 11, envoyé à Oléron.

Nous n'avons pas cru qu'il fût nécessaire de consacrer un article spécial au comité centralisateur dont nous devions parler ici. Les séances de ce Comité avaient lieu au château des Tuileries, dans la galerie de l'Orangerie.

PROGRÈS (*Club républicain du*), rue de l'Arcade, 25, fondé en mars 1848. Président, Vieillard.

Modéré.

PROGRÈS (*Club républicain du*), à Montmartre, fondé en mars 1848. Président, Deligny.

Modéré.

PROGRÈS DÉMOCRATIQUE (*Club du*), rue Michelle-Comte, 35, fondé en mars 1848. Président, Fontaine.

Le 13 mars ce club, rouge et affilié à la Société des Droits de l'Homme, adopte à l'unanimité la proposition suivante :

« Vu l'influence que peut exercer au moment des élections la présence des anciens chefs sur les employés des administrations, le Gouvernement provisoire est invité à destituer de leurs fonctions les employés de l'ancien gouvernement, depuis le directeur général jusqu'au chef de bureau, à mettre en un mot de côté tous ceux qui ne sont pas absolument nécessaires à la marche de l'administration.

« Il sera plus tard pourvu à leur remplacement. »

Délégués dans les départements; les citoyens : Pelottier de Lorgues, homme de lettres, rue de la Coutellerie; Biny, tailleur, rue Beaurepaire, 5, envoyé à Gap; Mollin, cirier, rue des Deux-Portes-Saint-Sauveur, 3, envoyé à Issingeaux; Montfrant, directeur de travaux, rue du Ponceau, envoyé à Metz; Lépine, étudiant en droit, rue de l'Ouest, envoyé à Valognes; Fontaine, négociant, rue de Bondy, 48, envoyé à Mâcon; Sampson, menuisier, rue de Cléry, envoyé à Meaux.

PROPAGANDE RÉPUBLICAINE (*Club de la*), passage de l'Opéra (salle de l'ancien bal d'Idalie), fondé en avril 1848. Président J.-J. Danduran.

Dans la salle de ce club, comme dans une salle de spectacle, il y avait des premières, des secondes et des troisièmes places, les premières à 10, les secondes à 5 et les troisièmes à 2 sous; *il aurait vraiment fallu ne pas avoir deux sous dans sa poche*, pour se priver d'entendre les désopilantes facéties démocratiques débitées chaque soir au public du deuxième arrondissement par les propagandistes républicains du passage de l'Opéra.

De ce club rouge socialiste et spéculateur, ainsi que du démembrement du Club des Clubs (Comité Révolutionnaire) est sorti le Comité Centraliseur.

Ce que nous venons de dire du club de la Propagande républicaine ne doit pas s'appliquer au président, le citoyen J.-J. Danduran: d'abord, il n'était pas le complice de la spéculation dont nous venons de parler; ensuite, il faisait chaque soir des efforts surhumains pour faire respecter dans son club la liberté de la tribune. Nous devons ajouter que si tous les républicains socialistes ne voulaient, comme lui, que des réformes praticables sans spoliation, il deviendrait facile aux réactionnaires de s'entendre avec eux.

PUBLICISTES (*Club des*), place du Carrousel, fondé en mai 1848. Président, Laviron; secrétaire, Bonnin.

Ce club, pour rester dans la vérité, aurait dû s'appeler le club des Aspirants publicistes: tous ses membres, en effet, même ceux qui ne savaient pas l'orthographe, voulaient être publicistes; mais pas un ne l'était. Du reste, ce club, comme toutes les réunions composées en grande partie d'hommes paresseux ou incapables, était rouge et socialiste.

QUINZE-VINGTS (*Club des*), rue de Charenton, 16, fondé en mars 1848. Président Brutinel-Nadal, professeur, et rédacteur du journal la *République démocratique et sociale*, transporté de Juin; secrétaire, Merienne.

Un poëte allemand, Goëthe, à ce que nous croyons, a

dit quelque part, « Il n'est pas nécessaire que les mots aient une signification; on peut avec des mots vides de sens établir convenablement un système. » Les faits qui se sont accomplis sous nos yeux depuis le 25 février 1848 prouvent la vérité de ces paroles. Cependant, nous devons le reconnaître, toutes les fois que des gens honnêtes et éclairés ont bien voulu prendre la peine de se mêler au peuple, de discuter avec lui, ils ont trouvé des hommes animés des meilleures intentions et très-capables de les comprendre; nous citerons, pour prouver la vérité de ce que nous venons d'avancer, l'adresse suivante votée d'enthousiasme, sur la proposition de M. Merienne, par le club des Quinze-Vingts, le 10 avril 1848:

« Les membres du club des Quinze-Vingts, composé d'une grande partie des ouvriers du faubourg Saint-Antoine, remercient le Gouvernement provisoire de l'intérêt constant qu'il prend à leur sort. Ils déclarent qu'ils sont tous amis de l'ordre et du travail, seul moyen d'amener l'aisance parmi eux en facilitant des entreprises et donnant de la sécurité aux détenteurs de fonds et aux consommateurs, ce qui peut seul amener le travail dans les ateliers.

« Ils déclarent que ce n'est pas dans le moment où la patrie a besoin des sacrifices de tous les citoyens pour rétablir ses finances, qu'ils désirent demander une augmentation de salaire. C'est un sacrifice qu'en bons citoyens ils font momentanément à la patrie.

« Ils veulent que le monde entier sache qu'ils sont dignes de la liberté et des droits politiques qu'ils ont conquis par leur bravoure, et qu'ils sauront faire respecter en tout temps par leur fermeté.

« Ils engagent les ouvriers de Paris à se joindre à eux pour assurer le calme et la tranquillité de la capitale, et malheur aux brouillons et aux insensés qui voudraient la troubler ! »

QUARTIER DU LUXEMBOURG (*Club démocratique du*), rue de l'Ouest, 16, fondé en mars 1848. Président Véry, rédacteur du *Père Duchêne.*
Rouge.

QUARTIER MONTORGUEIL (*Club démocratique du*), rue Montorgueil, fondé en mars 1848. Président Jouanne, démocrate-socialiste, capitaine de la garde nationale, et marchand de tripes à la mode de Caen.

De la couleur du précédent.

RÉCOLLETS (*Club des*), rue des Récollets (salle de l'école communale), fondé en mars 1848. Président Pelvillain.

Démembrement du club Blanqui.

REDOUTE (*Club électoral de la*), fondé en octobre 1848. Président, Arthur de Bonnard, épicier véridique; membres fondateurs, Legenvre, Junius Hamel (*Brutus fer rouge, Robespierre pacifique*).

Ces trois communistes étaient bonapartistes en novembre 1848.

Le comité électoral des commerçants rouges, composé des citoyens Guerlain, parfumeur; Lherminier, épicier; Crocé-Spinelli, bijoutier, et Figuet, condamné plusieurs fois par le tribunal de police correctionnelle de la Seine, comité qui a pris une si grande part à l'élection du citoyen Eugène Suë, tenait ses séances tantôt dans la salle de la Redoute, tantôt dans celle du bal Montesquieu.

RÉFORME (*Club de la*), à la Maison-Blanche (banlieue), fondé en mars 1848. Président, Mourot.

Modéré.

Le citoyen Mourot est parti pour Lunéville, en avril, en qualité de délégué, mais il a bientôt donné sa démission.

RÉGÉNÉRATION SOCIALE (*Club de la*), rue de Grenelle-Saint-Honoré, 225, fondé en avril 1848. Président, Chenier; vice-président, Bourdet; secrétaire, Maurice Mayer.

Modéré.

RELIGIEUX (*Club*), rue et salle Chabrol, fondé en mars 1848. Président, Gaillardin.

Mystico-socialiste-révolutionnaire, mais surtout et par-dessus tout ridicule.

REPRÉSENTANTS RÉPUBLICAINS (*Société* ou *Association des*), rue de Castiglione, 3 (dans l'appartement du citoyen Labosse), fondé en juin 1848.

La fondation du club de la *Démocratie militante*, ayant excité de trop vives clameurs, les Représentants communistes de l'Assemblée constituante organisèrent, sous le

nom moins significatif de Société des Représentants républicains, l'association dont nous nous occupons actuellement. Cette association n'eut, du reste, qu'une très-
courte existence ; elle fut forcée de se dissoudre après
les tristes événements de juin 1848.

Nous donnons la déclaration de principes et le règlement de la Société des Représentants républicains ; ces
deux pièces, qui faisaient partie d'une liasse considérable
saisie par un piquet du 1er bataillon de la 1re légion de
la garde nationale, au domicile du citoyen Labosse,
signalé comme ayant entretenu des rapports avec les
insurgés, n'ont jamais été publiées :

SOCIÉTÉ DES REPRÉSENTANTS RÉPUBLICAINS.

Une révolution, purement politique suivant les uns, politique
et sociale selon les autres, s'est opérée en France le 24 février.

Appliquée à un fait unique, cette double appréciation ne doit
point surprendre, car, si, en réalité, la révolution a eu pour
causes les misères et les iniquités sans nombre recelées dans les
profondeurs de l'état social, l'accident qui en accéléra l'explosion
était en apparence, il faut en convenir, purement politique.

De là deux courants d'idées.

Prenant le symptôme pour le mal, et l'accident pour la cause,
on était imbu de cette idée fausse que le malheur de la France, que
son abaissement au dehors n'étaient dus qu'à l'action seule d'une
royauté corruptrice, aidée par les politiques du 24 février, ses principaux instruments. Renverser les bornes qui barraient toutes les
avenues du progrès était une œuvre de première nécessité sans
doute ; mais hâtons-nous de le dire, car ici commence la diver-
gence, le mal est plus profond et plus général qu'on ne le suppose.
Un gouvernement maudit est tombé ; mais les éléments qui lui
prêtaient vie, force, appui, sont encore debout, et replacer la
République sur le piédestal de la monarchie, ce serait en quelque
sorte faire d'une pyramide une plate-forme, sans rien changer
aux bases non plus qu'à l'ensemble de l'édifice social.

Les politiques sont à l'œuvre. Nous ne leur ferons pas l'injure
de douter de leurs bonnes intentions. Nous reconnaîtrons volon-
tiers que mis aux prises chaque jour avec les difficultés de la
situation, ils ont peu de temps à consacrer aux œuvres de
l'avenir. Ils auraient pu cependant, ne fût-ce que par un mot
d'espoir, nous indiquer leur système futur. Ce mot, cette lueur
d'espérance qui aurait pu produire de bons effets en encoura-

geant la patience lassée des classes laborieuses, nous l'avons longtemps attendu, nous regrettons de l'attendre encore.

Quel système nous a-t-on présenté jusqu'ici? Le voici en quelques mots : rétablir l'ordre à tout prix, et par l'ordre la confiance ; et par la confiance, le crédit ; et par le crédit, le travail, dans les conditions anciennes sans doute, puisqu'il n'est pas dit de conditions nouvelles. Or c'est là, si nous ne nous trompons, rajuster de tous points le cercle économique, le cercle brisé au 24 février ; pensée admirablement résumée, du reste, dans cette seule ligne d'un journal dynastique : *Réparer le 24 février sans le changer.*

Concourir avec le Gouvernement, avec l'Assemblée nationale, avec tous les bons citoyens au rétablissement de l'ordre ; donner du travail, alléger les souffrances, rétablir les finances, adopter les expédients proposés à ce sujet, sauver le présent en un mot, tel est notre devoir, et nous n'y manquerons pas. Mais réparer ! Est-ce donc là tout? Au fond de cette pensée développée sous mille formes, et en l'absence de toute autre, il y a un regret ; oui, le regret d'avoir quelque chose à réparer, le regret inévitable causé par les événements de février, le regret enfin de la révolution elle-même. Et c'est contre cette pensée de désespoir, inspirée peut-être par le paroxysme de la crise financière et industrielle, que notre foi républicaine et démocratique doit hautement protester. Non, quelque pénible que soit la traversée, la France ne remontera point à la rive héroïquement quittée au 24 février. Le salut est à l'autre bord, et nous l'atteindrons.

Rajeunie par la forme, mais vieille au fond de siècles et de siècles, la question se pose toujours ainsi :

L'affranchissement politique de l'homme par une participation directe aux affaires publiques sera-t-il, oui ou non, suivi de l'affranchissement civil? En d'autres termes, après avoir créé des citoyens égaux dans l'ordre politique, la révolution créera-t-elle des citoyens égaux dans l'ordre civil? ou bien, tout en proclamant la souveraineté du peuple et la liberté individuelle, laissera-t-on le travailleur dans la dépendance réelle de ses maîtres ; le patron, le propriétaire lui-même à la merci des détenteurs du capital ; l'immense majorité du peuple enfin dans l'esclavage réel de la misère et de l'ignorance? Voilà le problème. La question sociale est là tout entière ; et si parfaite que puisse être une constitution politique, elle ne résoudra point la question. Et cependant il faut l'aborder !

Nous voulons bien étudier avec le soin le plus scrupuleux la grande charte qu'élabore l'Assemblée nationale ; mais nous avons le malheur de ne plus croire à l'efficacité des constitutions. Nous en avons trop brisé pour cela. Notre France, d'ailleurs, est moins un pays d'institution qu'un pays de mœurs et de traditions. Les secousses les plus violentes n'en effleurent que la surface. Trente millions de Français sur trente-cinq s'en ressentent à peine et s'y intéressent fort peu. Quelque forme que l'on adopte, la constitution sociale, réduite à sa plus simple expression, se résumera toujours dans cinq hommes :

Un bailleur de fonds,

Un entrepreneur sous le nom de propriétaire terrier ou d'industriel,

Un ouvrier agricole ou manufacturier,

Un commerçant ou échangiste,

Un fonctionnaire public.

Ce n'est point ici le lieu de critiquer tout l'ensemble du système social ni d'exposer toute une théorie nouvelle : bornons-nous à examiner sommairement les rapports de ces fonctions diverses, et d'éclatantes vérités en découleront.

Le bailleur de fonds n'a qu'un rôle : *faire travailler son argent*, selon l'expression juste et caractéristique des banquiers. Et pour le dire en passant, il faut convenir que cet argent a bien travaillé jusqu'ici, puisque de 3 ou 4 milliards au plus prêtés dans l'origine, le capital s'élève aujourd'hui, grâce à l'intérêt composé et aux placements successifs, à 25 milliards environ, savoir :

Dette publique.	6 milliards.
Dette hypothécaire.	12 milliards.
Dette chirographaire. . . .	6 à 7 milliards.

Le tout produisant un intérêt annuel de 1,500 millions, c'est-à-dire tout un budget prélevé sur les produits les plus clairs du sol et de l'industrie ; fardeau écrasant et qui tend à s'alourdir encore, sans que les meilleures constitutions du monde puissent s'y opposer. Si, en effet, le capital a été de 4 milliards autrefois, de 10 au siècle dernier, de 15 sous l'Empire, de 20 sous la Restauration ; si, enfin, il est de 25 milliards aujourd'hui, nous ne voyons pas de raison pour que ce chiffre ne s'accroisse encore tant que la part du capital dans les produits restera la même, tant qu'un élément nouveau ne sera pas introduit dans les conditions de la production.

Oui, une France juive, une France oisive s'est créée lentement au sein d'une France laborieuse qu'elle opprime. Poursuivant sa marche ascendante à travers les événements, le capital prêté, devenu l'agent principal de la production, tend à s'en approprier tous les fruits ; et ce qu'il y a de plus pénible à remarquer, c'est que tout lui profite, jusqu'aux commotions politiques, l'instabilité donnant aux valeurs exportables une grande supériorité sur les valeurs immobiles.

Les conséquences directes de l'influence exclusive du capital sont celles-ci : le capital dispose de la paix ou de la guerre chez une nation fière et belliqueuse. Le capital dispose de l'industrie, l'active, l'allanguit et la déplace à son gré. Attiré dans les entreprises industrielles par l'appât de bénéfices plus élevés, le capital abandonne les travaux agricoles, et les campagnes s'appauvrissent. Livré à tous ces écarts, le capital entretient la fièvre des spéculations, aiguise la cupidité, détruit les bons rapports des hommes entre eux, et dénature le caractère national.

Telle est l'action du capital dans la société ; telle est en abrégé notre histoire économique depuis soixante ans.

Ayant dit le rôle du bailleur de fonds, nous avons peu a ajouter sur les autres fonctions puisqu'elles en dépendent immédiatement.

L'industrie, par exemple, dépourvue de vie propre, ne peut jouir que d'une prospérité passagère et précaire. Que le capital, peureux de sa nature et assez peu patriote, vienne à se cacher, l'industrie est aux abois. Nous l'éprouvons cruellement aujourd'hui. Écrasés d'hypothèques et dévorés par l'usure, les petits propriétaires, et c'est en France le plus grand nombre, ne sont guères plus beaux.

La vie du commerce est liée aux deux autres.

Quant au travailleur de tous les états, placé au bas de l'échelle, il supporte en définitive tout le fardeau, puisque dans les éléments de la production le salaire est la seule partie compressible, et compressible jusqu'à zéro, dans les temps de crise, comme celui où nous vivons.

Enfin, à côté de cette espèce de société léonine, a fonctionné jusqu'ici un pouvoir impassible, résumé par un collecteur de taxes, ou par un gendarme faisant la police des rues.

Or, nous le demandons, une société ainsi constituée peut-elle être bonne, morale, heureuse et assurée de son lendemain ? Supposons la crise vaincue, les affaires reprises, la sérénité renée sur tous les visages, la constitution faite et la République sans ennemis, le travail restant soumis aux mêmes conditions, les causes de souffrance restant les mêmes, ne demeurons-nous pas toujours exposés à des crises périodiques ou à la merci d'une mauvaise année ? L'ordre, la paix, la prospérité ! Mais la monarchie a eu de tout cela dans ses beaux jours, et la monarchie n'en a pas moins abouti à une effroyable catastrophe. Et de quel droit enfin serions-nous fiers de notre conquête, si nous n'avions à offrir en perspective à la France républicaine que l'idéal toujours incertain de la monarchie tombée !

Y a-t-il des remèdes à un mal si profond, si invétéré ? Oui, et ce serait calomnier le génie de l'homme que d'en douter. Mais plus le vice est profond, plus le remède doit être radical. Nous appelons sur ce point l'attention du Gouvernement, de l'Assemblée Nationale, des penseurs, des économistes et de tous les bons citoyens ; pour nous, ayant eu le courage de déchirer le voile, nous aurons celui de formuler nos propositions. Lancer la question de prime-saut au milieu d'une société ébranlée, qui vit pour ainsi dire au jour le jour, ce serait peut être en ce moment aggraver ses périls outre que dans les transformations sociales le temps est un auxiliaire indispensable.

Cependant nous déclarons dès aujourd'hui ce qui suit :

L'intervention de l'État dans les relations du capital et du travail est nécessaire.

Les transactions dressées jusqu'à ce jour seront respectées.

Les titres seront visés, les solvabilités vérifiées et l'État se substituera au lieu et place du débiteur solvable vis-à-vis de son créancier.

L'État offrira au créancier une rente égale au revenu de son capital.

L'État accordera au débiteur un délai pour se libérer et la faculté de se libérer par annuités.

Pour l'avenir, l'État, sans rétroagir sur le passé, et sans porter atteinte à la liberté des transactions, déclarera qu'il n'accorde plus d'action en justice pour les prêts à intérêts.

Devenu ainsi l'intermédiaire obligé entre le prêteur et l'emprunteur, l'État fondera dans les départements des banques agricoles et industrielles.

Les banques seront alimentées par les titres mobilisés qu'aura acquis l'État sur les débiteurs hypothécaires et autres.

Dispensateur du crédit, connaissant mieux que personne toutes les situations, puisqu'il opérera seul, l'État dirigera le crédit et le travail sur les points où il le jugera nécessaire. C'est ainsi que l'agriculture pourra être ravivée.

Le salariat devant tendre à disparaître, les associations de petits propriétaires, de travailleurs agricoles et d'ouvriers industriels seront provoquées, encouragées et créditées dans la proportion des garanties qu'offriront la moralité, le nombre et l'aptitude reconnue des associés.

Ces propositions qui convergent vers le même but se corroborent par les considérations suivantes : La propriété est inviolable, sauf les cas d'utilité publique, régulièrement constatés. La propriété est le droit d'user, mais non d'abuser. Il y a abus lorsque le propriétaire laisse en jachère un terrain susceptible de culture. En conséquence, sommation sera faite au propriétaire ou à la commune de cultiver ou de faire cultiver, ou de céder à l'État son terrain. C'est sur ces terrains aujourd'hui incultes, que, tout en respectant la propriété établie par le temps et par l'usage, se fondera le patrimoine futur des classes jusqu'ici deshéritées. Ainsi, et à l'aide du temps, finira, non plus comme on le disait, l'exploitation de l'homme par l'homme, expression trop douce, mais bien l'exploitation impie et outrageante de l'homme par les choses. Ainsi s'établira sur la terre le règne de la liberté, de la fraternité, et de la solidarité humaine.

Il n'est, en effet, aucun de nos principes qui ne soit contenu en germe dans notre sainte devise, et qui ne puisse trouver place, même dans une constitution politique.

Si, en effet, nous avions à préparer cette constitution, nous établirions, en revisant jusqu'à leur base les doctrines constitutives de la société, les doctrines suivantes :

Deux principes, deux seuls, se disputent l'empire du monde, savoir : l'autorité sociale et le droit individuel. L'exagération du premier principe conduit au communisme forcé, à l'oppression et presque à la négation de l'individu. L'autre, nous l'avons vu fonctionner soixante années durant sous le nom de libéralisme, nous le voyons encore, et c'est l'abandon du faible aux prises avec le plus fort. Écueil de chaque côté. Il en est, en quelque sorte, de l'ordre moral comme de l'ordre matériel, les mondes se mouvant par un mouvement propre, tout en restant soumis aux lois de l'attraction, et la combinaison de ces deux forces constituant l'harmonie universelle.

Déterminer dans leurs limites respectives le droit individuel et le droit social ; constater que le droit, d'une part, implique rigoureusement le devoir de l'autre ; donner à tous deux, société et individu, des garanties suffisantes ; laisser l'homme agir dans toute sa liberté, dans toute sa responsabilité, et ne lui présenter la société que comme une Providence visible, sévère, mais équitable et bienveillante ; c'est donc aussi appliquer, dans l'ordre moral, les règles de l'harmonie universelle.

L'autorité sociale, bien comprise, n'est autre que l'autorité divine elle-même. Tout peuple est souverain du droit divin, souverain sur terre comme Dieu au ciel, et c'est là pour un peuple, la première comme la plus haute des légitimités.

La souveraineté est une, infinie, indivisible de sa nature. Par la même raison que deux infinis s'excluent, l'idée de deux pouvoirs, égaux ou non, ayant ou non la même source, est inadmissible.

La souveraineté sociale est inaltérable comme la liberté humaine. La souveraineté ne peut s'exercer que par une délégation directe, temporaire et sous la responsabilité des délégués, de telle sorte que le pouvoir ne puisse jamais devenir héréditaire, ni à vie, ni seulement personnel.

La base du droit social étant posée nous en déduirons les devoirs : la société doit à l'individu et lui garantit : Liberté, éducation, justice, sécurité, propriété, protection.

Toute société qui négligerait un seul de ces six grands devoirs, délierait tous ses membres ensemble de leurs obligations.

Réciproquement les membres du corps social lui doivent fidélité, obéissance et concours dans la limite de leurs facultés.

Quiconque s'affranchirait d'un seul de ces devoirs perdrait, par le fait, tous ses droits aux bénéfices et aux garanties de l'état social.

Reprenons ces grands principes et appliquons-les sous les dénominations générales et complètes de devoirs publics, de devoirs individuels

DEVOIRS PUBLICS.

1° *Liberté*. La liberté est infinie de sa nature. C'est le droit de faire tout ce qui n'est pas défendu par les lois divines et humaines. La définir autrement, ce serait la restreindre, et s'exposer à des oublis dangereux.

2° *Éducation*. Gratuite, obligatoire, commune d'abord, professionnelle ensuite. Faire des hommes et des citoyens d'abord, avant d'en faire des forgerons, des artistes et des agriculteurs, est le premier devoir d'un État.

3° *Justice*. Simple, gratuite, expéditive et à la portée de tous. Suppression des Cours d'appel, vieux débris des parlements aristocratiques. Suppression des tribunaux d'arrondissement, véritables nids à procès où les formalités et les frais rendent le sanctuaire de la justice inabordable aux preuves et consacrent de nombreuses spoliations. Amélioration des Justices de paix, et création de grands jurys de conciliation.

4° *Sécurité*. Indépendance nationale. Ordre public à l'intérieur, réduction des armées permanentes et suppression du remplacement militaire comme immoral, dégradant et contraire au principe de l'égalité.

5° *Propriété*. Restreinte comme nous l'avons dit, au droit d'user et de jouir. La propriété est pour l'homme la récompense de son travail, la garantie de son indépendance, la base enfin de la famille qu'il faut respecter avant tout.

6° *Protection*. C'est-à-dire à l'invalide, à l'infirme, à l'enfant abandonné, au vieillard, à quiconque enfin ne peut vivre de ses revenus ni de son travail, des secours et toutes les choses nécessaires à la vie. A l'homme valide et de bonne volonté des instruments de travail, machines ou sol, selon les vues que nous avons développées plus haut.

Toutes ces obligations sont sacrées au même titre, et sous aucun prétexte la société ne peut s'y soustraire.

DEVOIRS INDIVIDUELS.

1° *Fidélité*. La fidélité à la patrie ne s'écrit pas dans les codes et ne se recommande pas à des Français.

2° *Obéissance*, A la Constitution, aux lois organiques et en général à toutes les lois bonnes ou mauvaises, tant qu'elles ne sont pas rapportées, est le premier devoir du citoyen, la première garantie de l'ordre public.

3° *Concours*. Le concours des citoyens à l'État se devra par la défense du territoire, par la défense de l'ordre et par la contribution aux charges publiques, dans la proportion de leurs revenus et de leurs facultés.

Devront être abolies les contributions indirectes, et en général toutes les taxes de consommation qui ont le quadruple défaut d'être à la fois iniques, immorales, vexatoires et dispendieuses pour l'État lui-même.

Iniques : elles pèsent sur le pauvre autant que sur le riche et blessent le principe de l'égalité.

Immorales : elles entretiennent une armée d'employés dont elles abaissent le caractère, et dégradent jusqu'à la main qui les colligent.

Vexatoires : elles blessent la liberté de l'homme, sa dignité et l'inviolabilité du domicile.

Dispendieuses enfin : la perception compliquée en est trop coûteuse.

Un impôt unique, que l'on pourrait rendre sagement progressif serait préférable de beaucoup ; et dans un temps prochain l'application n'en présenterait pas de grandes difficultés.

Telles sont sommairement les doctrines dont nous désirons le triomphe.

SOCIÉTÉ DES REPRÉSENTANTS RÉPUBLICAINS.

RÈGLEMENT.

Art. 1er. Le but de l'association des Représentants républicains est d'assurer le triomphe de la Révolution démocratique et sociale.

Art. 2. Les moyens consistent dans les efforts combinés de ses membres pour agir sur les délibérations de l'Assemblée nationale et sur l'opinion du pays.

Art. 3. L'association agira sur les délibérations de l'Assemblée par des résolutions prises en commun, quant à la ligne de conduite à tenir vis-à-vis du Pouvoir exécutif et quant à l'adoption des principes fondamentaux du programme de la Société.

Art. 4. Elle agira sur l'opinion publique, 1° par la direction d'un journal quotidien ; 2° par l'établissement d'une correspondance adressée tous les jours aux feuilles démocratiques des départements ; 3° par une correspondance active avec les associations démocratiques établies sur les divers points du pays.

Art. 5. Les démocrates éprouvés, bien qu'étrangers à l'Assemblée nationale, peuvent être admis à faire partie de l'Association.

Art. 6. Tout membre devra signer le programme de la Société et le règlement.

Art. 7. Les membres de l'Association peuvent seuls assister à ses séances.

Art. 8. Nul ne peut faire partie de la Société s'il n'a été admis au scrutin secret. L'opposition de cinq membres, manifestée par le scrutin, suffira pour faire prononcer l'ajournement.

Art. 9. Tous les membres de l'Association seront tenus d'assister à chaque réunion, sous peine d'un franc d'amende pour toute absence non justifiée. La présence des membres sera constatée par leur signature sur un registre ouvert à cet effet.

Art. 10. Aucun membre de l'Association ne pourra faire partie d'une autre Société de Représentants sans l'autorisation du bureau.

Art. 11. Le bureau sera composé d'un président, de deux vice-présidents, de quatre secrétaires et d'un trésorier.

Art. 12. Le bureau sera nommé tous les mois, au scrutin secret et à la majorité des membres présents. A la fin de chaque mois, le trésorier réglera et liquidera les comptes de la Société.

Art. 13. Chaque membre versera, lors de son admission, une somme de dix francs dans la caisse, et contribuera pour sa part aux dépenses mensuelles de l'Association.

Art. 14. Tout membre qui voudra se retirer de la Société sera tenu de payer sa part de dépenses du mois commencé.

Art. 15. Dans les discussions uniquement consacrées à la ligne de conduite à tenir dans le sein de l'Assemblée, les associés non Représentants n'auront pas voix délibérative

Art. 16. Il sera formé au scrutin secret et à la majorité des membres présents 1° une commission de neuf membres chargée de la direction du journal et de la correspondance avec les feuilles des départements ; 2° une commission de quinze membres chargée d'établir des relations et de correspondre avec les réunions démocratiques établies sur les divers points du pays.

Art. 17. Les réunions ordinaires de l'Association auront lieu le lundi, le jeudi et le samedi à huit heures du soir, au local de la Société. Les réunions extraordinaires se feront sur lettres de convocation signées du président ou d'un vice-président et d'un secrétaire.

Art. 18. Il sera rédigé, par un secrétaire, un procès-verbal sommaire de chaque séance.

Fait et délibéré, à Paris, le quinze juin mil huit cent quarante-huit. *Signé*, BRIVES, PASCAL, avocat à Aix ; E. MENAND, CHOLLAT, Félix MATHÉ, Isidore BUVIGNIER, Th. BAC, Amédée BRUYS, L. JOIGNEAUX, VIGNERTE, N. LEBON, E. ROBERT. DEMAY-PARIS, RONJAT, V. DOPPUS, DELBETZ, Ch. MADET, LAURENT, GREPPO, James DEMONTRY, AZERM, MULÉ aîné, DEVILLE, S. FORGUES, FAYOLLE, Victor CHAUFFOUR, J. PÉGOT-OGIER, F. CARION, F. LEROUX, TISSERANT, Frédéric FILOT, LABOSSE, DUBARRY, H. ARMAND, Victor CONSIDÉRANT, Napoléon GALLOIS, ROLLINAT, BENOIT, KERSAUSIE, F. SIGUARD, AUDRY DE PUYRAVEAU, N. DURAND-SAVOYAT, avec une autorisation du bureau provisoire pour assister aux réunions du Palais-National; LAMENNAIS, Auguste MÉDAL, L. LAUSSEDAT, Félix PYAT, A. FLEURY, RENOU, G. LASTEYRAS, DOUTRE, J. S. GAUDENS, Eugène RASPAIL, Louis BLANC, Ferdinand GAMBON, E. BEAUNE.

Avec les deux pièces que nous venons de donner *in extenso*, il en fut saisie chez le sieur Labosse une troisième de laquelle il résulte un fait assez curieux :

Les citoyens Xavier Durrieu, Charassin, Edgar Quinet, Francisque Bouvet, Robert (des Ardennes), Raynal, Lebarillier, Lavallée, Bertrand, Pascal Duprat, Martin (du Loiret), Dubruel, David (d'Angers), Joseph Antoine, Étienne Arago, Turck (des Vosges), Careau, Ch. Facon (du Doubs), Femay-Paris (de l'Yonne), ayant sollicité l'honneur de faire partie de l'Association des Représentants républicains, sont ajournés ou mis en quarantaine. On ne se montre aussi sévère à l'égard de ces citoyens qui tous, on ne saurait le nier, ont donné des témoignages plus ou moins éclatants de leur dévouement à la cause démocratique et sociale, que parce qu'ils ont le droit de porter sur leur poitrine ce que le citoyen Clément Thomas appelle un hochet de la vanité.

RÉPUBLICAIN (*Club*), faubourg du Roule (Salle de l'École chrétienne), fondé en mars 1848. Président, Houssard.

Rouge.

Délégué dans les départements ; le citoyen : Simon, teneur de livres, envoyé à Brunath.

RÉPUBLICAIN (*Comité central*), rue Notre-Dame-des-Victoires, 5, fondé en mars 1848. Président, Baudin ; vice-président, Aristide Grammont.

Républicain modéré.

Délégués dans les départements; les citoyens : Delisle, homme de lettres, rue du Pot-de-Fer, 2, envoyé à Saint-Brieuc et à Sauvenoy; Duval, Rouvière.

RÉPUBLICAINE CENTRALE (*Société*).

La première séance de la *Société républicaine centrale*, plus connue sous le nom de *Club Blanqui*, eut lieu le 26 février 1848, dans la salle d'un bal qui existe depuis plusieurs années sous le nom de *Prado*.

Il est nécessaire, avant d'aller plus loin, d'esquisser en quelques lignes la physionomie du citoyen Blanqui, qui est maintenant le Croquemitaine de bien des gens.

« De bien des gens, » dit Labruyère; » il n'y a que le nom qui vaille quelque chose. Quand vous les voyez de fort près, c'est moins que rien ; de loin, ils imposent. » Ces paroles du grand moraliste peuvent parfaitement s'appliquer au citoyen Blanqui, qui n'est un héros que pour ceux qui ne connaissent de lui que sa réputation.

Au physique, le citoyen Blanqui est d'une taille au-dessous de la moyenne; il est grêle, brun; ses yeux noirs et injectés de sang ne se fixent jamais sur personne; il a le nez pointu et les lèvres minces, ce qui, suivant Lavater, est l'indice des natures mauvaises; sa parole est brève et saccadée; ses cheveux, presque blancs avant l'âge et taillés en brosse, donnent à sa figure une expression de sombre énergie; il se tient courbé en marchant; il est toujours misérablement vêtu.

Au moral, la vie du citoyen Blanqui s'est passée tout entière dans les Sociétés secrètes, il a pris part à toutes les insurrections du dernier règne; cependant, son courage dans le combat est regardé comme douteux, même par ses amis les plus intimes. On accorde au citoyen Blanqui une certaine faculté d'organisation, et ses ennemis savent qu'il est doué de cette qualité si vivement recommandée par Machiavel à tous les conspirateurs, la patience; qu'il ne se détermine à agir que lorsque le succès lui paraît à peu près certain.

Le citoyen Blanqui pose continuellement, devant ses amis comme devant ses ennemis; plusieurs républicains de la veille sont persuadés qu'il ne se nourrit que de pain noir et de feuilles de laitue trempées dans du vinaigre: *Quand le peuple est à jeun, personne ne doit manger;* d'autres, au contraire, assurent qu'après les repas spartiates dévorés devant ses compagnons d'infortune, afin sans doute de les édifier, il ne dédaigne ni le poulet gras, ni l'excellent vin qui l'attendent dans sa cellule. Quoi qu'il en soit, à Doullens, où dernièrement il était détenu, le citoyen Blanqui, bien qu'il fût pourvu comme tous les autres prisonniers des vêtements très-convenables fournis par l'administration, affectait de marcher pieds nus afin sans doute de paraître plus peuple, et de ne se couvrir que de misérables haillons pour être au moins déguenillé.

Le fameux rapport sur les sociétés secrètes publié par la *Revue rétrospective* pèse sur le citoyen Blanqui d'un poids énorme, surtout depuis que Barbès en a reconnu l'authenticité devant la Haute Cour de Bourges. Le citoyen Blanqui se serait donc à un moment donné déterminé à sacrifier à son profit un certain nombre de ses coreligionnaires politiques? Il est, en effet, difficile de ne point partager à ce sujet l'opinion de Barbès si l'on veut bien se rappeler les témoignages portés devant la chambre du Conseil du tribunal de première instance de la Seine par plusieurs personnages dont la véracité ne saurait être contestée [1]. Ainsi : M. Pasquier, président de la chambre des Pairs, a déclaré avoir eu entre les mains un document semblable à celui qui a paru dans la *Revue rétrospective*, mais il ne savait si c'était un original ou une copie; MM. de la Chauvinière, archiviste; Franck-Carré, procureur-général; Chauvin, employé au Luxembourg, ont fait des dépositions semblables.

M. Zangiacomi, conseiller à la Cour d'appel, a déclaré que : « La lecture de la pièce publiée par la *Revue rétrospective*, a ranimé chez lui d'anciens souvenirs, que « plusieurs des faits y énoncés se sont trouvés conformes à des circonstances qu'il avait connues comme « magistrat; qu'enfin, il est resté convaincu que la « pièce en question ne pouvait émaner que d'une personne parfaitement renseignée. »

M. Dufaure, ministre au moment où se jugeait le procès Blanqui (1839), a donné aux magistrats les détails qui suivent :

« Je me rappelle parfaitement que Blanqui, après « son arrestation, ayant témoigné le désir, d'après le « rapport qui nous en fut fait en conseil, d'être mis « en rapport avec un membre du gouvernement, M. le « ministre de l'intérieur Duchâtel fut chargé de cette « mission.

« Il se rendit deux ou trois fois à la prison où était « détenu le nommé Blanqui. M. le ministre ne nous « rendit pas compte dans tous leurs détails des déclarations de Blanqui, mais nous savions qu'elles avaient « de l'importance en ce qu'elles dévoilaient l'organisation des sociétés secrètes. J'avais cru me rappeler que « M. le ministre de l'intérieur avait eu trois confé-

« rences avec le nommé Blanqui, si bien qu'à la lecture
« de la *Revue rétrospective*, je rapprochai involontaire-
« ment mes souvenirs des trois dates que contient la
« pièce publiée. »

Est-ce clair? Et peut-on sans trop de témérité douter
du patriotisme du citoyen Blanqui? Un journal, s'adressant aux écrivains de la presse démocratique (*l'Assemblée nationale*, 23 septembre 1849), s'est depuis longtemps déjà chargé de répondre à cette question d'une
manière qui nous paraît concluante.

« Vous avez vous-mêmes divisé en deux classes les historiens des
réunions rouges : ceux qui sont inspirés par l'amour de l'art, par un
besoin d'observation, et ceux qui subissent de dures nécessités d'existence. Eh bien! parmi ces derniers, il y a des révélateurs qui sont de
vrais patriotes ; ils font un peu comme les vierges folles, ils se vendent
pour vivre ; mais ils n'en restent pas moins fidèles de cœur à leur
amour démocratique et social ; bien plus, ils touchent la veille le prix
d'un récit contre leurs frères, et le lendemain on les trouve sur les
barricades se battant avec eux. Explique qui pourra ces étranges ano-
malies, que nous livrons à la publicité comme un utile enseignement
pour les dupes. »

Le citoyen Blanqui n'est ni doux, ni scrupuleux ; la
police a saisi chez chez lui, rue Boucher, 1, lors de son
arrestation après les événemens du 15 mai 1848, des
pièces qui prouvent que ses ennemis, et ils sont nombreux, ne doivent attendre de lui ni grâce ni merci. On
a surtout beaucoup parlé d'une certaine liste de proscription sur laquelle figuraient et le nom de son frère et
celui de M. Massin, son maître de pension.

Nous avons tant bien que mal essayé de donner une
idée du fondateur de la Société Républicaine centrale ;
nous allons maintenant faire connaître l'esprit et l'as-
pect général de ce club, plus connu dans le public sous
le nom que nous lui avons conservé, celui de *Club
Blanqui*.

Fondé le 26 février lorsque les barricades étaient encore
debout, le club du citoyen Blanqui, composé en partie
de la plupart des vétérans des société secrètes, des socialistes les plus avancés, des hommes les plus gravement
compromis dans nos troubles civils, ne devint positive-

ment hostile au Gouvernement provisoire que vers le milieu du mois de mars; mais alors commença entre les dictateurs et le président de la Société Républicaine centrale une guerre acharnée, pleine d'embûches et de ténèbres. Jusqu'à cette époque Blanqui avait cru qu'il lui serait possible de s'entendre à l'amiable avec les membres les plus avancés du dictatoriat.

Cette croyance explique sa conduite lors de la fondation de son club, dont la première séance eut lieu, ainsi que nous l'avons dit, dans la Salle du Prado.

Nous assistions à cette première séance ; le citoyen Crousse, docteur en médecine, présidait en l'absence de Blanqui; près de lui se trouvaient les citoyens Jacquemin, Vendenbrand, Simard, Béasse, Legré, Javelot, Gérard, Courtimault, Flotte, Thomas, Petreman, Fombertaux, Wasmuth, Borme, Brousse, Parent, Cullot, Boggio, Mathieu, Lands, Cousin, Michaud, Lagrange, Quétin, Bouvet, Jean, Schlesinger, Guibout, Savary, Duverger, Buquet, Magloire Couturat, Montgerand, Gautier, Ledoux, Herbulet, Bonnay, Dufour, Laurand, Moffre, Robineau, Dezamy, Collet, Roux, Beraud, Lacambre et plusieurs autres. A chacun de ces noms est attaché un triste souvenir.

L'assemblée était nombreuse dans la Salle du Prado. Chacun des individus que nous venons de nommer avait amené avec lui tous ceux de ses amis sur lesquels il croyait pouvoir compter; d'étranges rumeurs couraient dans la foule, dominée à chaque instant par des acclamations sauvages. Les yeux menaçaient, les poings s'agitaient convulsivement; tous ces hommes paraissaient en proie à une violente colère ; le drapeau rouge, qu'une ignoble bande de chenapans voulait imposer à la France, venait d'être renversé grâce aux efforts de M. de Lamartine.

La chute du drapeau rouge avait été immédiatement suivie de l'apparition sur les murs de Paris de l'affiche suivante :

AU GOUVERNEMENT PROVISOIRE.

« Les combattants républicains ont lu avec une douleur profonde la proclamation du Gouvernement provisoire qui rétablit le **Coq Gaulois** et le drapeau tricolore.

« Le drapeau tricolore inauguré par Louis XVI, a été illustré par la première République et par l'Empire ; il a été déshonoré par Louis-Philippe.

« Nous ne sommes plus d'ailleurs ni de l'Empire ni de la première République.

« Le peuple a arboré la couleur rouge sur les barricades de 1848. Qu'on ne cherche pas à la flétrir.

« Elle n'est rouge que du sang généreux versé par le peuple et la garde nationale.

« Elle flotte étincelante sur Paris ; elle doit être maintenue.

« LE PEUPLE VICTORIEUX N'AMÈNERA PAS SON PAVILLON. »

Cette affiche, qui ne portait pas de nom d'imprimeur, avait été rédigée par le docteur Lacambre ; elle explique la sombre colère à laquelle étaient en proie les séides du citoyen Blanqui : ils venaient de subir un premier échec.

Crousse ouvrit la séance :

« Nous représentons, dit-il, la République et la Révolution, nous sommes tous d'anciens détenus politiques. La cause pour laquelle nous avons cent fois risqué notre vie et notre liberté triomphe : c'est à nous de diriger la République que nous avons faite. Si nous ne nous emparons pas du pouvoir dans ce premier moment d'hésitation qui nous le livre, il nous échappe à jamais.

« Le drapeau rouge que nous avions placé sur le Pont-Neuf est tombé de la statue de Henri IV. Il est tombé à la voix de Lamartine, un poëte royaliste hier, et qui aujourd'hui vient de se réveiller républicain. Le pouvoir est la proie des hommes du *National*, des eunuques impuissants qui perdront la République si nous les laissons faire. Il faut la sauver en nous mettant à leur place. Cela est facile ; nous sommes tous armés, accoutumés depuis longtemps aux coups de main ; les hommes de l'Hôtel-de-Ville n'ont pu réunir autour d'eux aucune troupe. Tout nous protège, notre audace et les ténèbres de la nuit !»

L'expédition proposée par Crousse et adoptée avec enthousiasme par les ex-détenus politiques rassemblés dans la Salle du Prado pouvait réussir. À peine installé, le Gouvernement provisoire n'avait pas encore autour de lui une force capable de le protéger ; il se trouvait livré à tous les hasards de la rue, et l'on pouvait croire que la capitale, encore sous le coup de la surprise du 24 février, accepterait celle du 26 : notre bonne ville

professe pour les faits accomplis un si profond respect;
le doigt de la Providence pouvait donc seul prévenir
les affreux malheurs dont nous étions menacés.

Ce fut Blanqui qui nous sauva ; Blanqui qui venait
de rendre visite aux dictateurs, Blanqui qui pour la première fois de sa vie peut-être s'était laissé tromper, et
qui croyait que sa place était marquée à l'Hôtel-de-Ville.
Mais déjà Barbès, dont la popularité était incontestablement plus grande que la sienne, pensait à fonder le
Club de la Révolution, et avait promis au Gouvernement provisoire un concours temporaire.

« La France n'est pas Républicaine, » répondit Blanqui à l'orateur
qui venait de quitter la tribune, « la révolution qui vient de s'accomplir
est une surprise heureuse, rien de plus; si nous voulons aujourd'hui
porter au pouvoir des noms compromis aux yeux de la bourgeoisie par
des condamnations politiques, la province aura peur, elle se souvien-
dra de la terreur et de la Convention, et rappellera peut-être le roi
fugitif. La garde nationale elle-même n'a été que notre complice in-
volontaire ; elle est composée de boutiquiers peureux qui demain pourraient bien défaire ce qu'ils ont laissé faire hier aux cris de vive la
République...

« Abandonnez les hommes de l'Hôtel-de-Ville à leur impuissance :
leur faiblesse est le signe certain de leur chute. Ils ont entre leurs
mains un pouvoir éphémère; nous, nous avons le peuple et les
clubs où nous l'organiserons révolutionnairement comme jadis les
Jacobins l'organisèrent. Sachons attendre quelques jours encore, et la
Révolution nous appartiendra ! Si nous nous emparons du pouvoir
par un audacieux coup de main, comme des voleurs au milieu des
ténèbres de la nuit, qui nous répondra de la durée de notre puissance ?
Au-dessous de nous n'y aura-t-il pas des hommes énergiques et ambitieux qui brûleront de nous remplacer par de semblables moyens ?

« Ce qu'il nous faut, à nous, c'est le peuple immense, les faubourgs
insurgés, un nouveau dix août. Nous aurons au moins le prestige de la
force révolutionnaire.»

Blanqui se remua tant et si bien qu'il arrêta les flots
prêts à déborder, et que des hommes qui se disposaient
quelques instants auparavant à marcher contre l'Hôtel-
de-Ville s'occupèrent assez paisiblement de la constitution définitive du club que le citoyen Blanqui voulait fonder.

Le bureau fut provisoirement composé ainsi : Blanqui, président ; Théophile Thoré, vice-président ; Xavier Durrieu, ex-rédacteur en chef du *Courrier français* et chevalier de l'ordre de Charles III d'Espagne, depuis représentant du peuple à l'Assemblée nationale constituante, secrétaire. A ces noms vinrent se joindre plus tard ceux des citoyens : Laviron, homme de lettres, tué à Rome en combattant contre l'armée française ; Lachambeaudie, poëte-communiste ; Lacambre, docteur en médecine, actuellement réfugié à Londres où il exerce d'une manière très-distinguée la profession de bottier ; Flotte, cuisinier, l'*alter ego* du citoyen Blanqui, un des condamnés par la Haute Cour de Bourges ; Fomberteaux, portier, collaborateur du citoyen Joigneaux à la rédaction du *Moniteur républicain*, charmant journal qui prêchait en 1843 l'athéisme et l'assassinat ; Gustave Robert, actuellement rédacteur en chef du *Courrier français* ; Béraud, Thouars, Feuillatre, Crousse, et plusieurs autres hommes médiocres ou ridicules dont les noms échappent à notre mémoire. Ces hommes qui tous se croyaient de grands personnages, les futurs dominateurs de la France, n'étaient en réalité que des pantins dont le citoyen Blanqui tenait les fils ; avec eux il ne discutait pas ; il commandait et ils obéissaient.

Les séances de la Société Républicaine centrale définitivement constituée avaient lieu chaque soir dans la salle consacrée aux essais dramatiques des élèves du Conservatoire. On entrait par la porte de la rue Bergère, et pour être certain de trouver place il fallait se résigner à faire queue à la suite d'une foule nombreuse d'hommes et de femmes appartenant à toutes les classes. On n'était d'ailleurs admis dans la salle que moyennant une rétribution. Les recettes journalières, jointes aux cotisations mensuelles des sociétaires, constituaient pour la caisse du club des sommes assez rondelettes. Lorsque les séances devaient être orageuses, il se faisait aux environs du Conservatoire un commerce très-actif de billets de faveur, au profit de qui? Nous l'ignorons.

Vers sept heures et demie, les Montagnards à cra-

vates rouges et armés jusqu'aux dents qui remplissaient
au club Blanqui l'office de gardes municipaux laissaient
libre l'accès du grand escalier, et un instant après toutes
les places encore inoccupées se trouvaient envahies.
Lors de l'entrée du public dans la salle, les membres du
club qui avaient seuls le droit de parler et de voter
occupaient déjà l'orchestre et le parterre. La plupart
des loges *étaient louées d'avance par des privilégiés*. Il
était facile de remarquer parmi ces derniers un grand
nombre d'Anglais. Ces honnêtes insulaires (nous en
avons souvent fait l'observation) applaudissaient avec
fureur les motions les plus exagérées.

Le bureau couvert d'un tapis vert était placé sur la
scène, à gauche des auditeurs ; il était ordinairement
occupé par les citoyens que nous avons nommés plus
haut. Les orateurs, pendant tout le temps qu'ils parlaient, se tenaient aussi sur la scène à droite.

Les citoyens Hippolyte Bonnelier et Arnoult Frémy,
hommes de lettres, Alphonse Esquiros, maintenant représentant montagnard, Routier de Bullemont, chef de
la comptabilité à la Préfecture de police ; Malapert,
avocat à peu près inconnu au Palais, dont nous avons
souvent lu des tartines indigestes dans le journal épi-
leptique du citoyen Delescluze ; Savary, ouvrier cordonnier, employé au gaz et communiste de la veille, étaient
les orateurs ordinaires du club Blanqui. Quelques jeunes
gens distingués prêtèrent d'abord à ce club l'appui
d'une exaltation momentanée et d'une parole souvent
éloquente ; mais bientôt ils se retirèrent devant les violences inqualifiables de Blanqui et de ses satellites.

Les blouses étaient toujours en minorité dans la salle de
spectacle du Conservatoire, et l'on se tromperait fort si
l'on croyait que la Société Républicaine centrale était en
majorité composée de jeunes gens ; on pouvait au contraire, à chaque séance, remarquer, parmi les membres les
plus assidus du club, un grand nombre d'hommes au
crâne dénudé, à la tête blanchie par l'âge. Ces vieux citoyens, lorsqu'ils cherchaient à se donner devant le *peuple*
une attitude de pères conscrits, représentaient assez bien

l'esprit étroit et envieux des démagoques de 1793.

Ce serait un tableau curieux que celui des propositions sérieusement discutées lors des séances les plus animées du club Blanqui. Les deux faits suivants sont connus, mais comme ils donnent la mesure du degré de bêtise effrontée, d'outrecuidance sans égale auquel peuvent atteindre des citoyens en proie à la fièvre démagogique, nous croyons devoir les rapporter.

Un soir un des membres les plus influents du club, le citoyen Thouars, ex-agent diplomatique, qui plus tard fut condamné à plusieurs mois de prison par le tribunal correctionnel de la Seine pour avoir frappé M. Hetzel au visage dans la salle des Pas-Perdus de l'Assemblée nationale, proposa à ses *frères* de ne plus venir désormais aux séances que vêtus chacun d'une blouse. Cette proposition fut rejetée, mais l'illustre citoyen Thouars ne se tint cependant pas pour battu. Le lendemain il se carrait dans sa stalle, vêtu d'une blouse bleue superbement neuve. Mais cette blouse, le farouche démocrate ne la portait jamais dans la rue; il la laissait chaque soir au vestiaire, il la mettait avant la séance.

Un autre soir, un citoyen Hermann, Schulmann ou Beckmann, demande et obtient la parole : « *Citoyens,*
« dit-il, *che fais bartir avec une léchion d'amis pour tonner*
« *le Rippiblique à l'Allemagne* (Bravos). *Nous foulons faire*
« *tant notre batrie ce que fous havez fait ici* (Bravos).
« *Nous fenons tonc fous temander seeours; nous afons*
« *pesoin t'archent et de fisils, te fisils surtout.* » (Bravos frénétiques).

Après cet éloquent discours et sur la proposition du citoyen président, le club décide que des fusils seront mis à la disposition des patriotes allemands par le Gouvernement provisoire et qu'une collecte à leur profit sera faite à la fin de la séance.

Le démocrate allemand quitte la tribune, mais il est rappelé par un signe parti de l'avant-scène de droite, et une très-jolie femme laisse tomber dans son chapeau pointu une montre d'or et sa chaîne.

Les clubistes applaudissent et demandent le nom de

la citoyenne. Le démocrate allemand après avoir posé une main sur son cœur, reprend la parole et s'exprime en ces termes : « *Je fous remercie, citoyenne, nous triom-* « *pherons ch'en suis sûr (bravos); quant à cette montre,* « *elle ne me quittera chamais.* »

Cela dit, le démocrate allemand met la montre dans sa poche, et quelques sceptiques remarquent qu'il s'empresse de quitter la salle.

Nous pourrions à propos de la Société Républicaine centrale raconter mille anecdotes de ce genre; mais nous nous rappelons heureusement cet adage du bon La Fontaine :

> Loin d'épuiser une matière,
> On n'en doit prendre que la fleur.

Les membres de la Société Républicaine centrale donnaient souvent des exemples significatifs du profond respect voué par les démocrates à la liberté d'opinion. Un soir, par extraordinaire, les auditeurs des loges et des galeries paraissaient ne pas approuver les doctrines passablement excentriques exposées par les orateurs ordinaires du club, ils se permettaient même de fréquentes interruptions. Il ne s'agissait de rien moins que de demander au Gouvernement provisoire la dissolution et le désarmement de la garde nationale rouennaise, coupable d'avoir réprimé une émeute fomentée par les agents des clubs parisiens, ainsi que la mise en jugement de ses chefs. Le citoyen Blanqui avait déjà plusieurs fois réclamé le silence, lorsque, sur une dernière interruption, il s'écria : *Si on ne reste pas tranquille dans les loges et à la galerie, je fais subitement éteindre le gaz.* Les auditeurs épouvantés comprirent le sens sinistre de ces paroles en voyant les montagnards chargés de la police de la salle diriger vers eux leurs fusils.

La Société Républicaine centrale était à peu près le seul club qui inspirât des craintes sérieuses au Gouvernement provisoire. La guerre entre les dictateurs et le citoyen Blanqui avait commencé au moment même où ce dernier avait acquis la conviction qu'il inspirait une répugnance invincible à ceux même avec lesquels il avait cru qu'il pourrait facilement s'entendre. Les citoyens Albert et Louis Blanc n'étaient pas sans doute des amis bien sincères de messieurs de Lamartine, Marie et Arago, mais ils craignaient par dessus tout le citoyen Blanqui qu'ils croyaient de force à les dominer. Nous ne parlons pas du citoyen Ledru-Rollin qui déteste Blanqui, et qui est méprisé par ce dernier; celui-ci voulait la première place et agissait en conséquence : il croyait pouvoir compter sur beaucoup de gens; l'expérience devait lui prouver la vanité de ses espérances.

Le personnel dont pouvait disposer le citoyen Blanqui pour réaliser ses espérances n'était pas nombreux il est vrai, mais il l'était assez pour *insurger les faubourgs*. Il y avait dans les rangs de ce personnel une infinité de gens de sac et de corde; mais il était discipliné, disposé à agir, et, somme toute, il ne valait pas moins sous le rapport moral que celui dont étaient maîtres ceux qu'il s'agissait de renverser.

Les républicains de la veille, ces ennemis si farouches des jésuites, savent très-bien mettre en pratique celles des maximes attribuées à ces révérends pères qui sont de nature à servir leurs desseins. Il devenait nécessaire d'annihiler une influence redoutable : les citoyens Louis Blanc, Albert, Ledru-Rollin et Flocon se dirent qu'il fallait *diviser pour régner* : de là, la réorganisation de la Société des Droits de l'Homme et du Citoyen.

Il nous reste beaucoup de choses à dire à propos de la Société Républicaine centrale, mais cela nous entraînerait trop loin; nous ne racontons pas les événements, nous cherchons seulement à donner à nos lecteurs une physionomie à peu près exacte de ces agrégations d'hommes, à la fois clubs et sociétés secrètes, qui ont joué un si triste rôle en 1848 et 1849.

A l'occasion de l'insurrection réprimée à Rouen, en avril 1848, le club Blanqui a publié l'affiche suivante, qui nous paraît un des plus curieux documents de l'époque.

LA SOCIÉTÉ RÉPUBLICAINE CENTRALE AU GOUVERNEMENT PROVISOIRE.

Citoyens,

La contre-Révolution vient de se baigner dans le sang du peuple. Justice ! justice immédiate des assassins !

Depuis deux mois, la bourgeoisie royaliste de Rouen tramait dans l'ombre une Saint-Barthélemi contre les ouvriers. Elle avait fait de grands approvisionnements de cartouches. L'autorité le savait.

Des paroles de mort éclataient çà et là, symptômes précurseurs de la catastrophe : *Il faut en finir avec ces canailles !* Canailles, en effet, qui avaient en Février, après trois jours de résistance, contraint la garde bourgeoise à subir la République.

Citoyens du Gouvernement provisoire, d'où vient que depuis ces deux mois, les populations ouvrières de Rouen et des vallées environnantes n'avaient pas été organisées en gardes nationales ?

D'où vient que l'aristocratie possédait seule l'organisation et les armes ?

D'où vient qu'au moment de l'exécution de son affreux complot, elle n'a rencontré devant elle que des poitrines désarmées ?

D'où vient la présence à Rouen du 28e régiment de ligne, ce sinistre héros du faubourg de Vaise en 1834 ?

D'où vient que la garnison obéissait aux ordres de généraux ennemis déclarés de la République, d'un général Gérard, créature et âme damnée de Louis-Philippe ?

Ils avaient soif d'une sanglante revanche, ces sicaires de la dynastie déchue !

Il leur fallait un massacre d'avril pour consolation d'un second juillet ! leur attente n'a pas été longue.

Les journées d'avril, deux mois après la Révolution ! c'est aller vite, Citoyens du Gouvernement provisoire.

Et rien n'y a manqué à ces nouvelles scènes d'avril ! ni la mitraille, ni les boulets, ni les maisons démolies, ni l'état de siége, ni la férocité de la soldatesque, ni l'insulte aux morts, l'insulte unanime des journaux, ces lâches adorateurs de la force[1] ! La rue Transnonain est surpassée. A lire l'infâme récit de ces exploits de brigands, on se retrouve au lendemain des jours néfastes qui naguères ont couvert la France de deuil et de honte.

Ce sont bien les mêmes bourreaux et les mêmes victimes ! D'un côté des bourgeois forcenés, poussant, par derrière, au carnage des soldats imbéciles[2] qu'ils ont gorgés de vin et de haine ; de l'autre, de

---

[1] Ces injures adressées à la presse sont signées par deux journalistes, MM. Gustave Robert, rédacteur en chef du *Courrier Français*, et Brucker, troisième personne de la trinité connue sous le nom littéraire de *Michel Raymond*.

[2] Les démocrates chérissent l'armée !

malheureux ouvriers tombant sans défense sous la baïonnette et la balle des assassins.

Pour dernier trait de ressemblance, voici venir la cour royale, les juges de Louis-Philippe se ruant comme des hyènes sur les débris du massacre, et remplissant les cachots de deux cent cinquante républicains. A la tête de ces inquisiteurs, est Franck-Carré, l'exécrable procureur-général de la cour des Pairs, ce Laubardemont qui demandait avec rage la tête des insurgés de mai en 1839. Les mandats d'amener poursuivent jusqu'à Paris les patriotes qui fuient la proscription royaliste. Car c'est une terreur royaliste qui règne à Rouen, l'ignorez-vous, citoyens du Gouvernement provisoire ? La garde bourgeoise de Rouen a repoussé avec fureur la République au mois de février : c'est la République qu'elle blasphème et qu'elle veut renverser.

Tout ce qu'il y avait de républicains de la *veille* a été jeté dans les fers. Nos propres agents sont menacés de mort, destitués, gardés à vue. Les magistrats municipaux Lemasson [1], Durand, ont été traînés par les rues, les baïonnettes sur la poitrine, leurs vêtements en lambeaux. Ils sont au secret de par l'autorité des rebelles ! C'est une insurrection royaliste qui a triomphé dans la vieille capitale de la Normandie, et c'est vous, Gouvernement républicain, qui soutenez ces assassins révoltés !... Est-ce trahison ou lâcheté ? Êtes-vous des soliveaux ou des complices ?

On ne s'est pas battu, vous le savez bien ! on a égorgé ! et vous laissez raconter glorieusement les prouesses des égorgeurs ! Serait-ce qu'à vos yeux, comme à ceux des rois, le sang du peuple n'est que de l'eau bonne à laver de temps en temps des rues trop encombrées ? Effacez donc alors, effacez de vos édifices ce détestable mensonge en trois mots que vous venez d'y inscrire : Liberté, Égalité, Fraternité !

Si vos femmes, si vos filles, ces brillantes et frêles créatures, qui promènent dans de somptueux équipages leur oisiveté tissue d'or et de soie, étaient jetées tout à coup à vos pieds, la poitrine ouverte par le fer d'ennemis sans pitié, quels rugissements de douleur et de vengeance vous feriez retentir jusqu'aux extrémités du monde !...

Eh bien ! allez ! allez voir étendus sur les dalles de vos hôpitaux, sur la paillasse des mansardes, ces cadavres de femmes égorgées, le sein troué de balles bourgeoises, ce sein entendez-vous, qui a porté et nourri les ouvriers dont la sueur engraisse les bourgeois.

Les femmes du peuple valent les vôtres, et leur sang ne doit pas, ne peut pas rester sans vengeance !...

Justice donc, justice des assassins !...

Nous demandons :

1º La dissolution et le désarmement de la garde bourgeoise de Rouen ;

---

[1] Escompteur et ennemi du capital, un des fondateurs du journal la *Réforme*.

2° L'arrestation et la mise en jugement des généraux et des officiers de la garde bourgeoise et de la troupe de ligne qui ont ordonné et dirigé le massacre;

3° L'arrestation et la mise en jugement des soi-disant membres de la Cour d'appel, séides nommés par Louis-Philippe, qui, agissant au nom et pour le compte de la faction royaliste victorieuse, ont emprisonné les magistrats légitimes de la cité et rempli les cachots de républicains;

4° L'éloignement immédiat de Paris des troupes de ligne qu'en ce moment même les réacteurs dressent, dans des banquets fratricides, à une Saint-Barthélemi des ouvriers parisiens.

Pour la Société républicaine centrale, les membres du bureau : *L.-Auguste Blanqui*, président; *C. Lacambre D. M. P.*, vice-président; *Flotte*, trésorier; *Pierre Béraud*, *Loroué*, *G. Robert*, secrétaires; *Lachambeaudie*, *Crousse*, *Pujol*, *Javelot jeune*, *Brucker*, *Fomberteaux*, membres du bureau.

La Société Républicaine centrale, malgré son importance, n'a envoyé dans les départements que deux émissaires, les citoyens : Venus-Avot, tisseur, rue des Amandiers-Popincourt, 6, et Gosard, directeur du bureau des nourrices, rue du Faubourg-Saint-Denis, cour des Petites-Écuries, envoyés à Montargis.

RÉPUBLICAIN PROTESTANT (*Club*), rue du Faubourg-Montmartre (salle du Manège Leblanc), fondé en mars 1848. Président A. Coquerel, représentant du peuple.

Républicain modéré.

RÉPUBLICAINS SOCIALISTES (*Club des*), à l'école de pharmacie, rue de l'Arbalète, 12, fondé en mars 1848. Président, Regnier; vice-président, Mon d'Or de l'Aigle, agent d'affaires; secrétaire, Thibaudin; secrétaire-trésorier, Marlier.

Rouge, prétentieux et incapable.

Délégués dans les départements; les citoyens : Lasneret, commissaire de marine; Lacoste, homme de lettres, rue des Marais-Saint-Germain, 15, envoyés à Limoges.

RÉPUBLICAINS SOCIALISTES (*Conseil central des*), passage Sourdis, fondé en 1849. (Voir *Club des Acacias*.) Commission permanente : abbé de Montlouis, Aimé Beaune; E.-André, commissaire; Pardigeon, secrétaire.

RÉPUBLICAINS UNIS (*Club des*), à Montmartre,

fondé en avril 1848. Président, L. Feuilloley; E. Fessard, secrétaire.

Rouge.

RÉPUBLIQUE (*Club de la*), à Vaugirard, fondé en mars 1845. Président, Cuénot.

Modéré.

RÉPUBLIQUE CENTRALE (*Club de la*), quai aux Fleurs (salle du Prado), fondé en mars 1848. Président, Rigand.

Rouge.

RÉPUBLIQUE NOUVELLE (*Club de la*), Palais-National (salle du Gouverneur), fondé en avril 1848. Président, Auguste Barbier, l'auteur des *Iambes* ; vice-présidents, Woloski, représentant du peuple, Gustave Dupin; secrétaires : Delauney, Courdin, Granney, Thierrée ; secrétaire-archiviste, Lebouleïs; trésorier, John Lelong.

Ce club a rendu d'importants services à la cause de l'ordre; il était, du reste, présidé par un homme qui s'est acquis par un talent hors ligne une juste popularité et dont la voix devait être écoutée par les masses bien promptes à s'enflammer, il est vrai, mais aussi toujours prêtes à revenir de leurs erreurs lorsqu'on leur adresse de nobles et généreuses paroles.

Lorsque l'envie, la haine, la cupidité, toutes les mauvaises passions étaient déchaînées contre les plus saintes institutions et paraissaient protégées par la plupart des hommes que le souffle populaire avait portés au pouvoir, le président du club de la République nouvelle a tenu d'une main ferme le drapeau de la civilisation; il était du reste parfaitement secondé par les personnages honorables dont il s'était entouré.

RÉUNION FRATERNELLE D'IVRY (*Club de la*), rue Nationale, 15, aux Deux-Moulins, fondé en juin. Président, Voissard.

Rouge.

RÉVOLUTION (*Club de la*).

Le club de la Révolution, c'est Barbès: parlons donc un peu du citoyen Barbès, surnommé par M. Proudhon le Bayard de la démocratie.

Comme le bon chevalier du Terrail, le citoyen Barbès s'est toujours montré sans peur : il est doué d'une bravoure incontestable, et que du reste personne ne songe à contester ; mais là s'arrête la ressemblance. Nous n'admettons point que le citoyen Barbès soit absolument sans reproche, et nous sommes convaincu qu'il a vu plus d'une fois en songe se dresser devant lui l'ombre sanglante du brave lieutenant Drouineau.

Nous savons bien que l'assassinat de ce malheureux officier par l'ex-colonel de la douzième légion a été nié. « Je ne répondrai pas, a dit Barbès devant la Cour des Pairs, à l'imputation de guet-apens, elle est au-dessous de moi. Que j'aie assassiné, personne ne le croira. » Nous savons aussi que M. Marrast a écrit dans le *Supplément au Dictionnaire de la conversation* une notice dans laquelle il essaye de justifier « un noble et fier jeune homme, dont la causerie révèle le cœur le plus honnête et l'ambition des grandes choses. » Nous savons enfin que l'on a fait courir le bruit, dans les rangs du parti démocratique, que le lieutenant Drouineau avait été assassiné par un nommé Ferrari, tué à l'attaque du poste commandé par cet officier ; mais tout cela ne prouve rien : il reste le jugement de la Cour des Pairs, qui déclare Barbès convaincu d'assassinat, et ce jugement est fondé sur des témoignages si nombreux et si indiscutables, sur une telle abondance de preuves, que la plus mauvaise foi est seule capable de l'attaquer.

Le club de la Révolution fut fondé par ceux des hommes qui ayant, durant le cours du règne de Louis-Philippe, soit dans la presse, soit dans les sociétés secrètes, soit dans les mouvements insurrectionnels, représenté pour leur part la tradition révolutionnaire, n'avaient pas voulu se réunir à Blanqui.

Les citoyens Barbès, Lamieussens, Longepied, Numa et Marc Dufraisse, ce dernier actuellement représentant du peuple, Cahaigne, Thoré, Laborde, Pichon et Raisan, formèrent le noyau de ce club, dont ils posèrent les bases après de nombreuses réunions qui avaient lieu dans un des salons de l'ex-Palais-Royal.

Aux citoyens que nous venons de nommer se joignirent bientôt ceux dont les noms suivent : Berrier-Fontaine, Sobrier, Proudhon, Pierre Leroux, Étienne Arago, Paul Guichenet, Gornet, et plusieurs autres.

Il fut préalablement décidé que pour être admis à faire partie du club de la Révolution il faudrait être présenté par deux membres et adopté par l'unanimité des suffrages. Une seule voix négative devait suffire pour faire ajourner le candidat.

La première séance publique du club de la Révolution eut lieu le 21 mars dans la salle du bal Molière, située rue Saint-Martin.

Le bureau était composé des citoyens Barbès, président; Raisan, vice-président; E. A. Dambel, secrétaire (ce dernier signait quelquefois E. Adam Bel).

Le citoyen Marc Dufraisse, pour satisfaire le vœu de quelques membres du club qui désiraient connaître le but de l'association dont ils faisaient partie (désir bien naturel, assurément), prononça le discours suivant.

Ce discours, nous l'avons recueilli avec le plus grand soin, et nous le donnons en entier; il est du reste tout-à-fait digne de celui qui l'a prononcé :

« Citoyens,

« Depuis notre victoire de Février, depuis que les lois contre les associations politiques ont été abrogées de par la *loi sainte de l'insurrection*, il s'est formé sur le champ de bataille même un grand nombre de sociétés populaires.

« Tant mieux! C'est la continuation pacifique de la lutte armée, c'est le bivouac intellectuel de la vaillante cité. L'affluence des travailleurs vers les clubs est de bon augure ; elle est la preuve de l'immense intérêt que prend le peuple au mouvement révolutionnaire. Il comprend enfin, il sent, il veut que, faite par lui, la révolution soit faite pour lui ; il entend, c'est son droit, c'est notre devoir, que la révolution, achetée de son sang, enfante les fruits démocratiques et égalitaires qu'elle porte dans son sein.

« Tant mieux, encore une fois, tant mieux ! Mais il faut nous l'avouer, la plupart des sociétés populaires, jusqu'à ce jour brusquement improvisées, tumultueusement formées, ont plutôt juxtaposé que lié ensemble les citoyens qui les composent. Intérieurement, elles ne fonctionnent pas aussi parfaitement que le peuple le désire; elles sont sans relations entre elles, sans rapports. Il faut, dès le début, couper court et vite à ce mal de l'anarchie.

« Constituer dans Paris un club révolutionnaire ; le composer des hommes qui ont dès longtemps donné à la France des gages éclatants de leur patriotisme ; des républicains éprouvés par la lutte, par le feu, par la persécution et par le martyre ; des penseurs et des écrivains qui ont consacré leurs veilles à l'élaboration des grandes idées réformatrices ; réunir sous une même règle les démocrates de vieille date, qui se connaissent entre eux, qui s'aiment et s'estiment[1]. Les relier ensemble par les liens étroits de sympathies anciennes et d'une solidarité religieuse dans le passé et dans l'avenir, c'est donner à nos concitoyens un exemple de constitution solide et de bonne discipline, utile à suivre pour fonder, avec d'autres groupes révolutionnaires, des clubs homogènes et durables ; c'est avoir en même temps organisé, dès les premiers jours de la révolution, une force intellectuelle et morale qui ne sera peut-être pas sans influence sur sa marche et ses destinées.

« Tous, vous sentez l'action immense que notre club, prudemment recruté, vigoureusement organisé, bien conduit, peut et doit exercer sur les événements contemporains. Des vétérans comme vous n'ont pas besoin, pour la comprendre, d'entendre développer cette pensée.

« Aussi n'avez-vous demandé à connaître que le but spécial, actuel et immédiat du club de la Révolution. Son but, dans l'acception la plus large du mot, son but ultérieur, permanent, sa fonction dans les temps que nous allons traverser, son œuvre à entreprendre et à accomplir, le club de la Révolution le dira plus tard, l'exposé de ses principes, de ses doctrines, de ses tendances, de la fin suprême vers laquelle il marchera, ne peut être que le travail médité, mûri, nettement formulé, d'un Comité que vous choisirez dans votre sein. Je dois, vous le sentez bien, décliner cette tâche trop lourde pour moi. Je ne puis ni ne veux en prendre le labeur et la responsabilité exclusifs.

« Je n'ai pas d'autre intention, comme vous n'avez pas d'autre désir, que de préciser le but prochain et transitoire de notre association.

« Les clubs de Paris, je le disais en commençant, n'ont entre eux aucun lien d'affinité, aucune force de cohésion ; ils sont éparpillés, sans communication entre eux, anarchiques, enfin, intérieurement et extérieurement. Ils se régulariseront eux-mêmes par leur action propre sur eux-mêmes, sur leurs éléments ; leur spontanéité intelligente ne faillira pas à ce travail.

« Mais ce n'est là que la moitié du bien et du bon ; il faut les rapprocher entre eux, non pas que nous aspirions à les fondre en nous, non ; nous ne visons pas à cette dictature.

« Nous nous bornerons à les inviter tous, par des messages, à délé-

[1] Comme le citoyen Proudhon estime le citoyen Considérant, comme Barbès aime Blanqui, comme M. Raspail estime Huber, et *vice versâ*.

guer chacun un certain nombre de citoyens dont le concours consti-
tuera un Club central de tous les Clubs. Cette assemblée, que j'appellerai
fédérale, sera le point de jonction où convergeront les pensées de
chaque Société populaire, d'où rayonneront vers chaque club les
idées qui se seront révélées par la discussion dans ce centre intellectuel.

« Notre Club conservera, lui, aussi longtemps que nous le croirons
utile, son existence propre et séparée; il aura sans doute son influence
dans le *Club central* auquel nous allons concourir. Chacun de vous, à
raison de ses antécédents et de la confiance qu'il inspire, peut espérer d'y
obtenir une large place de crédit et d'action; mais ce crédit sera tout
personnel, cette action tout individuelle. Notre Club, que cela soit bien
compris entre nous, n'entend et ne veut avoir sur les autres clubs aucune
suprématie absorbante; il se bornera à provoquer une centralisation
aussi complète, aussi rigoureuse que possible. Voilà toute son ambition.

« Nous nous proposons aussi un second but : la grande œuvre du
moment, l'œuvre capitale, ce sont les élections des Représentants à
l'Assemblée nationale constituante.

« Le Club de la Révolution ne peut pas, ne doit pas rester muet,
inactif et impassible dans cette lutte solennelle de l'opinion. Un comité pris dans son sein se consacrera tout entier à ce travail. Il ap-
puiera à Paris et dans les départements les candidatures radicalement
démocratiques, et leur prêtera un concours actif, énergique par ses
émissaires et par ses publications. Il s'efforcera d'ouvrir les portes de
la Constituante aux hommes qui représentent les intérêts et les besoins
populaires, les droits de la classe la plus nombreuse et la plus pauvre,
les vœux légitimes des vingt-six millions de déshérités; il recueillera
dans son sein et donnera une tribune révolutionnaire aux républicains de toutes les écoles socialistes. Il faut que toutes les idées réformatrices aient leur auditoire et leur trépied.

« Enfin, le club de la révolution prêtera un appui loyal et énergique,
un concours sincère et vigoureux au Gouvernement provisoire de la
République. Nous avons le courage de le dire, tous les hommes qui
siègent à l'Hôtel-de-Ville, pris individuellement, ne nous inspirent ni la
même confiance, ni la même sympathie. Il en est que nous entourons,
plus que d'autres, de nos affections révolutionnaires, parce qu'ils nous
paraissent représenter plus complétement l'esprit de la Révolution et
ses tendances égalitaires; mais nous croyons devoir, quant à présent,
les étayer tous collectivement de notre appui. Nous défendrons les élus
de l'insurrection, ceux que le peuple en armes a oints et sacrés; nous
les défendrons, non parce qu'ils sont le dernier mot du progrès et de la
réformation, mais parce que pour le moment ils incarnent la victoire
de Février. Nous les défendrons comme la veille du 10 août Robespierre et les Jacobins défendaient la Constitution de 1791[1]; nous les

---

[1] L'aveu est précieux : *j'embrasse mon rival, mais c'est pour l'étouffer.*

défendrons contre l'esprit de réaction d'une part, et de l'autre contre l'imprudence et l'exagération de certaines impatiences, de certaines témérités[1] ; nous défendrons, dans le cas surtout où l'accord entre eux viendrait à se rompre, ceux qui ont le mieux accusé et accentué le sentiment et la tradition révolutionnaire qui vivent en nous.

« Mais nous devons aussi exprimer loyalement et hautement nos réserves. Notre appui ne sera pas aveugle; tant que la dictature marchera dans le mouvement que l'insurrection lui a imprimé, nous serons avec elle, nous serons pour elle; notre concours est à ce prix. Mais nous la surveillerons sans cesse; nous la tiendrons à l'œil si je puis m'exprimer ainsi. Et si l'Hôtel-de-Ville violait les conditions de son investiture, nous reprendrons aussitôt l'allure que nous avons toujours gardée contre ceux qui oublient leur devoir et la sainteté de leur mission ! »

Le club de la Révolution et la Société républicaine centrale rappelaient les luttes de force et d'agilité des sauteurs de feu Nicolet. Si aujourd'hui un discours violent était prononcé dans l'antre Blanqui, le lendemain on en hurlait un furibond dans la caverne Barbès. Une proposition extravagante était-elle formulée dans la salle du bal Molière, on y répondait dans la salle de spectacle du Conservatoire par une proposition plus extravagante encore. Mais dans cette lutte acharnée le club Barbès était presque toujours vaincu par le club Blanqui; cependant il se disait au club de la Révolution des choses qui ne manquaient ni d'entrain révolutionnaire ni de saveur socialiste. Exemples :

Un soir (séance du 24 mars) le club de la Révolution émet à l'unanimité le vœu : « Que l'imprimerie nationale de Paris et toutes les imprimeries des départements soient immédiatement mises à la disposition des travailleurs candidats à la représentation nationale, pour l'impression de leur profession de foi ; les droits de poste devront être supprimés jusqu'après les élections, quant à ce qui regarde ces mêmes professions de foi. »

Le club de la Révolution (séance du 9 avril) invite le Gouvernement provisoire : « 1° à s'emparer de la Banque de France, qui ne peut rendre, en l'état actuel

---

[1] Allusion transparente au citoyen Blanqui.

des choses, les services qu'il faut exiger d'elle ; 2° à s'emparer des compagnies d'assurances ; 3° à s'emparer de tous les chemins de fer ; 4° à s'emparer des mines et salines ; 5° à s'emparer enfin de tous les canaux ; 6° le Gouvernement provisoire est invité en outre à créer immédiatement un papier-monnaie ayant cours forcé. »

Ce qui précède n'est que ridicule. Passons à l'atroce.

Le citoyen Gornet, ex-maire du douzième arrondissement (séance du 30 mars), s'adressant aux bourgeois, s'écrie : « Avez-vous donc oublié que les pauvres sont les plus nombreux et qu'ils sont en mesure de se faire rendre justice ? »

Un petit citoyen qui ressemble d'une manière étonnante à M. Émile de Girardin, le citoyen Jules Descordes, homme de lettres (séance du 2 avril), proclame que le socialisme n'est pas le *nec plus ultrà* du bonheur. « Avec le socialisme, dit-il, il arrivera quelques hommes plus considérables qui opprimeront les autres individualités. Le vrai bien c'est le communisme. »

Le citoyen Botte (séance du 12 avril) avance qu'à l'aide des lois actuelles on peut s'emparer de la propriété de son voisin, et dans ce cas, ajoute-t-il, « on a raison de dire que la propriété est le vol. »

Le citoyen Lefèvre (séance du 17 avril), après avoir rappelé à l'auditoire que dans l'état sauvage c'était le plus fort qui faisait la loi, soutient que si dans l'état de civilisation on n'accorde pas au peuple le droit au travail, on le met dans la nécessité d'invoquer le droit du plus fort et de prendre un fusil pour se procurer sa nourriture.

Puis, ajoutant la raillerie à la violence, le citoyen Lefèvre ajoute ceci : « Que les riches ne craignent rien ; quand nous aurons la vraie République, le peuple accordera le droit au travail à ses adversaires, et comme ils sont les plus faibles, on leur donnera de bonnes places. »

Le citoyen Genillier, professeur de mathématiques, un des éternels candidats du parti démocratique et social (séance du 24 avril), fait ouvertement profession d'athéisme ; il termine son discours par ces mots : « Il n'y a de Dieu que pour les imbéciles. »

A propos d'un des membres les plus influents du club de la Révolution, le journal de Sobrier, la *Commune de Paris*, a publié le 13 avril 1848 le petit article suivant :

« Il s'est passé hier, au club de la Révolution, un fait de la plus grande gravité. Le club s'étant constitué en famille, un membre a donné lecture d'une note prise à la Préfecture de police. Cette note désignait, sous le n° 1,000, Victor Bouton, ex-employé à la librairie Pagnerre.

« Mandé à la barre et sommé de déposer sa carte d'entrée, Victor Bouton a obéi en faisant entendre ces paroles notables : « *Je n'accepte pas votre juridiction.* »

« Un tonnerre d'imprécations a déterminé sa fuite [1]. »

Le club de la Révolution avait pour organe le journal le *Travail*. Il en a été publié onze numéros, rédigés par les citoyens E. A Dambel et Dupré ; le dernier est du 21 juin 1848.

Le discours du citoyen Marc Dufraisse indique suffisamment le but que voulaient atteindre les fondateurs du club de la Révolution. Il en ressort clairement, malgré les promesses d'abnégation qu'il renferme, que ces citoyens voulaient, en centralisant l'action de tous les clubs, dominer la situation au profit de ceux des

---

[1] Le citoyen Victor Bouton, accusé par la *Commune de Paris* d'être le n° 1,000, est un des plus dévoués disciples du citoyen Blanqui. A l'occasion de la publication dans la Revue Rétrospective du fameux rapport, la *Sentinelle des Clubs*, journal rose, signé V. Bouton, *directeur-gérant*, insérait dans son premier numéro la note suivante :

« Depuis quelques jours des bruits odieux circulaient dans Paris sur un des hommes les plus dévoués du parti démocratique ; aujourd'hui la calomnie a pris une forme, un corps : le ci-devant Taschereau, un des eunuques du parti Barrot, a publié, sous forme de brochure, et la *Gazette des Tribunaux* a répété, un document soustrait, dit-on, aux dossiers d'un ministère. En attendant des éclaircissements qui font de tout cela une question capitale, nous publions avec empressement la protestation du citoyen L.-A. Blanqui. »

membres du Gouvernement provisoire qui étaient de leurs amis.

Après le 15 mai, les édifices publics ayant été retirés aux clubs, celui de la Révolution se vit forcé, comme les autres, de tenir ses séances tantôt dans un lieu, tantôt un dans autre; le 28 mai il invitait ses membres à se rendre rue de Rambuteau, 54, chez un citoyen Furet, pour y délibérer sur d'importantes questions relatives aux prochaines élections. Les séances publiques avaient lieu le plus souvent rue de Grenelle-Saint-Honoré (salle de la Redoute), c'est dans ce dernier local que fut délibérée et votée l'adresse suivante envoyée à Barbès et insérée dans tous les journaux rouges de l'époque.

LE CLUB DE LA RÉVOLUTION A BARBÈS.

Frère,

La prison ne nous a enlevé que ta personne; ton âme est toujours en nous. Les yeux fixés sur ta place vide, nous y puisons le souvenir, l'exemple et l'espoir.

Nous ne t'exhortons pas au courage; nous savons que la persécution te retrempe. Nous ne te disons rien de nos sympathies, nos cœurs et le tien vivent d'une vie commune.

Ce qu'il faut que nous te disions, si l'écho du monde extérieur n'a pu te le dire, c'est que la liberté, l'égalité, la fraternité, sont en péril, et qu'une lutte déplorable peut s'engager au nom de ce symbole sacré qui t'a fait deux fois martyr.

La réaction contre laquelle t'emportait, il y a quelques jours, l'un de ces généreux élans qui n'appartiennent qu'aux cœurs d'élite, la réaction grandit autour de nous à chaque heure. La République du privilége, aveugle auxiliaire de la royauté, se dresse et menace de barrer la route que, depuis soixante ans, la démocratie s'est péniblement frayée, par la parole, par la plume et par le fer.

Une nouvelle crise sociale s'approche : la responsabilité en retombera sur ceux qui l'auront provoquée. Grâce à l'inintelligence des uns, au mauvais vouloir des autres, nous le disons avec une profonde tristesse, cette victoire de Février, qui devait être, au point de vue humanitaire, le complément glorieux de l'œuvre de nos pères, ne laissera peut-être, dans l'histoire, d'autre souvenir que le souvenir d'un coup de vent entre deux tempêtes...

Quoi qu'il arrive, frère, le drapeau que ton bras a si courageusement soutenu, nous trouvera tous serrés autour de lui. Vienne la lutte, vienne l'organisation, nous ne ferons qu'un avec toi.

Nous t'attendons. A bientôt Barbès!

19 juin 1848.

Les membres du bureau du club de la Révolution :

A Raisan, Chilman, Arthur Dangeliers, Aimé Baune, Millière, Kersausie, J. Langlois, Charles Furet, A. Dambel, Jouy.

Délégués dans les départements; les citoyens : Bibal, ancien marchand, rue de la Victoire, 15, Fomberteaux, dessinateur et conspirateur de profession, ex-collaborateur du représentant du peuple Joigneaux à la rédaction du *Moniteur républicain*, rue de l'Arbre-Sec, 17, Nogise, menuisier, rue Saint-Pierre, 16, Guichenet, homme de lettres, cité Bergère, envoyé à Bayonne; Ploux, professeur, rue de Lancry, 4 bis, envoyé à Pau; Manière, propriétaire, place du Caire, 35, envoyé à Beaune; Auzias, mouleur, rue Croix-des-Petits-Champs, 29, envoyé à Nîmes; Rousselet, montagnard de Sobrier, rue de la Lanterne, envoyé à Château-Gontier; Duval, montagnard de Sobrier, rue Contrescarpe-Dauphine, 12, envoyé à Bernay; Fournier, propriétaire, rue Porte-Foin, envoyé à Brie-Comte-Robert; Pinson, coupeur, rue d'Argenteuil, 57, envoyé à Bar-sur-Aube; Foulquier, journaliste, rue Castiglione, chargé de républicaniser la garde nationale mobile.

REVOLUTION DÉMOCRATIQUE (*Club de la*), rue du Faubourg-Montmartre (salle du manége Leblanc), fondé en juin 1848.

Ce club paraît avoir été fondé en vue de l'insurrection de juin 1848; nous n'en connaissons que la déclaration de principes suivante, qui fait connaître les noms de ses fondateurs:

CLUB DE LA RÉVOLUTION DÉMOCRATIQUE.

AUX TRAVAILLEURS.

Frères,

Au moment où la Constitution va être discutée, où la question sociale est partout à l'ordre du jour, il est plus que jamais indispensable de former des *réunions populaires*.

Ces réunions doivent éclairer les citoyens sur leurs devoirs, sur leurs droits politiques si longtemps méconnus, si chèrement conquis ; elles doivent servir de miroir à l'opinion publique et la refléter sur les représentants du peuple, pour les aider dans l'accomplissement de leurs devoirs s'ils sont fidèles à leur mandat, et pour les y ramener s'ils s'en écartent.

Une commission est instituée pour la formation d'un nouveau club. Tous les membres appartiennent à l'opinion *radicalement démocratique* : ils veulent l'abolition de tous les priviléges, sous quelque forme qu'on les présente, de l'exploitation de l'homme par l'homme, des distinctions sociales, du cumul des emplois, et généralement de tout ce qui porte atteinte au principe sacré de l'égalité.

Ils poursuivent la mise en pratique de la liberté et de la fraternité ; ils désirent une rétribution suffisante pour les emplois publics ; mais point de sinécures, point de charges honorifiques : chacun doit vivre du produit de son travail, afin que nul ne se fasse, en dehors de ses occupations, des ressources illégitimes souvent, nuisibles toujours au bien être de la masse.

Comme base de l'ordre social, ils adoptent la Déclaration des Droits de l'homme et du citoyen, formulée en 1793 par Maximilien Robespierre.

Maintien de la famille et de la propriété.

Forts de leur conscience et confiants dans la sainteté de leur cause, ils n'emploieront contre leurs adversaires d'autres armes que la discussion dans toute l'étendue des droits légaux.

Toute opinion a droit à leurs *égards*, à la seule condition d'être sincère ; c'est pourquoi ils prêcheront constamment la modération aux uns, le calme de la dignité aux autres, la concorde et la fraternité à tous.

La commission a choisi le titre de *Club de la Révolution*, elle entend par ce mot *changements* à opérer dans l'ordre social ; or ces *changements* sont nombreux, personne ne peut le contester, et conséquemment le mot exprime l'idée.

Frères, nous comptons sur votre patriotique concours comme vous pouvez compter sur notre infatigable dévouement ; tant qu'un privilége restera debout, formons-nous en faisceaux et nous le détruirons !

LES MEMBRES DE LA COMMISSION, *Bernard, Feuilloley, Villevieille, Prunel, Petitjean, Mourier,* brigadiers des ateliers nationaux ; *Himet, Faucheux, Perret, Labouche, Pulvet, L. Chautard*[1], *Gavard, Lavielle, Fessard, Weyl, Lamiel.*

[1] Rédacteur du journal *la Réforme.*

RÉVOLUTIONNAIRE et SOCIALISTE du RHONE (*Club*). La fondation de ce club est annoncée au commencement de mars par l'affiche suivante :

CLUB DE LA RÉVOLUTION LYONNAISE.

Citoyens du département du Rhône.

« Le temps des fictions politiques, gouvernementales, monarchiques, constitutionnelles, voire même républicaines, est irrévocablement et à jamais passé. Les pavés de Paris les ont enterrées. Le temps des vérités républicaines est venu. Il faut les soutenir, il faut les faire triompher. Il faut d'abord l'unité parmi nous. C'est la loi suprême, la loi d'harmonie du corps social que nous voulons fonder sur des bases inaltérables, impérissables.

« Mais pour que la vérité en toute chose se fasse jour pour le bien de tous, il faut que chacun apporte à l'œuvre sa part individuelle de la grande souveraineté du peuple, dont il est et doit être membre actif et pensant

« Donc, citoyens du département du Rhône : Vous tous! ouvriers des corps d'état! des industries! des arts! du commerce! de l'agriculture! Vous! hommes de lettres! hommes de sciences! poëtes! philosophes! ouvriers de la pensée humaine! Venez vous associer à nos travaux! Venez apporter à notre œuvre sainte le concours de vos forces, de votre intelligence, de votre génie!

« Tous! nous voulons vivre en *travaillant!* Donc! plus d'oisifs parmi nous! car l'oisiveté est la mère de tous les vices. C'est l'oisiveté qui engendre l'égoïsme, qui engendre à son tour le plus funeste de tous les fléaux! le poison le plus corrosif, la corruption morale, qui à son tour engendre tous les fléaux de l'humanité!

« Les oisifs ont tué les monarchies. Ils voudraient aussi tuer notre République; mais ils n'y parviendront pas si nous ne souffrons aucun oisif dans le sein de la société républicaine. Travaillons, voilà notre premier devoir : nous le remplirons avec zèle. Nous voulons tous aussi mourir en combattant ceux qui voudraient opprimer le peuple et maintenir les priviléges, de quelque nature qu'ils soient. Nous les combattrons jusqu'à ce que nous les ayons vaincus et forcés de vivre avec nous en *frères;* jusqu'à ce qu'enfin nous ayons fondé dans toute sa vérité, sa plénitude, sa pureté, le règne de la liberté, de l'égalité, de la fraternité.

« Voilà notre foi, notre religion; voilà l'espérance qui soutiendra notre courage. Voilà le saint amour qui nous anime.

« Ce devoir nous le remplirons avec dévouement et persévérance. Nous atteindrons le but de nos travaux : le bien-être général, le bonheur de l'humanité. Dieu est avec nous. Dieu nous bénira. Nous triompherons.

« Car nous voulons le droit éternel, d'où découlent tous les droits civils, politiques et sociaux. Citoyens! nous serons fidèles à notre immortelle devise : *Vivre en travaillant, ou mourir en combattant!* »

VIVE LA RÉPUBLIQUE !

DESAVENIÈRES, *Président*, 50, rue de Provence.
LYON-LEMAT, *Secrétaire*.

« Un avis très-prochain indiquera le lieu et l'heure de la réunion. On s'inscrit chez le président, de onze à une heure. »

Le 25 mars 1848, le club de la Révolution Lyonnaise se constituait définitivement sous le nom de club Révolutionnaire et socialiste du Rhône, et son bureau était composé des citoyens Desavenières, docteur en médecine, président; Matagrin, Dépouilly, manufacturier à Puteaux, Quentin, ancien receveur-général, condamné par la Haute Cour de Bourges pour sa participation aux événements du 15 mai 1848, Bourcier, vice-présidents; Léon Faëne, Hercule Gallard, Pluviane de la Martinière, secrétaires; Drigeard-Desgarnier, un des condamnés par la Cour des pairs par suite des événements de Lyon 1834, trésorier; Desroches, Delayen fils, Labaty, Benoit, Picard, Journon, Bartel, questeurs.

Le citoyen Greppo, représentant du peuple, était le correspondant à Lyon du club Révolutionnaire et socialiste du Rhône, nos lecteurs n'ont sans doute pas oublié les paroles significatives prononcées après boire par ce singulier législateur : *Lors de la prochaine, de la désirable collision qui doit infailliblement s'engager, nous entrerons dans toutes les maisons, nous nous emparerons de tous ceux qui nous seront signalés comme réacs, nous les traînerons dans la rue et nous les fusillerons devant leur porte.*

Au club Révolutionnaire et socialiste du Rhône, s'était joint le personnel d'une association des combattants Lyonnais de 1832 et 1834 qui avait révélé son existence au public parisien par la publication de la proclamation suivante :

AUX COMBATTANTS LYONNAIS

ET DES DÉPARTEMENTS CIRCONVOISINS.

Citoyens compatriotes,

La République est donc enfin proclamée ; ce n'est pas le moment de rester isolés : réunissons-nous, serrons nos rangs afin de lui faire un rempart de nos corps contre ses ennemis acharnés. Le feu qui nous a conduits sur les barricades dans les mémorables journées de novembre 1831 et d'avril 1834, le même feu, dis-je, nous a trouvés dans les mémorables journées de février 1848 pour renverser un pouvoir exécrable et tyrannique.

Serrons nos rangs, ne dormons plus ; que nos droits nous soient à jamais assurés, afin de pouvoir léguer à nos enfants cette liberté si chère à nos cœurs.

Nos chefs existent encore, citoyens, et sont parmi nous. Honneur à ceux qui ont su si bien nous commander et marcher à notre tête.

Honneur au citoyen LAGRANGE (Charles) et au citoyen CAUSSIDIÈRE (Marc), lesquels encore aujourd'hui se mettraient à notre tête pour combattre et vaincre les ennemis de la République.

VIVE LA RÉPUBLIQUE !

Salut et fraternité.

PICOT-GUÉRAUD, président ; BÉRANGER, vice-président ; Jules LYONS, secrétaire du comité provisoire

Vous êtes priés, de la part du Comité provisoire, de vous réunir au local de la Douane, rue de la Douane, 5, lundi soir, 10 du courant, à 7 heures précises.

RÉVOLUTION SOCIALE (*Club de la*), place de la Bourse, 12, fondé en mars 1848.

Voici la déclaration de principes de ce club ; elle est signée par tous les membres du bureau :

CLUB DE LA RÉVOLUTION SOCIALE.

Citoyens,

Parler et surtout agir dans le sens de la Révolution est le devoir de tout citoyen. Notre voix, notre plume, notre vie même sont à la République ; c'est pour la servir par tous les moyens en notre pouvoir que nous ouvrons le club de la *Révolution sociale.*

Tout est peuple en France ; tout doit s'y faire par le peuple et pour le peuple.

Nous prenons pour base de nos principes la déclaration des *Droits de l'homme et du citoyen*. Notre devise est celle de la République : LIBERTÉ, ÉGALITÉ, FRATERNITÉ.

Hommes de bonne volonté et de cœur, francs républicains, venez réunir vos efforts aux nôtres pour le triomphe de la sainte cause de la République! Travailleurs de l'intelligence, et vous travailleurs de l'industrie agricole et manufacturière, venez nous prêter le concours de vos idées généreuses et de votre bon sens qui est la voix de Dieu. Communiquons les inspirations de notre patriotisme, et travaillons à faire passer dans les lois nouvelles le mouvement régénérateur qui doit les animer. Lorsque la France est heureusement sortie de la corruption du gouvernement que nous venons de renverser, nous ne souffrirons jamais qu'un alliage monarchique, quel qu'il soit, se mêle à l'or pur de la République.

Citoyens, soyez convaincus intimement et pour toujours, que par notre grande Révolution et par nos lumières, nous sommes placés à la tête de la civilisation du monde, et que l'honneur nous fait un devoir de garder à jamais le poste glorieux que nous occupons Aujourd'hui notre vraie gloire, la gloire utile aux peuples, est dans notre dévouement sans bornes à la liberté et à l'humanité.

COMITÉ ÉLECTORAL.

Nous avons formé un COMITÉ ÉLECTORAL qui est chargé de correspondre, à Paris et dans les départements, avec les clubs et comités électoraux professant les principes démocratiques, et qui veulent la régénération sociale.

Les citoyens qui voudraient adhérer à nos principes et faire partie du club pourront se faire inscrire place de la Bourse, 12, où le club est établi provisoirement.

Les Membres du bureau,
FIOT, ancien député, *président,* GÉROME, ancien notaire, *vice-présidents,* MALLEN, ancien notaire, *id.,* Scipion DUMOULIN, D'INVILLE, *secrétaire,* Eugène FIOT, *id.* JANNE-LAFOSSE, *bibliothécaire.*

Un des vice-présidents de ce club, le citoyen Scipion Dumoulin, indiquait, le 14 mai 1848, dans un feuilleton publié par le journal *la Commune de Paris*, la manière la plus économique et la plus facile de fabriquer la pyroxile ou poudre-coton.

ROISIN (*Club*), rue Saint-Antoine, 169, fondé en mars 1848. Président, Vasselin.

Communiste et stupide.

SAINT-GEORGES (*Club républicain*), rue Périer, 1, fondé en mars 1848. Président, Baichère.

Rouge.

SAINT-MAUR (*Club démocratique de*) à Saint-Maur (salle de l'école communale), fondé en avril 1848. Président, Renaud; secrétaires, J. Pinard, Haiard.

Club rouge et socialiste affilié à la Société des Droits de l'Homme. Dans sa séance du 25 mai, il décide que les journaux démocrates seront invités à s'entendre entre eux et avec les clubs afin d'arrêter une liste unique des candidats démocrates que les *vrais républicains* veulent porter à l'Assemblée nationale.

Délégués dans les départements; les citoyens : Dujardin, menuisier à Saint-Maur, envoyé à Melun; Garnier, passementier, rue du Faubourg-du-Temple, envoyé à Roubaix; Gosset, commis en librairie, rue des Trois-Bornes, Plateau, décorateur théâtral, faubourg du Temple, 50, envoyés à Bordeaux; Gérard, bonnetier, rue Pierre-Levée, 11, envoyé à Vassy.

SALUT DU PEUPLE (*Club du*). rue Saint-Lazare, 106, fondé en mars 1848. Président, Mathurin Rousseau; vice-présidents, Prosper Guérin, Roza; secrétaire, Auzouer; secrétaire-adjoint, B. Blanc.

Rouge.

M. de Larochejacquelin, appelé dans ce club à l'occasion de sa candidature, s'est entendu adresser la question suivante :

« Dans le cas, peu redoutable, où un prétendant au trône se présenterait à la France, que feriez-vous? parleriez-vous, agiriez-vous, marcheriez-vous contre lui, quand même ce prétendant s'appellerait Henri V? »

M. de Larochejacquelin a répondu :

« Oui! s'appelât-il Henri V. Je ne reconnais et nul ne doit reconnaître aujourd'hui d'autre souveraineté que la souveraineté du peuple, et je déclare que je serai hautement et énergiquement *contre tout prétendant* qui voudrait attenter à cette souveraineté. »

SALUT PUBLIC (*Club du*), *commerce véridique*, rue de la Douane 5, fondé en juin 1848. Président, Arthur de Bonnard, l'épicier véridique; fondateurs, Junius Hamel et Legenvre.

Ce club, rouge et communiste, avait pour organe le journal le *Salut social*, *Moniteur du commerce véridique*, *Journal des Droits de l'homme, rédigé par les opprimés*, une feuille imprimée sur papier rouge, dans laquelle nous lisons ceci ;

> « En fait de révolution, je sais ce que personne ne sait : *je suis le grand révolutionnaire, le révolutionnaire par excellence*, le seul révolutionnaire sérieux qui ait apparu dans le monde depuis Jésus-Christ..... Le Christ n'est venu sur la terre que pour préparer mon arrivée; les nations m'attendent depuis dix-huit siècles; rien de bon ne peut être fait en dehors de la marche que je veux bien indiquer au peuple. »

L'auteur de ces lignes est le Junius Hamel *Brutus fer rouge Robespierre pacifique*, dont nous avons déjà parlé plusieurs fois.

SERVANDONI (*Club*), dans une des chapelles souterraines de l'église Saint-Sulpice, fondé en avril 1848. Président, Cazelle.

République modérée.

SOLIDARITÉ RÉPUBLICAINE (*Association pour le développement des droits et des intérêts de la démocratie*).

La déclaration de principes et le règlement de cette association ultra-démocratique étant très-peu connus, nous nous sommes déterminé à donner l'un et l'autre *in-extenso*. Ils font connaître le but que voulaient atteindre les fondateurs de la Solidarité républicaine, et les noms des hommes qui composaient le conseil général de l'association.

Les bureaux et la salle des séances de la Solidarité républicaine étaient situés rue du Faubourg-Saint-Denis, 50 ; ils étaient indiqués aux passants par une enseigne en lettres rouges gigantesques sur fond noir.

A la suite des événements du 29 janvier, plusieurs des

membres de la Solidarité républicaine ayant été arrêtés, un arrêté du gouvernement prononça la dissolution de cette association.

Liberté, Égalité, Fraternité.

LA SOLIDARITÉ RÉPUBLICAINE,

Association pour le développement des droits et des intérêts de la Démocratie.

L'union fait la force.

Considérant que les partis contre-révolutionnaires conspirent ouvertement et s'efforcent de ramener la monarchie;

Que dans presque tous les départements, en même temps que la république est systématiquement calomniée, les démocrates ne peuvent le plus souvent trouver dans les administrations locales la protection qui leur est due;

Qu'en présence d'une position aussi périlleuse, il est du devoir et de l'intérêt de tous les républicains de former entre eux une alliance étroite pour se protéger mutuellement, et surtout pour opposer une action unitaire à des manœuvres qui, si elles réussissaient, auraient pour effet d'enlever à la France le bénéfice de la victoire de Février et de retarder l'émancipation générale des peuples :

ART. 1er. Une association est formée entre les républicains des départements et des possessions françaises d'outre-mer, sous le titre de : *La Solidarité républicaine*, pour assurer, par tous les moyens légaux, le maintien du gouvernement républicain et le développement pacifique et régulier des réformes sociales qui doivent être le but et la conséquence des institutions démocratiques.

ART. 2. Cette association a pour fondateurs les citoyens qui ont déjà adhéré aux présents statuts et qui y adhéreront avant le 1er décembre de la présente année.

ART. 3. Le siége central de *la Solidarité républicaine* est établi à Paris, rue du Faubourg-Saint-Denis, 50, ou dans tout autre local ultérieurement choisi.

ART. 4. Il sera formé autant de succursales qu'il y a en France de circonscriptions administratives, jusqu'à la division cantonale inclusivement. Ces succursales prendront le nom de comités de département, d'arrondissement et de canton.

ART. 5. Les comités de canton correspondront avec ceux d'arrondissement, lesquels correspondront avec ceux de département. Ces derniers seront seuls en rapport avec le comité central de Paris.

Toutefois, en cas d'urgence, les comités de canton ou d'arrondissement pourront communiquer directement avec le comité central, à la charge d'en rendre compte immédiatement au comité duquel ils relèvent.

ART. 6. Pour être membre de *la Solidarité républicaine*, il faut être présenté soit aux comités-succursales, soit au comité central, par deux membres de la Société agréés par le Conseil général à la pluralité des voix.

ART. 7. Aussitôt que le nombre des souscriptions recueillies le permettra, le Conseil général établira une publication périodique qui sera envoyée gratis à raison d'un exemplaire pour dix souscripteurs.

ART. 8. Les membres de *la Solidarité républicaine* seront tenus de payer chaque année une cotisation de *quatre francs*, dont moitié sera applicable à la caisse départementale et l'autre transmise à la caisse du comité central à Paris.

Les versements se feront par trimestre et par avance.

Pour le premier versement, les souscripteurs seront invités à payer immédiatement au moins un semestre de leur cotisation.

ART. 9. Chaque associé devra prendre connaissance des statuts, avant son admission, et y adhérer.

Seront considérés comme ne faisant plus partie de l'association : les membres qui, sans motif légitime, cesseraient de fréquenter les réunions générales et obligatoires, se refuseraient à payer leur cotisation, à exécuter les instructions transmises par le Conseil général dans les limites tracées par les présents statuts, ou qui, par leur conduite soit publique, soit privée, perdraient leurs droits à l'estime de leurs associés.

L'exclusion n'aura lieu que sur la demande expresse du bureau de permanence ou des comités de départements; elle sera prononcée en conseil général, après information contradictoire ou mise en demeure.

ART. 10. Les comités de canton, d'arrondissement et de département auront un bureau composé d'un président, d'un secrétaire qui pourra remplir les fonctions de caissier, et des souscripteurs-fondateurs qui se trouveront dans la circonscription.

Ils se réuniront au moins une fois par mois, du 15 au 20, au siége du comité, et délégueront deux membres, au plus si besoin est, pour la permanence.

ART. 11. Le comité central de Paris sera administré par un Conseil général et un bureau de permanence.

ART. 12. Le Conseil général se composera de soixante-dix

membres qui seront choisis, à la pluralité des voix, dans une réunion générale, laquelle aura lieu, de plein droit et sans convocation, le 1er novembre de chaque année, à l'heure de midi, au siége central de la Société. Toutefois, et pour la première année, sont nommés membres du Conseil général les citoyens dont les noms suivent :

ANTOINE (Ernest), propriétaire.

AUBERT-ROCHE, ancien commissaire général de la Marne, des Ardennes et de l'Aube.

BAC (Théodore), représentant du peuple.

BARESTE (Eugène), rédacteur en chef de *la République*.

BARONNET, négociant.

BAUDIN, publiciste.

BEAUNE, représentant du peuple.

BÉRARD (Philippe), tailleur, à Clichy.

BERNARD, homme de lettres.

BOCQUET (J.-B.), ancien adjoint du 12e arrondissement.

BRAVARD (Toussaint), représentant du peuple.

BRIVES, *id.*

BRUTINEL-NADAL, professeur de mathématiques.

BRUYS, représentant du peuple.

BUVIGNIER (Isidore), *id.*

CASTEIGNET, ouvrier tailleur.

COMMISSAIRE , ancien commissaire du Jura.

CORMIER (Hippolyte), négociant.

CREVAT (V.), ancien commissaire de l'Aube.

DAIN, représentant du peuple.

DALICAN, avocat.

DEGRANGE, homme de lettres.

DELESCLUZE (Ch.), ancien commissaire général du Nord et du Pas-de-Calais.

DEMONTRY (James), représentant du peuple.

DÉTOURS, *id.*

DEVILLE, *id.*

DOUTRE, *id.*

DUBOS (Constant), docteur-médecin.

FOSSEYEUX, ancien médecin aux armées de la République.

GAMBON, représentant du peuple.

GOSSET, libraire.

GOUMAIN-CORNILLE, homme de lettres.

FARGIN-FAYOLLE , représentant du peuple.

HÉROUARD , ancien commissaire de l'Orne.

HIGONNET, ingénieur civil.

HOURS, docteur-médecin.

HYZET, ouvrier mécanicien.

JOIGNEAUX , représentant du peuple.

JOLY père, *id.*

LAGARDE, rédacteur de *la Réforme*.

LAMBERT (Alex.), homme de lettres.

LAMENNAIS , représentant du peuple.

LEBON (Napoléon), ingénieur.

LEDRU-ROLLIN , représentant du peuple.

LEFRANC (Pierre), *id.*

LEMAITRE aîné , homme de lettres.

MARTIN-BERNARD, représentant du peuple.

MATHÉ, (Félix), *id.*

MATHIEU (de la Drôme), *id.*

MEYNAND, *id.*

MIR (Auguste), *id.*

MULÉ, *id.*
NADAUD, ouvrier maçon.
OLLIVIER (Démosthène), représentant du peuple.
PAULMIER, négociant.
PELLETIER, *id.*
PEGOT-OGIER, *id.*
PERDIGUIER (Agricol), *id.*
PILETTE, ancien commissaire du Nord.
PYAT (Félix), représentant du peuple.

RIBEYROLLES (Charles), rédacteur en chef de *la Réforme.*
SARRUT (Germain), représentant du peuple.
SAVARY, cordonnier.
SCHOELCHER, représentant du peuple.
SIGNARD, représentant du peuple.
THOMASSIN, docteur-médecin.
TREMPLIER (Léon), ingénieur-métallurgiste.
VIGNERTE, représentant du peuple.

ART. 13. Le Conseil général aura un président, un vice-président, un secrétaire général et un trésorier, qui seront nommés, à la pluralité des voix, par le Conseil général, dans la séance d'installation qu'il tiendra à la suite de l'assemblée générale du 1er novembre. Ils seront rééligibles.

ART. 14. Sont nommés pour l'année qui va suivre :
Président, le citoyen MARTIN-BERNARD, représentant du peuple.
Vice-Président, le citoyen PERDIGUIER (Agricol), id.
Secrétaire général, le citoyen Ch. DELESCLUZE, ancien commissaire général.
Trésorier, le citoyen MULÉ, représentant du peuple.
Vice-Trésorier, le citoyen Léon TREMPLIER, ingénieur métallurgiste.

ART. 15. Le Conseil général nommera pour la première année les membres du bureau des succursales de département, d'arrondissement et de canton. Il pourra déléguer, à cet effet, tout ou partie de ses pouvoirs.

ART. 16. Le Conseil général se réunira *obligatoirement le 1er et le 15 de chaque mois*, à l'heure qui sera ultérieurement fixée, et plus souvent, si besoin est, mais, dans ce cas, sur convocation.

ART. 17. Il sera formé, dans le sein du Conseil général, un bureau de permanence composé de trois membres. Il sera renouvelé toutes les semaines par la voie du sort.

ART. 18. Le Conseil général nommera tous les employés, les inspecteurs généraux, les révoquera, ordonnancera les dépenses, vérifiera les comptes du trésorier central et des caisses départementales, et prendra, en un mot, toutes les mesures qui lui paraîtront favorables au succès de l'institution.

ART. 19. Les moyens d'action que pourra employer le Conseil général consisteront à créer ou soutenir des journaux démocratiques, à éclairer les électeurs, à assurer la pureté des élections, à répandre tous les écrits propres à instruire, en la moralisant, la population des villes et des campagnes, à faciliter les associations de travailleurs, à créer des conseils de défense pour tous les membres de *la Solidarité républicaine*, à venir en aide à ses associés nécessiteux en cas de chômage ou de maladie, à chercher les moyens de leur procurer du travail; enfin, à ne rien négliger pour faire aimer et pratiquer le dogme républicain.

ART. 20. L'association provoquera, par tous les moyens dont elle pourra disposer, les dons, offrandes et souscriptions volontaires.

ART. 21. Les comptes de l'association seront vérifiés chaque mois et mis à la disposition des associés qui voudront en prendre connaissance.

ART. 22. Le Conseil général dirigera l'action des comités de département, d'arrondissement et de canton.

ART. 23. Tous les mois au moins, et le 25 au plus tard, les comités de département, après avoir recueilli les avis des comités d'arrondissement et de canton, adresseront au comité central un état de situation, contenant des renseignements précis sur les besoins et les dispositions des populations, sur la conduite des fonctionnaires, sur les manœuvres des partis, sur tout enfin ce qui pourra éclairer l'action du comité central et intéresser la cause démocratique et sociale.

ART. 24. Le produit de la caisse départementale sera employé au profit de l'œuvre commune dans la circonscription, suivant les indications plus haut énoncées, comme aussi suivant les instructions particulières qui pourraient être envoyées par le comité central.

ART. 25. Il sera délibéré en Conseil général un règlement d'administration intérieure.

ART. 26. Les présents statuts ne pourront être modifiés que par l'assemblée générale et sur la proposition du Conseil général. Le résolutions seront prises à la majorité des deux tiers des membres présents.

ART. 27. Les statuts de *la Solidarité républicaine* seront rendus publics.

Fait et arrêté à Paris le 4 novembre 1848.

Suivent les signatures des fondateurs.

Pour le comité central : *Le Président*, MARTIN-BERNARD, Représentant du Peuple.

Le Vice-Président, PERDIGUIER (AGRICOL), Représentant du Peuple.

Le Secrétaire général, CH. DELESCLUZE.

SORBONNE (*Club populaire de la*), à la Sorbonne, fondé en avril 1848. Président, Lasnier; secrétaires, Emile Vollet, Ch. Thévenot.

Rouge et communiste.

Ce club, après les événements du 15 mai, ouvre une souscription pour offrir une épée d'honneur au général Courtais « en remplacement de celle qui a été profanée « par quelques furieux dans la journée du 15 mai.
« Il invite tous les clubs démocratiques à suivre son « exemple. »

SOUFFLOT (*Club*), à l'École de Droit, fondé en mars 1848. Président, Meraux; secrétaire, Nouancourt, professeur de latin, rue des Grès, et envoyé comme délégué du club à Sainte-Menehould.

TEMPLE (*Club du*), rue du Temple (dans une des salles du couvent de ce nom), fondé en avril 1848. Président, Larrabure; secrétaire, Picque.

Rouge.

Délégué dans les départements, le citoyen Tedrock, homme de lettres, rue Amelot, 40; envoyé à La Rochelle.

TRAVAIL (*Club démocratique du*), rue Saint-Germain-l'Auxerrois, 27, fondé en mars 1848. Président, Potier; vice-président, Turlin; secrétaire, Hardy.

Club rouge, composé exclusivement des employés, compositeurs, imprimeurs et crieurs des journaux fondés après la proclamation de la République par les écrivains de la nouvelle école démocratique et sociale.

TRAVAILLEURS (*Association fraternelle et universelle des*), rue Sainte-Croix-du-Temple, fondée en juillet 1848. Président, Larvie; vice-président, Grasseau; secrétaire, Henri Izambard.

Modéré.

Ce club avait pour organe le Journal des Travailleurs dont il n'a paru qu'un numéro.

TRAVAILLEURS ET COMMERÇANTS (*Club des*), rue et Salle Montesquieu, transféré le 26 du même mois

21.

rue de l'Arcade, 60, fondé le 21 mars 1848. Président, Lefebvre ; secrétaire, Cottard.

Rouge, communiste et stupide,

TRAVAILLEURS DU MARAIS (*Club des*), rue Saint-Louis (salle de l'École communale), fondé en mars 1848. Président, Turmel ; vice-président, Masson ; secrét., Piot.

Rouge.

TRAVAILLEURS DU NORD (*Club des*), rue Martel, 9, fondé en avril 1848.

Ce club, excessivement rouge, avait constitué un comité intitulé Comité radical des Travailleurs du Nord, composé de quatre délégués, les citoyens Laurent Coppens, J. Delbarre, Alfred Darimon, un des rédacteurs du journal de Proudhon, le *Peuple*, T. Fowle.

TRAVAILLEURS DU ONZIÈME ARRONDISSEMENT (*Club des*), quai aux Fleurs (Salle du Prado), fondé en mars 1848. Président, Lemoine ; vice-président, Mermet ; secrétaire, Bussery.

Rouge et communiste.

TRAVAILLEURS LIBRES (*Club des*), rue du Vert-Bois, 10, fondé en mars 1848. Les fondateurs du club dont les noms sont au bas de l'affiche que nous reproduisons sont devenus, ainsi, du reste, que cela s'est toujours pratiqué, les membres du bureau.

APPEL AUX OUVRIERS.

CLUB RÉPUBLICAIN DES TRAVAILLEURS LIBRES,
Rue du Vertbois, 10, 6e arrondissement.

Les clubs sont les barricades vivantes de la démocratie. A l'aide des barricades matérielles du 24 Février, nous avons renversé l'étayage vermoulu de la royauté constitutionnelle avec sa corruption, ses privilèges et ses abus ; à l'aide des barricades morales qu'on nomme *clubs*, nous poserons, il faut l'espérer, les institutions sans lesquelles la République ne serait qu'un vain mot. C'est par les clubs, c'est par cette seconde assemblée nationale, toujours permanente, toujours agissante, que doit s'édifier le nouvel ordre social. C'est du sein de ces assemblées réellement républicaines, c'est de ce creuset d'opinions diverses, de discussions brûlantes, que doivent sortir sinon entièrement résolues, du moins agrandies et épurées, toutes les questions d'avenir dont la Constituante, artiste sublime, va bientôt s'emparer, pour constituer le règne réel de l'égalité ; c'est des clubs enfin, centres actifs d'élection, que sortira la Constituante elle-même. Travailleurs ! comme membre du souverain, chacun de vous aujourd'hui a une mission à remplir ; et vous le sentez bien. Si vous n'êtes déjà en activité dans cette cité nouvelle de l'opinion, venez à nous, nous agirons de concert.

Les membres du Club des *Travailleurs libres.*

Robert (du Var), Carriot, Aug. Salières, Ch. Soudan, Cointepoix, Couturat, Leuz, etc., etc.

NOTA. Les séances ont lieu les mardi, jeudi et samedi à six heures et demie du soir.

Délégués dans les départements, les citoyens : Carriot, cordonnier, à Vaugirard, rue du Chemin-de-Fer ; Ostyn, ouvrier en parapluies, faubourg du Temple, 6, envoyés au Mans ; Gaudebert, cordonnier à Saint-Denis, envoyé à Granville.

TRAVAILLEURS RÉPUBLICAINS (*Club des*), rue et salle Chabrol, fondé en mars 1848. Président, Feuillatre.

Rouge, affilié au club Blanqui.

Délégués dans les départements ; les citoyens : Pointepoix, peintre, rue Grange-aux-Belles, 20, envoyé à Châteaudun ; Moreau, capitaine d'état-major, rue Neuve-Chabrol, 13, envoyé à Lachâtre.

TRAVAIL SOCIAL (*Club du*), collège Bourbon, fondé en mars 1848. Président, Hérouël ; vice-président, Aubin ; secrétaire, Proyart.

Rouge et communiste.

TRAVAILLEURS SOCIALISTES (*Club des*), rue Saint-Honoré, salle Valentino, fondé en mars 1848. Président-honoraire, Louis-Blanc.

Les réunions de ce club étaient tour à tour présidées par un des ouvriers délégués au Luxembourg, auxquels le citoyen Louis Blanc avait bien voulu communiquer toute sa pensée : nous n'avons donc pas besoin d'en indiquer l'esprit. Après les événements du 15 mai 1848, auxquels il prit une part très-active, il ne fut plus question du club des Travailleurs socialistes.

TRAVAILLEURS UNIS (*Société des*), rue du Rocher, 6, fondé en avril 1848. Président, Edouard Houel.

Ce club, presque modéré, avait pour organe un journal lithographié *Le Travail* (deux numéros).

TRIBUNE POPULAIRE (*Club de la*), rue des Vinaigriers, salle de l'Ecole communale, fondé en mai 1848. Président Legros.

Rouge.

Délégué dans les départements, le citoyen Muller, dessinateur, rue d'Aboukir, 20, envoyé à Huningue.

TRIOMPHE (*Club du*), rue Saint-Honoré, 219, fondé en mars 1848. Président, Fraboulet de Chalandar, condamné contumace, par suite des événements de Juin 1849.

Rouge.

Délégué dans les départements, le citoyen Poujaud, homme de lettres, rue Richer, 6 bis, envoyé à Marennes.

TYPOGAPHIQUE (*Comité*), impasse de la Grosse-Tête, fondé en mars 1848. Président, Barraud.

Rouge.

Ce comité a cru devoir placarder des affiches pour expliquer au peuple sa détermination de ne point assister à la fête de la Concorde.

Il se plaint dans ces affiches de ce que le ministère du progrès, exigé par Louis Blanc, n'a pas été fondé.

Le 12 juin 1849, il faisait insérer dans tous les journaux socialistes la déclaration suivante :

LE COMITÉ ÉLECTORAL TYPOGRAPHIQUE

A L'ASSEMBLÉE NATIONALE.

La Constitution porte :

« ART. 5. La République française respecte les nationalités « étrangères comme elle entend faire respecter la sienne ; elle « n'entreprend aucune guerre dans des vues de conquêtes, et « n'emploie jamais ses forces contre la liberté d'aucun peuple.

« ART. 54. Le président de la République veille à la défense « de l'État ; mais il ne peut entreprendre aucune guerre sans le « consentement de l'Assemblée nationale. »

La violation de ces deux articles est manifeste par l'attaque impie de l'armée française contre la République romaine.

En face d'un pouvoir qui faillit à son devoir, c'est aux citoyens à faire le leur...

« Art. 110. L'Assemblée nationale confie le dépôt de la
« Constitution et des droits qu'elle consacre à la garde et au
« patriotisme de tous les Français. »

Élus du département de la Seine, vous savez quel engagement vous avez contracté dans le cas d'une violation de la Constitution... Agissez... Le Peuple a les yeux fixés sur vous.

> DEBOCK, compositeur ; MIRGUET, imprimeur ; PETIT,
> imprimeur ; FORGET, compositeur; GUILLEMETTE,
> compositeur ; ANTOINE, imprimeur.

UNION (*Club de l'*), à la Sorbonne, fondé en mars
1848.

CLUB DE L'UNION.

MANIFESTE.

Les dynasties ont vécu ; le peuple va vivre.

Jusqu'ici les droits de tous avaient été confisqués au profit
d'un seul ou de quelques-uns.

Le temps du privilége est passé ; le règne du droit commence.

Or, le règne du droit, c'est la République.

Vouloir ressusciter la royauté, institution vieillie et morte dans
l'impopularité et le mépris, ce serait faire un anachronisme
ridicule.

Mettre le sceptre aux mains d'un enfant ou d'une femme, ce
serait introniser la faiblesse. La faiblesse engendre toujours l'a-
narchie.

La République seule est désormais possible.

C'est elle que nous avons juré de soutenir ; à elle notre cœur,
nos bras, notre sang.

Mais pour qu'elle vive et triomphe, il faut qu'elle soit assise
sur les bases impérissables de la justice et de la raison.

Or la justice et la raison ont pour compagne inséparable la
modération.

On n'est violent que quand on n'a pas pour soi le bon droit et
la vérité.

Donc, respect aux droits de tous, discussion libre de toutes les
opinions, sympathie de toutes les âmes : voilà notre devise.

Nous ne repoussons que ce qui est vil ou corrompu : nous
accueillons tout ce qui est loyal et généreux.

Sortie de la victoire, la République doit s'immortaliser par sa
justice.

Ainsi elle fera l'admiration de tous les peuples.
Ainsi elle réalisera ces trois maximes de l'Évangile :

LIBERTÉ, ÉGALITÉ, FRATERNITÉ.

Les Membres du bureau :

E. DUPONT, étudiant en droit, *président ;* Paul BOUQUAT, ouvrier mécanicien ; THOMAS, ouvrier doreur ; PIC-QUET, étudiant en droit, *vice-présidents ;* GIRARD, étudiant en droit ; MERLIEU, professeur de mathématiques, *secrétaires.*

UNION (*Club de l'*), le même que le précédent, présidé par le citoyen Frédault.

UNION (*Club de l'*), le même que les précédents, présidé par le citoyen Aurias, étudiant en médecine.
Modéré.

UNION (*Club de l'*), rue du Faubourg-Saint-Martin, 40, fondé en avril 1848. Président, Louis.

UNION (*Club de l'*), rue de Condé, 16, fondé en mars 1848. Président, Sergent.
Rouges.

UNION DÉMOCRATIQUE (*Club de l'*), à Montmartre, fondé en avril 1848. Président, James.
Rouge.

Délégué dans les départements, le citoyen Mourier, ébéniste, rue de la Cuve, à Montmartre, délégué pour républicaniser la garnison d'Abbeville.

UNION DES CLERCS (*Club de l'*), rue Saint-Honoré, 254, fondé le 12 mars 1848. Président, Remoiville.

Réunion insignifiante de clercs de notaires, d'avoués et d'huissiers.

UNION DES TRAVAILLEURS (*Club de l'*), fondé en mars 1848. Président, Laurent Mouton ; secrétaire, Godart.

Modéré, bien qu'affilié au club Blanqui, a pris une part très-active aux premières élections. La liste de ses candidats était distribuée dans toutes les sections de Paris et de la banlieue par des travailleurs des ateliers nationaux qui recevaient 2 francs par jour de haute-paye.

UNION FRATERNELLE (*Club de l'*) rue du Faubourg-Saint-Martin, 42, fondé en avril 1848. Président, Félix Fredault; vice-président, Léon Lyon.

Rouge.

Le citoyen Chavant, membre du Club des Clubs (Comité Révolutionnaire), appartenait à ce club.

Délégués dans les départements; les citoyens : Rambaud, perruquier, rue de la Gaîté, 21, envoyé à Jonzac; Souillat, commis libraire, rue Neuve de la Pépinière, envoyé à Chaumont; Hugly, marchand de vin, à Montrouge, envoyé à Sarreguemines.

UNION FRATERNELLE POUR L'ÉMANCIPATION INTELLECTUELLE ET L'ÉDUCATION CIVIQUE DU PEUPLE (*Club de l'*), rue de Sèvres, 49, à Vaugirard, fondé en avril 1848. Président, Vaudoyer; vice-président, Eug. Fleury; secrétaire, Huguenin.

Modéré.

UNION POLYTECHNIQUE (*Club de l'*), rue Lepelletier, foyer du théâtre de la Nation, fondé le 16 mars 1848. Président, Cordier (du Jura).

Modéré.

UNION RÉPUBLICAINE (*Club de l'*), rue Jacob, 15, fondé en mars 1848. Président, Allairac.

Modéré.

UNION RÉPUBLICAINE (*Club de l'*), rue du Bac, 75, fondé en avril 1848.

Rouge.

Délégué dans les départements : le citoyen Lepouliquen, professeur, rue de Vaugirard, 52, envoyé à Guingamp et à Saint-Brieuc.

UNITÉ DÉMOCRATIQUE (*Club de l'*), rue Perier (dans les magasin des décorations du théâtre des Variétés), fondé en mars 1848. Président, d'Alton-Shée; vice-président, Hippolyte Lagrange; secrétaire, Tivoly.

Rouge, démembrement du club de la Commune de Paris.

UNITÉ RÉPUBLICAINE (*Club de l'*), boulevard du

Temple, 34, fondé le 14 mars 1848. Président, Gué-
mied; vice-présidents, Dumas, Madole; secrétaire, Jacquet (J.).

Rouge.

UNIVERSITÉ RÉPUBLICAINE (*Club de l'*), à la Sorbonne, fondé en mars 1848. Président, S. Guénaud.

Club rouge, en grande partie composé de *pions* sans
ouvrage.

VIEUX—AUGUSTINS (*Club des*), rue des Vieux-Augustins, 24, fondé en mars 1848. Président, Dulibois.

Rouge.

Délégué dans les départements : le citoyen Ducour-
neau, commis, rue Coquillère, envoyé à Agen.

VESUVIENNES (*Club légion des*), rue Sainte-Appo-
line, 14, fondé en mars 1848.

Ce club a fait annoncer son ouverture et la formation de la fameuse légion des Vésuviennes par l'affiche
suivante, placardée sur les murs de Paris à un très-
grand nombre d'exemplaires.

« Paris, 1er mars 1848.

« Le citoyen Borme fils, auteur de plusieurs machines de guerre
lançant trois cents boulets ou paquets de mitraille à la minute, auteur
du feu GRÉGROIS, avec lequel on peut incendier et couler bas les
flottes ennemies, auteur d'un moyen avec lequel deux mille citoyennes
peuvent lutter contre cinquante mille hommes ennemis,

« AUX CITOYENNES PARISIENNES

« *Mes sœurs en République.*

« Citoyennes,

« La République vous doit le quart de son existence, c'est par vos
exhortations que vos pères, vos frères, vos amis, ont affronté la mitraille le 24 février.

« Vous avez mérité de la patrie, citoyennes, et c'est par cette
considération que j'ai demandé au Gouvernement provisoire de vous
enrégimenter, sous le titre de VÉSUVIENNES.

« L'engagement sera d'un an ; pour être reçues, il faut avoir quinze
ou trente ans au plus et n'être pas mariées.

« Présentez-vous tous les jours de midi à quatre heures, 14, rue

Sainte-Apolline, où vos noms, prénoms, professions, âges et demeures seront inscrits.

« Salut et Fraternité.

« *Vive, vive et vive la République !!!*

« BORME fils. »

VIGILANTS (*Club des*), rue Amelot, 60, fondé en mars 1848. Président, Falconnet ; vice-président, Leroux ; secrétaire, Plique.

Rouge.

Nous croyons très-complet et très-exact le travail sur les clubs parisiens que nous venons d'achever ; cependant nous pouvons avoir péché soit par erreur, soit par omission. Sous le Gouvernement provisoire, tous ceux qui pouvaient disposer d'une salle quelconque, de trois tonneaux, d'une planche, de quelque chaises et d'une sonnette, improvisaient un club. Si quelques-unes de ces réunions mortnées sont échappées à nos investigations, c'est qu'elles n'ont point laissé après elles de traces appréciables ; il ne faut pas en éprouver de bien vifs regrets. Si ce que nous avons dit des clubs et des comités électoraux fondés à Paris depuis février 1848 est suffisant pour faire apprécier l'esprit de ces réunions et peut en inspirer l'horreur aux honnêtes gens, nous sommes arrivé au but que nous voulions atteindre.

Les républicains socialistes des départements qui habitent la capitale organisaient à Paris, en 1848 et 1849, des clubs et des comités électoraux dans lesquels ils appelaient leurs compatriotes ; nous avions donc, près des clubs qui s'occupaient des affaires générales de la République, des clubs dans lesquels se traitaient les questions spéciales à chaque département. Nous n'avons pas cru devoir nous occuper de ces dernières réunions qui se ressemblaient toutes et dont l'influence était nulle ou à peu près.

La plupart des clubs qui ont fonctionné dans les départements ont été organisés à Paris par d'anciens détenus politiques. Les républicains de la veille, il faut leur rendre cette justice, ont fait preuve d'activité et d'initiative. Ces deux qualités, si nécessaires en temps de révolution, ont trop souvent manqué aux honnêtes gens. Dans les périls extrêmes il faut quelquefois, lorsqu'on ne veut pas se résigner à périr, répudier des répugnances bien naturelles, et se servir, pour combattre ses ennemis, des armes qu'ils emploient.

Qui sunt hi qui rempublicam occupare cupiunt? Homines sceleratissimi, cruentis manibus, immani avaritiâ, nocentissimi ; quibus fides, decus, pietas, postremó honesta atque inhonesta, omnia questui sunt..... Quos omnes eadem cupere, eadem odisse, eadem metuere in unum coegit. Sed hæc inter bonos amicitia, inter malos factio est. Quod si vos tam libertatis curam habetis quam illi ad dominationem accensi sunt, profectò deinceps respublica non vastabitur..... [1]

---

[1] Quels sont ceux qui veulent asservir la République ? N'est-ce pas ces scélérats impies, aux mains teintes de sang et au cœur rempli d'avarice, pour qui tout est trafic, et la foi, et l'honneur, et l'humanité, et le juste, et l'injuste ? Ils n'ont qu'un même désir, qu'une même haine, qu'une même terreur, la terreur qui suit les scélérats : voilà ce qui les unit. Ils ne sont pas amis ; les factieux ne connaissent pas l'amitié. Ils sont en bande. Si vous mettez à défendre votre liberté l'ardeur qu'ils mettent pour s'emparer des pouvoirs, la République cessera d'être en proie à leurs fureurs.

Ces quelques lignes servent d'épigraphe à une brochure publiée en 1793, qui est intitulée : *J.-P. Brissot, député à la Convention nationale, à tous les républicains de France, sur la Société des Jacobins de Paris*, brochure à laquelle nous empruntons les passages suivants :

«......Je dis donc et je répète qu'il existe un parti désorganisateur, peu nombreux et méprisable à la vérité; mais dans la crise où nous sommes, il importait de signaler même les moindres écueils.

« Voulez-vous connaître ces désorganisateurs ? Voici leurs traits.

« Les désorganisateurs sont ceux qui, après la destruction du despotisme, renversent ou cherchent à renverser les autorités constituées par le peuple, foulent aux pieds les lois, avilissent les représentants de la nation, appellent les poignards sur ceux qui osent résister à leur tyrannie...

« Les désorganisateurs sont ceux qui, s'armant d'un prétendu pouvoir *révolutionnaire*, signent, au mépri de la loi, des listes de proscription.... inondent les armées et les départements d'émissaires chargés de prêcher les incendies, le pillage, la loi agraire, et de familiariser le peuple avec l'effusion du sang et le spectacle des têtes coupées.

« Les désorganisateurs sont ceux qui entourent le pouvoir exécutif et tous ses agents de faux soupçons, de fausses accusations, pour leur ôter la confiance et ruiner la chose publique par ce défaut de confiance ; qui, par des placards, excitent le peuple contre un ministre qui ne veut pas payer l'apologie de leur brigandage, contre la Convention parce qu'elle ne veut pas sanctionner leurs forfaits; qui, pour la diviser, y supposent des partis, et pour cacher les crimes de leur faction en prêtent aux hommes les plus vertueux, les plus indépendants de toute faction.

« Les désorganisateurs sont ceux qui, abusant des

mots, prêchent à une fraction du peuple qu'elle est le
peuple, le vrai, le seul souverain ; qu'elle peut tout
renverser; qu'il n'y a plus d'autorité que la sienne ;
qui ne veulent ni municipalité, ni corps administra-
tifs, ni pouvoir exécutif, ni tribunaux, ni force armée;
qui substituent à tous ces ressorts un mot , un seul
mot : la *souveraineté du peuple*, parce qu'avec ce mot
on commande à son gré des Saint-Barthélemi, et qu'on
peut voler impunément les propriétés nationales et
particulières.

« Les désorganisateurs sont ceux qui veulent qu'il
n'y ait pas une seule loi, même réglementaire, qui ne
soit ratifiée par les vingt-cinq millions de Français,
parce que l'impossibilité d'obtenir jamais une pareille
ratification éternise l'anarchie, et que l'anarchie éternise l'impunité du pillage et des assassinats.

« Les désorganisateurs sont ceux qui, prêchant
hypocritement l'égalité politique des départements,
élèvent de fait Paris au-dessus de tous ; qui ne l'élèvent
ainsi que pour s'élever eux-mêmes au-dessus de tout ;
qui ne veulent l'unité de la République que pour
ramener toute la République à leur petit foyer d'intrigues, et dominer de ce point tous les départements.

« Les désorganisateurs sont ceux qui veulent tout
niveler, les propriétés, l'aisance, le prix des denrées,
des divers services rendus à la société, etc.; qui veulent
que l'ouvrier du camp reçoive l'indemnité du législateur ; qui veulent niveler même les talents, les connaissances, les vertus, parce qu'ils n'ont rien de tout cela.
Les perfides ! Ils voient bien que si le peuple perdait
ce sentiment irrésistible qui lui fait rendre hommage
à la supériorité de la vertu et des talents, le crime est
sur le trône. Car ce sentiment tient à l'amour de
l'ordre; et ôtez cet amour dans un Etat libre, la société
n'est plus qu'une boucherie, où le cannibale le plus
féroce donne la loi.

« Les désorganisateurs, enfin, sont ceux qui veulent
tout détruire et ne rien édifier; qui veulent ou une
société sans gouvernement, ou un gouvernement sans

force ; qui ne veulent point de *constitution*, mais des *révolutions*, c'est-à-dire des pillages et des massacres périodiques.

« Que doit-il résulter de ce système désorganisateur ? Les scélérats dominent, les gens de bien périssent ou fuient ; la société n'est plus qu'un désert ; la partie laborieuse du peuple n'a ni travail, ni pain..... Voilà l'abîme où conduisent les désorganisateurs. Ils sont donc les plus cruels ennemis du peuple.... »

Tout ce que Brissot reproche aux désorganisateurs de 1793 a été fait ou tenté dans les clubs par ceux de notre époque ; nous sommes peut-être destinés à voir en 1852 la répétition des faits qui se sont accomplis en 1848 et 1849. Si la divine Providence veut nous éprouver encore, que du moins les leçons du passé nous servent pour l'avenir ; mettons pour défendre notre culte, notre liberté, nos familles, nos propriétés, la même ardeur que les ennemis de l'ordre social mettent pour s'emparer du pouvoir.

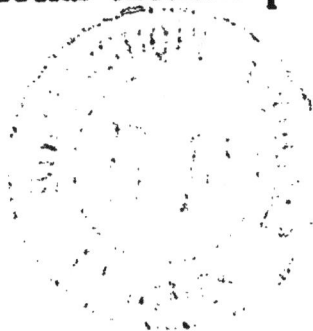

FIN.

TABLE ALPHABÉTIQUE
DES
NOMS CITÉS DANS L'OUVRAGE.

— **263** —

Descordes (Jules), 229.
Desdouits, 17.
Désévaux, 175.
Deshays (Ch.), 181.
Desjardins, 99.
Desjobert, 188.
Desmaisons, 172.
Desmaret, 87.
Despeux, 50.
Despinas, 180.
Desroches, 235.
Détourbet, 87.
Detours, 242.
Deverchure, 78.
Deville, 81, 180, 207, 247.
Devrier, 48.
Dezamy, 160, 212.
Dieulouart, 67.
Dognon, 186.
Doloux, 149.
Doppas (V.), 207.
Doubey, 141.
Doutre, 207, 242.
Dozon, 127.
Dreyfus, 127.
Drigeard-Desgarniers, 235.
Drouineau, 224.
Dubarry, 207.
Dubois, 73.
Dubos (Constant), 242.
Dubourg, 59.
Dubruel, 207.
Dubrunfaut, 50.
Dubus, 78.
Ducastel, 189.
Duchassing, 82.
Duchatel (comte), 210.
Duchêne, 146.
Ducourneaux, 252.
Dufaure, 210.
Dufaut, 180.
Dufour, 78.
Dufour, 212.
Dufraisse (Marc), 57, 108, 224.
Dufraisse (Numa), 224.
Dugué, 78.
Dujardin, 77, 238.

Dulaurier, 181.
Dulibois, 252.
Dumartheray, 44.
Dumas, 252.
Dumon, 50, 178.
Dumoulin (Scipion), 237.
Dupas, 22.
Dupin (Gustave), 225.
Dupont (E.), 250.
Duprat (Pascal), 207.
Dupré, 250.
Dupuis, 79.
Duquesnoy, 126.
Durand, 25, 221.
Durand St-Amand, 50, 87.
Durand Savoyat (N), 207.
Durrieu (Xavier), 82, 207.
Dussart, 26.
Dutertre, 95.
Dutil, 87.
Dutilloy, 66.
Dutocq, 190.
Dutrivaux, 179.
Duval, 181, 208, 252.
Duverdier, 80.
Duverger, 212.
Duvidal (Pierre), 85.
Duvivier, 116, 172.
Dyenne, 87.

E.

Eibel, 192.
Enault, 186.
Enne, 155.
Escars (duc d').
Esquiros (Alphonse), 45, 188, 189.
Esquiros (Adèle), 125, 155, 185, 188.
Estibal, 165.
Estissac (duc d'), 39.
Etienne, 127, 129.
Etiennot, 55.
Eudeley, 17.
Ewerbeck, 15.

F.

Fabry, 50.
Fabvier, 58.
Facon (Ch.), 208.
Faenne (Léon), 235.
Falloux (de), 165.
Fanfernot, 85.
Fargin-Fayolle, 180, 207, 212.
Fauche, 68.
Faucher (Léon), 5.
Faucheux, 235.
Favré, 55.
Favrel, 54.
Fayet, 42, 45.
Fazy (James), 162.
Feler, 78.
Felleas, 66.
Femay-Paris, 208.
Fenet, 56, 87.
Ferrari, 224.
Fessard (E.), 225.
Fessard, 233.
Feuillatre, 188, 247.
Feuilloley, 233.
Feuilloley (L.), 225.
Fezensac (duc de), 38.
Fieschi, 108.
Figuet, 197.
Fillien (Charles), 154.
Filiot (Frédéric), 207.
Fiot, 237.
Fiot (Eugène), 237.
Flache, 122.
Fleury (A.), 207.
Fleury (Eug.), 251.
Flocon, 27, 109.
Flon, 52.
Florentin (J.-B.), 182.
Floret, 82.
Florimond (C.), 45.
Floriot, 9, 87.
Flotte, 48, 79, 158, 212.
Flotte (vicomte de), 188.
Foa (Eugénie), 155.
Foissac, 50.
Folliot, 177.

FIN DE LA TABLE ALPHABÉTIQUE.

RECTIFICATION. — *Nous* avons annoncé par erreur (voir *Club des Épiciers*) que les citoyens de Serignac et Clovis Mortier avaient été condamnés pour détournement d'une quête faite dans leur club au profit d'une famille de transporté. Ce que nous avons dit à ce sujet ne s'applique qu'au citoyen de Bonnard.

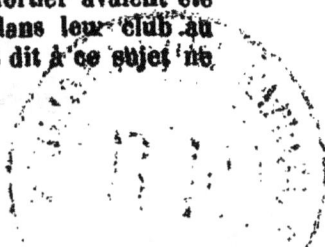

www.ingramcontent.com/pod-product-compliance
Lightning Source LLC
Chambersburg PA
CBHW070800270326
41927CB00010B/2224